高等职业教育汽车制造类专业系列教材

发动机电控系统原理与检修

主　编　刘福华　刘　良
副主编　严习俊　王文慧
参　编　陈光峰　吴云德
　　　　陈　林　郭文倩
主　审　贺大松

中国轻工业出版社

图书在版编目（CIP）数据

发动机电控系统原理与检修/刘福华，刘良主编. —北京：中国轻工业出版社，2021.3
高等职业教育汽车制造类专业系列教材
ISBN 978-7-5184-3081-9

Ⅰ.①发… Ⅱ.①刘…②刘… Ⅲ.①汽车-发动机-电子系统-控制系统-理论-高等职业教育-教材②汽车-发动机-电子系统-控制系统-车辆修理-高等职业教育-教材 Ⅳ.①U472.43

中国版本图书馆CIP数据核字（2020）第125207号

策划编辑：张文佳
责任编辑：张文佳　宋　博　　责任终审：李建华　　封面设计：锋尚设计
版式设计：霸　州　　　　　　责任校对：朱燕春　　责任监印：张　可

出版发行：中国轻工业出版社（北京东长安街6号，邮编：100740）
印　　刷：三河市国英印务有限公司
经　　销：各地新华书店
版　　次：2021年3月第1版第1次印刷
开　　本：787×1092　1/16　印张：10.25
字　　数：240千字
书　　号：ISBN 978-7-5184-3081-9　定价：35.00元
邮购电话：010-65241695
发行电话：010-85119835　传真：85113293
网　　址：http://www.chlip.com.cn
Email：club@chlip.com.cn
如发现图书残缺请与我社邮购联系调换
210209J2C102ZBW

前　言

本书作为汽车检测与维修技术专业的专业教材，按照教育部对职业教育的培养目标及精品课程的建设要求，紧紧围绕着以素质技能型人才为培养目标，根据汽车机电维修工作岗位的职业能力与素质要求，以及国家职业资格标准对汽车维修高级工专业知识和能力的要求进行编写。本教材以发动机电控系统的结构认知、工作原理及典型的故障现象检修为导向，突出了以学生为主体、以职业能力培养为中心的教学目标，符合学生的认知规律。

为了能为职业院校汽车专业的教师和学生提供一本能反映当代汽车发动机电控系统结构、原理与诊断的主流技术，适合自主学习，有利于实施工学结合教学改革的教材，我们在历年的汽车专业教学实践的基础上，利用国家骨干高职院校与一线汽车维修企业的良好校企合作关系，结合典型车型的大量原厂技术资料，并经过精心地归纳和教学化处理，编写了本教材。

本教材具有以下特点：

（1）本书主要以汽油机电控系统检修的体系结构做了精心的设计，根据学生的认知规律，注重职业教育的特点，紧紧围绕高素质技能型人才的培养目标，以能力为本位，按照"结构原理认识—元件及系统故障检测"这一思路进行编排。

（2）为了适应汽车技术的飞速发展与知识的不断更新，在编写中，我们采用了大量的实物图片介绍汽车新技术和实用技术知识，列举一些通俗易懂的维修实例，注重理论与实践的紧密结合，本书有很强的实用性和针对性。

本书由宜宾职业技术学院刘福华、刘良担任主编，贺大松教授担任主审，刘福华对全书统稿，参加本书编写工作的还有宜宾职业技术学院陈林、王文慧等骨干教师，此外宜宾广汇申蓉汽车服务有限公司陈光峰（技术总监）、江安职业技术学校严习俊、广安职业技术学校吴云德、宜宾市职业技术学校郭文倩等专业技术人员参与了部分编写工作，并对本书编写提出了很好的修改意见。在编写过程中，我们借鉴和参考了国内外大量资料，在此对相关资料的作者表示衷心的感谢。由于时间仓促，加之我们水平有限，书中难免存在不足之处，敬请广大读者批评指正。

编者

目 录

项目1 发动机电控系统总体构造 ······ 1
    任务1.1 发动机电控系统的发展及类型 ······ 1
        1.1.1 发动机电控技术发展概述 ······ 1
        1.1.2 发动机电控系统的特点 ······ 2
        1.1.3 发动机电控系统的类型及应用 ······ 3
    任务1.2 发动机电控系统的功能及组成 ······ 4
        1.2.1 发动机电控系统简述 ······ 4
        1.2.2 发动机电控系统的基本结构及组成 ······ 5
    任务1.3 发动机电控系统与诊断工具认识 ······ 9
        1.3.1 汽车电路的特点 ······ 9
        1.3.2 汽车电路原理图类型 ······ 9
        1.3.3 常用工具 ······ 10
        1.3.4 常用仪器 ······ 12

项目2 发动机电控燃油喷射系统的结构及工作原理 ······ 15
    任务2.1 电控燃油喷射系统的总体结构认识 ······ 15
        2.1.1 发动机电控燃油喷射系统类型 ······ 15
        2.1.2 电控燃油喷射系统的组成及工作原理 ······ 18
    任务2.2 电控燃油喷射系统传感器的认识 ······ 20
        2.2.1 进气压力传感器和空气流量计的结构与工作原理 ······ 20
        2.2.2 节气门位置传感器的结构及工作原理 ······ 24
        2.2.3 发动机温度传感器的结构和工作原理 ······ 26
        2.2.4 氧传感器的结构和工作原理 ······ 28
    任务2.3 电控燃油喷射系统执行器的认识 ······ 31
        2.3.1 喷油器 ······ 31
        2.3.2 燃油泵 ······ 34

项目3 电控发动机点火系统的结构及工作原理 ······ 37
    任务3.1 电控点火系统的总体结构认识 ······ 37
        3.1.1 电控点火系统概述 ······ 37
        3.1.2 微机控制的有分电器点火系统 ······ 39
        3.1.3 微机控制的无分电器点火系统 ······ 43
    任务3.2 电控点火系统传感器的认识 ······ 48
        3.2.1 曲轴位置传感器和凸轮轴位置传感器结构和工作原理 ······ 48
        3.2.2 爆燃传感器的结构和工作原理 ······ 52
    任务3.3 电控点火系统执行器的认识 ······ 54

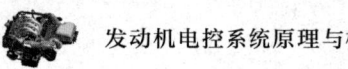

3.3.1	火花塞结构及工作原理	54
3.3.2	点火器及点火线圈工作原理	56

项目4　电控发动机辅助控制系统的结构和工作原理 … 59

任务4.1　电控发动机节能技术的认识 … 59
- 4.1.1　汽油机稀薄燃烧技术 … 59

任务4.2　电控发动机排放净化技术的认识 … 61
- 4.2.1　尾气组成、分析 … 61
- 4.2.2　三元催化器 … 62

任务4.3　电控发动机动力提升技术的认识 … 63
- 4.3.1　机械增压和涡轮增压 … 63
- 4.3.2　可变气门正时和升程的结构及工作原理 … 65
- 4.3.3　可变进气道的结构及工作原理 … 67

任务4.4　电控发动机典型辅助控制系统的认识 … 69
- 4.4.1　燃油蒸发控制系统的结构及工作原理 … 69
- 4.4.2　废气再循环系统 … 71
- 4.4.3　曲轴箱通风系统的结构及工作原理 … 74
- 4.4.4　二次空气喷射系统的结构及工作原理 … 76

项目5　发动机电控系统故障诊断基本认识 … 80

任务5.1　故障自诊断系统的认识及应用 … 80
- 5.1.1　故障自诊断系统概述 … 80
- 5.1.2　第二代车载诊断系统 … 81

任务5.2　发动机电控系统故障诊断方法及流程 … 83

任务5.3　发动机电控系统电路基本原理及分析 … 86
- 5.3.1　汽车电路信号的类型 … 86
- 5.3.2　ECU的电路分析 … 88
- 5.3.3　动力控制模块的故障 … 89
- 5.3.4　动力控制模块的检修 … 90
- 5.3.5　发动机微机控制系统使用和检修注意事项 … 91

项目6　电控燃油喷射系统检修及故障诊断 … 93

任务6.1　空气供给系的主要元件的检修 … 94
- 6.1.1　空气滤清器检修 … 95
- 6.1.2　节气门体的检修 … 95

任务6.2　燃油供给系的主要元件检修 … 96
- 6.2.1　检修事项的注意 … 96
- 6.2.2　燃油箱泄漏检查 … 96
- 6.2.3　汽油滤清器检修 … 97
- 6.2.4　电动汽油泵及控制电路的检修 … 97
- 6.2.5　油压调节器的检修 … 102
- 6.2.6　喷油器的检修 … 102

任务6.3　控制系统的主要元件检修 … 104
- 6.3.1　电控系统检修注意事项 … 104
- 6.3.2　空气流量计的检测 … 105

6.3.3　进气歧管绝对压力传感器的检测	107
6.3.4　节气门位置传感器的检测	110
6.3.5　温度传感器的检测	114
6.3.6　氧传感器的检测	115
6.3.7　曲轴位置传感器和凸轮轴位置传感器的检测	117
6.3.8　车速传感器的检测	117
6.3.9　开关信号检测	118
6.3.10　停车/空挡开关的检测	118

　任务 6.4　电控制燃油喷射系统的常见故障 …………………………………………………………… 119

项目 7　电控点火系统故障诊断与检修 …………………………………………………………………… 121

　任务 7.1　电控点火系统控制功能与检测 ………………………………………………………………… 121
　　　7.1.1　点火提前角控制 …………………………………………………………………………… 121
　　　7.1.2　闭合角控制 ………………………………………………………………………………… 126

　任务 7.2　电控点火系统典型故障诊断与检修 …………………………………………………………… 127
　　　7.2.1　桑塔纳 AJR 发动机点火系统检测（点火系主要组件的检修） ……………………… 127
　　　7.2.2　帕萨特独立点火系统检测（点火系主要零部件的检查） …………………………… 129

项目 8　辅助控制系统故障诊断与检修 …………………………………………………………………… 131

　任务 8.1　怠速控制系统检修 ……………………………………………………………………………… 131
　　　8.1.1　步进电机式怠速控制阀的检测 …………………………………………………………… 131
　　　8.1.2　旋转电磁阀型怠速控制阀的检修 ………………………………………………………… 132
　　　8.1.3　占空比控制型怠速阀检修 ………………………………………………………………… 133
　　　8.1.4　节气门直动式怠速控制系统检测 ………………………………………………………… 133

　任务 8.2　可变气门正时系统检修 ………………………………………………………………………… 134
　　　8.2.1　本田可变气门 VTEC 结构及原理 ……………………………………………………… 134
　　　8.2.2　丰田可变气门正时系统 …………………………………………………………………… 136
　　　8.2.3　丰田 VVT-i 可变气门正时系统检修 …………………………………………………… 139
　　　8.2.4　VTEC 系统的检修 ……………………………………………………………………… 140

　任务 8.3　废气涡轮增压系统检修 ………………………………………………………………………… 141
　　　8.3.1　废气涡轮增压系统的组成和工作原理 …………………………………………………… 141
　　　8.3.2　废气涡轮增压系统检修 …………………………………………………………………… 142

　任务 8.4　排放控制系统检修 ……………………………………………………………………………… 143
　　　8.4.1　EVAP 控制系统检测 ……………………………………………………………………… 143
　　　8.4.2　汽车三元催化装置的检修 ………………………………………………………………… 145

项目 9　发动机电控系统常见故障诊断分析 ……………………………………………………………… 150

　任务 9.1　发动机启动困难故障诊断 ……………………………………………………………………… 150
　任务 9.2　发动机怠速不良故障诊断 ……………………………………………………………………… 151
　　　9.2.1　怠速不稳、易熄火 ………………………………………………………………………… 151
　　　9.2.2　冷车怠速不稳、易熄火 …………………………………………………………………… 152
　　　9.2.3　热车怠速不稳或熄火 ……………………………………………………………………… 152

　任务 9.3　发动机加速不良故障诊断 ……………………………………………………………………… 153

参考文献 …………………………………………………………………………………………………… 155

项目 1
发动机电控系统总体构造

任务 1.1　发动机电控系统的发展及类型

1.1.1　发动机电控技术发展概述

自 1967 年德国博世（Bosch）公司首次推出由电子计算机控制的汽油喷射系统（Electronic Fuel Injection，EFI），开创了电控技术在汽车发动机上的应用历史。经过几十年的发展，以电子计算机为核心的发动机管理系统（Engine Management System，EMS）已经逐渐成为汽车特别是轿车发动机上的标准配置。同时，也由于电控技术在汽车上的运用，汽车发动机的污染物排放、噪声和燃油消耗大幅度地降低，改善了发动机的动力性能，成为内燃机发展史上的一次重大突破。

（1）发展过程

汽车发动机的电控技术的发展历程一般可分为如下几个阶段（表 1-1）：

表 1-1　　　　　　　　　　世界主流汽车公司控制系统的发展情况

年份	系统名称	主要可控制系统	汽车公司	主要特征
1967	D-Jetronic	燃油喷射	博世 Bosch	压力传感器检测空气流量
1973	L-Jetronic	燃油喷射	博世 Bosch	翼片式传感器检测开孔器流量
1976	ELBS	点火时刻	克莱斯勒 Chysller	微机控制点火
1977	MISAR	点火时刻	通用 General	微机控制点火
1977	EEC	点火时刻、废气再循环	福特 Ford	微机控制系统
1978	EEC-Ⅱ	燃油喷射、点火时刻	福特 Ford	微机控制系统
1979	ECCS	燃油喷射、点火时刻	日产 NISSAN	微机控制系统、系统自诊断
1979	EEC-Ⅲ	燃油喷射、点火时刻	福特 Ford	微机控制系统、系统自诊断
1979	DEFI	燃油喷射、点火时刻	通用 General	微机控制系统、系统自诊断
1979	Motronic	燃油喷射、点火时刻	博世 Bosch	热膜式传感器检测空气量
1980	TCCS	燃油喷射、点火时刻	丰田 TOYOTA	涡流式传感器检测空气量
1981	I-TEC	燃油喷射、点火时刻	五十铃 ISUZU	微机控制系统、系统自诊断
1981	LH-Jetronic	燃油喷射	博世 Bosch	热丝式传感器测量空气流量
1982	EEC-Ⅳ	燃油喷射、点火时刻	福特 Ford	微机控制系统、系统自诊断
1982	KE-Jetronic	燃油喷射	博世 Bosch	机电结合控制燃油喷射
1982	EMS	燃油喷射、点火时刻	卢卡斯 Lucas	微机控制系统、系统自诊断

第一阶段：20 世纪 60 年代中期到 70 年代中期，主要是为了改善部分性能而对汽车

电器部分进行的技术改造，比如在车上装了晶体管——收音机。

第二阶段：20世纪70年代末期到90年代中期，为了解决汽车安全、污染和节能这三大问题，研制了电控汽油喷射系统（EFI）、电控制防滑制动装置（ABS）和电子控制点火系统。

第三阶段：20世纪90年代中期以后，电子技术从发动机扩展到底盘、车身及柴油机等多个领域，各种电控系统日益完善，汽车电子化程度已相当高。

在20世纪90年代后期以后，CAN-BUS技术（控制器局域网总线技术）在汽车上普遍得到运用，其可以实现设备和电控单元之间或各电控单元之间进行双向串行多节点的数字通信系统，是一种开放式、数字式、多点通信的底层控制网络。

（2）单独控制

20世纪60年代后期到70年代，汽车电控系统多采用模拟电路的ECU（电子控制单元），其单独实现对汽车某一系统如燃油喷射系统、点火系统等进行控制。由于在采用模拟电路的ECU控制系统中，如果要增加控制功能，就必须增加与实现该项功能控制逻辑相应的电路，这样必然会使ECU的尺寸增加很大，对于安装空间有限的汽车来讲很不适用，所以这一时期的汽车电控系统多采用一个ECU控制汽车的一个系统的单独控制方式。

（3）集中控制

随着电子技术的飞速发展，用于汽车电控系统的ECU由于采用了数字电路及大规模集成电路，其集成度越来越高，微处理机速度的不断提高和存储容量的增加使其控制功能大大增加，并具有各种备用功能。另外，点火控制及其他控制系统相关的各种控制器，由于各种传感器输送的信息可以共享通用，如水温传感器，进气温度传感器，负荷、车速（转速）传感器等，因此利用控制功能集中化，就可以不必按功能不同设置传感器和ECU，而是将多种控制功能集中到一个ECU上。不同控制功能所共同需要的传感器也就只设置一个，这种控制方式就叫作集中控制系统，也就是汽车微机控制系统。

1.1.2 发动机电控系统的特点

随着电控技术在汽车上的运用越来越广泛，汽车发动机的各项性能都得到了极大的提升，其最突出的优势在于能够实现在不同工况下对空燃比进行高精度控制，以使发动机在最佳状态下进行工作。发动机电控系统具有以下优点：

（1）充气效率高

在发动机进气系统中，进气通道长，进气管的截面积较大，进气压力损失比较小，充气量比较大。在现代电控系统的控制下，可以通过合理设计进气管道，充分利用气流的惯性增压作用，增加发动机进气量，提高发动机的动力性及排放性。

（2）加减速响应好

在早期的汽油发动机上，加速踏板通过拉线直接控制节气门开度，后来，随着电控系统逐步在发动机上的运用，现已采用电子节气门来控制节气门的开度，所以在汽车加速运行时，发动机也能根据适时工况迅速响应，及时加速。

（3）任意工况下都能得到精确的空燃比

影响汽车动力的因素有很多，其中最重要的就是油门控制系统，众所周知，油门控制系统是控制进气量和燃料的比例，通常踩油门的时候不是直接加油，而是控制进气量多少来影响喷油嘴出油量的。大多数发动机电控系统主要是通过改变喷油持续时间，精确控制喷油量，使发动机在各工况下都能获得精确的空燃比。

（4）启动性能好

汽车在启动时，主要涉及冷启动和热启动，在汽车低温启动（冷启动）时，喷油器能喷出雾状的汽油，以加浓混合气，同时怠速空气阀能补充足够的空气，保证了发动机在启动时依然具有良好的启动能力。

（5）自动修正空燃比

发动机燃油喷射量的多少是由很多因素决定的，其中最主要的就是发动机的进气量，但汽车在不同的地区行驶时，空气的密度也会不同，此时，在发动机电控系统的作用下，能使发动机根据空气密度的变化，进行适量的空燃比修正。

（6）减速断油，减少排污

电控发动机在节气门关闭且发动机转速超过预定转速时，会停止喷油，从而减少有害物质的排放，降低油耗。

1.1.3 发动机电控系统的类型及应用

（1）电控燃油喷射（EFI）

电控燃油喷射的主要功能是根据进气量、发动机转速确定基本的喷油量，再根据其他传感器信号对喷油量进行修正，使发动机在各工况下都能获得合理的空燃比，提高发动机的动力性、经济性和排放性。该系统可以分为开环控制和闭环控制两种。电控燃油喷射系统主要包括喷油量控制、喷油正时控制、断油控制和燃油泵控制。

开环控制：控制器与被控制对象之间只有正向控制作用而没有反馈控制作用，即系统的输出量对控制量没有影响。

闭环控制：控制器与被控制对象之间，不仅存在正向作用，而且存在反馈作用，即系统的输出量对控制量有直接影响。

（2）电控点火装置（ESA）

电控点火装置的主要功能是控制点火提前角。该系统根据相关传感器信号，判断发动机运行工况和运行条件，选择最佳的点火提前角，有效改善发动机燃烧过程，提高发动机的动力性、经济性和排放性。此外，该系统还具有通电时间控制和爆燃控制的功能。

（3）怠速控制系统（ISC）

怠速控制系统的功能是在怠速工况下，依据冷却液温度、空调压缩机是否工作、变速器是否挂入挡位等，通过怠速控制阀或节气门的开度对发动机进气量进行控制，使发动机以最佳怠速转速运转。

（4）排放控制系统

排放控制系统的功能是对排放控制装置的工作进行电子控制。排放控制的内容主要包括：废气再循环控制（EGR），二次空气喷射控制，活性炭罐电磁阀控制，氧传感器和空燃比闭环控制等。

（5）进气控制系统

进气控制系统的功能是根据转速和负荷的变化，对进气进行控制，以提高充气效率，改善发动机的动力性。

(6) 增压控制系统

增压控制系统的功能是对进气增压装置的工作进行控制。在装配有废气涡轮增压装置的汽车上，ECU根据进气管压力，对增压装置进行控制，从而控制进气增压的强度。

(7) 巡航控制系统

巡航控制系统的功能是驾驶员在设定巡航控制模式以后，ECU根据汽车运行工况和运行环境等信息，自动控制发动机的工作，使汽车自动维持一定车速行驶。

(8) 警告提示

警告提示的功能是通过ECU控制各种指示和报警装置，一旦控制系统出现了故障，该系统能及时地发出信号以警告提示。

(9) 自诊断与报警系统

在发动机控制系统中，电子控制单元都设有自诊断系统，对控制系统的工作进行监测。当ECU检测到故障信号时，立即点亮仪表盘上的故障指示灯，提示驾驶员发动机出现故障；同时，系统将故障信息以故障码形式储存在存储器中，帮助维修人员确定故障类型和范围。

(10) 失效保护系统

失效保护系统的功能是当传感器或其线路发生故障时，控制系统能自动按ECU中预先设定的参考信号值工作，使发动机能继续运转。

(11) 应急备用系统

应急备用系统的功能是当ECU发生故障时，自动启动备用系统，按设定的信号使发动机进入强制运转状态，以防车辆停驶。应急备用系统只能用来维持发动机运转的基本功能，但不能保证发动机性能。

以上各种控制系统在不同的汽车发动机上的应用只是被部分地采用，不是全部。随着汽车技术和电子技术的发展，发动机控制系统的应用必将日益丰富。

任务1.2 发动机电控系统的功能及组成

1.2.1 发动机电控系统简述

根据发动机的控制原理，发动机的控制系统由三个部分组成，分别是传感器、控制器（ECM）和执行器三大部分。传感器是一种检测装置，能感受到被测量的信息，并能将感受到的信息，按一定规律变换成为电信号或其他所需形式的信息输出，以满足信息的传输、处理、存储、显示、记录和控制等要求，相当于人的眼、口、鼻。传感器主要用于观测汽车的运行工况和发动机的工况，并将信息传递给控制器（ECM）。而发动机控制器及发动机电控单元（ECM）相当于人的大脑，首先是可以接收来自传感器的各种信息并存储信息，然后按照ECM中既定程序来对该信息进行分析处理后发出相应的控制指令给执行器。执行器即执行元件，其主要作用是执行发动机电控单元的指令，从而达到控制的目的，相当于人的手、腿、脚，在收到大脑支配指令的时候及时行动起来。传感器、控制器及执行器的工作关系如图1-1所示。

1.2.2 发动机电控系统的基本结构及组成

发动机在工作过程中，其进气量控制和燃油量的喷射是受发动机不同的工况及很多的因素来共同决定的，故在发动机电控系统里，有很多用于监测汽车发动机运行工况的传感器，与之相对应地也就有很多用于执行命令的执行器。发动机电控系统的结构组成如图1-2所示。

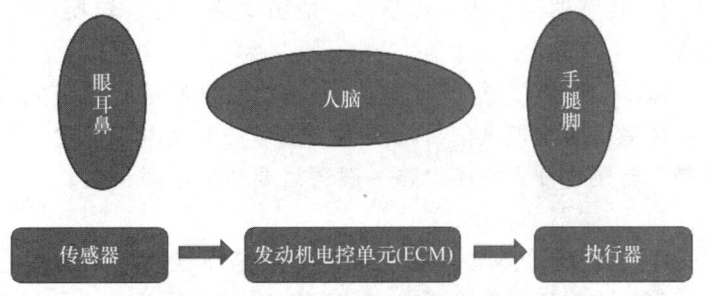

图1-1 传感器、控制器及执行器关系图

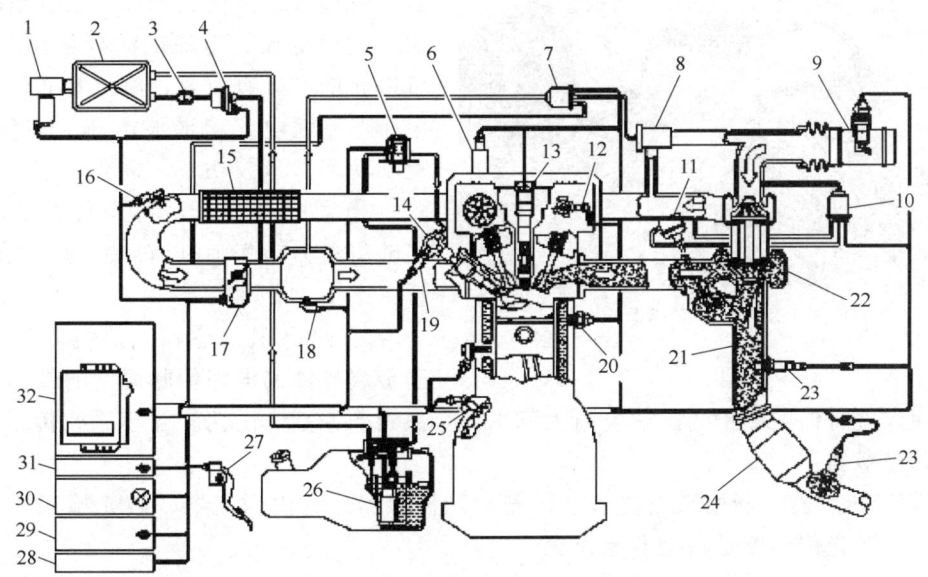

图1-2 发动机电控系统结构组成

1—蒸发排放炭罐通风电磁阀 2—蒸发排放炭罐 3—非回流阀 4—蒸发排放炭罐吹洗电磁阀 5—高压燃油泵 6—凸轮轴位置执行器电磁阀 7—涡轮增压器旁通阀电磁阀 8—涡轮增压器旁通阀 9—空气流量进气温度传感器 10—涡轮增压器废气门执行器 11—涡轮增压器废气门膜片阀 12—凸轮轴位置传感器 13—点火线圈/点火模块和火花塞 14—喷油器 15—增压空气冷却器 16—进气压力和温度传感器 17—节气门体 18—进气歧管绝对压力传感器 19—燃油分配管压力传感器 20—发动机冷却液温度ECT传感器 21—发动机排气歧管 22—涡轮增压器 23—加热型氧传感器1和2 24—催化剂 25—曲轴位置传感器 26—燃油泵模块 27—加速踏板 28—防盗系统 29—数据链路连接器 30—故障指示灯 31—GMLAN串行数据 32—发动机控制模块

（1）传感器概述

传感器的特点包括微型化、数字化、智能化、多功能化、系统化、网络化，它是实现自动检测和自动控制的首要环节。传感器的存在和发展，让物体有了触觉、味觉和嗅觉等感官，让物体慢慢变得活了起来。通常根据其基本感知功能分为热敏元件、光敏元件、气敏元件、力敏元件、磁敏元件、湿敏元件、声敏元件、放射线敏感元件、色敏元件和味敏元件十大类。

1）传感器的组成。传感器一般由敏感元件、转换元件、变换电路和辅助电源四部分组成。

敏感元件直接感受被测量，并输出与被测量有确定关系的物理量信号；转换元件将敏感元件输出的物理量信号转换为电信号；变换电路负责对转换元件输出的电信号进行放大调制；转换元件和变换电路一般还需要辅助电源供电。

2）传感器的种类。

① 电阻式传感器。电阻式传感器是将被测量，如位移、形变、力、加速度、湿度、温度等这些物理量转换成电阻值这样的一种器件，主要有电阻应变式、压阻式、热电阻、热敏、气敏、湿敏等电阻式传感器。

② 变频功率传感器。变频功率传感器通过对输入的电压、电流信号进行交流采样，再将采样值通过电缆、光纤等传输系统与数字量输入二次仪表相连，数字量输入二次仪表对电压、电流的采样值进行运算，可以获取电压有效值、电流有效值、基波电压、基波电流、谐波电压、谐波电流、有功功率、基波功率、谐波功率等参数。

图 1-3 称重传感器

③ 称重传感器。称重传感器是一种能够将重力转变为电信号的力—电转换装置（图 1-3）。

④ 热电阻传感器。热电阻测温是基于金属导体的电阻值随温度的增加而增加这一特性来进行温度测量的。热电阻大都由纯金属材料制成，分为正温度系数传感器和负温度系数传感器。

⑤ 激光传感器。利用激光技术进行测量的传感器。它由激光器、激光检测器和测量电路组成。激光传感器是新型测量仪表。

⑥ 霍尔传感器。霍尔传感器是根据霍尔效应制作的一种磁场传感器。霍尔传感器分为线性型霍尔传感器和开关型霍尔传感器两种。线性型霍尔传感器由霍尔元件、线性放大器和射极跟随器组成，它输出模拟量。而开关型霍尔传感器由稳压器、霍尔元件、差分放大器、斯密特触发器和输出极组成，它输出数字量。霍尔传感器工作过程如图 1-4 所示。

（2）汽车上常用的传感器

1）空气流量传感器，也称空气流量计，是电喷发动机的重要传感器之一。它将吸入的空气流量转换成电信号送至电控单元（ECU），作为决定喷油的基本信号之一，是测定吸入发动机的空气流量的传感器。

2）进气压力传感器，简

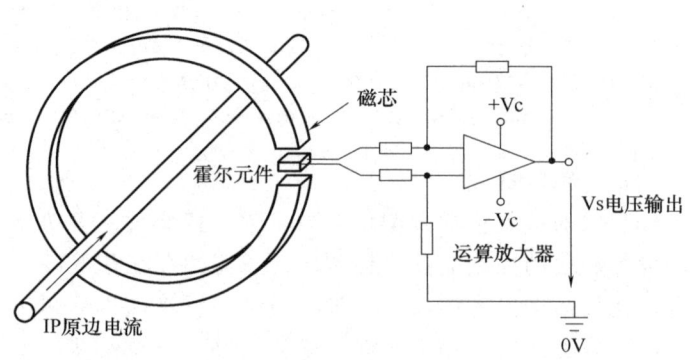

图 1-4 霍尔传感器工作过程

称 MAP。它以真空管连接进气歧管，随着引擎不同的转速负荷，感应进气歧管内的真空变化，再从感知器内部电阻的改变，转换成电压信号，供 ECU 修正喷油量和点火正时角度。

3) 节气门位置传感器，又称为节气门开度传感器或节气门开关，其主要功用是检测出发动机是处于怠速工况还是负荷工况，是加速工况还是减速工况。它实质上是一只可变电阻器和几个开关，安装于节气门体上。

4) 曲轴位置传感器的作用就是确定曲轴的位置，也就是曲轴的转角以及发动机转速。它通常要配合凸轮轴位置传感器一起来工作，来确定基本点火时刻。我们都知道，发动机是在压缩冲程末开始点火的，那么发动机电脑是怎么知道哪缸该点火了呢？就是通过曲轴位置传感器和凸轮轴位置传感器的信号来计算的，通过曲轴位置传感器，可以知道哪缸活塞处于上止点，通过凸轮轴位置传感器，可以知道哪缸活塞是在压缩冲程中。

5) 凸轮轴位置传感器是一种传感装置，也称同步信号传感器，它是汽缸判别定位装置，向 ECU 输入凸轮轴位置信号，是点火控制的主控信号。

6) 冷却液温度传感器安装在发动机缸体水套或冷却液管路中，与冷却液接触，用来检测发动机的冷却液温度。ECU 收到该温度信号后修正喷油时间和点火时间。

7) 进气温度传感器的作用是测量进入进气歧管内气体的温度。在体积流量型进气系统中，电控单元（ECU）根据进气温度对喷油量进行修正，以获得最佳空燃比。

8) 氧传感器。在使用三元催化转换器以减少排气污染的发动机上，氧传感器是必不可少的元件。由于混合气的空燃比一旦偏离理论空燃比，三元催化剂对 CO、碳氢化合物和 NO_x 的净化能力将急剧下降，故在排气管中安装氧传感器，用以检测排气中氧的浓度，并向 ECU 发出反馈信号，再由 ECU 控制喷油器喷油量的增减，从而将混合气的空燃比控制在理论值附近。

9) 爆震传感器安装在发动机缸体中间，以四缸机为例安装在 2 缸和 3 缸之间，或者 1、2 缸中间一个，3、4 缸中间一个，其作用是用来测定发动机抖动度，当发动机产生爆震时用来调整点火提前角。

10) 大气压力传感器用来检测大气压力，并将信号输入 ECU，作为燃油喷射和点火控制的修正信号。

11) 车速传感器是用来检测电控汽车车速的装置，有控制电脑用这个输入信号来控制发动机怠速，自动变速器的变扭器锁止，自动变速器换挡及发动机冷却风扇的开闭和巡航定速等其他功能。

除了以上的传感器上发动机电控单元输入信号之外，还有发电机负荷信号、点火开关信号、空调开关信号（A/C）、挡位开关信号和空挡位置信号、蓄电池电压信号、离合器开关信号、制动开关信号、动力转向开关信号、巡航（定速）控制开关信号等输入 ECM，以便发动机能根据不同的工况更好地对喷油量、点火提前角等进行控制。

（3）控制器（ECM）

ECM 是发动机控制系统的核心，可被视为发动机控制系统的大脑，具有强大的数学运算、逻辑判断、数据处理与数据管理等功能，其作用主要体现在以下几个方面：

1) 给传感器提供参考（基准）电压。

2) 存储分析计算所用的程序、车型的特点参数、运算中的数据及故障信息。

3) 运算分析，即根据信息参数求出执行命令并输出给执行器。
4) 将输出的信息与标准值对比，查出故障并输出故障信息。
5) 自我修正（自适应功能）。

ECM是以微型计算机为核心所组成的电子控制装置，并在内存中存储着设计者事先编制的程序或控制软件，即ECM由硬件和软件两部分组成。ECM的硬件按照功能可分为输入电路、微型计算机和输出电路3个部分，如图1-5所示，随着芯片集成度的提高，现代汽车ECM中组成微型计算机的微处理器（CPU）、存储器、时钟发生器、定时器、输入/输出I/O接口和输入元件中的模数（A/D）转换器等均已集成于大规模集成电路芯片中，具有计算机的全部功能。从传感器来的信号，首先进入输入处理电路进行预处理，一般是在去除杂波和把正弦波变为矩形波后转换成输入电平。

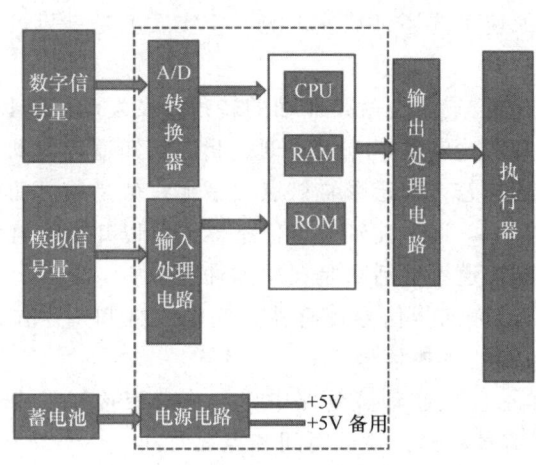

图1-5 ECM硬件组成

对于CPU不能直接处理的模拟信号，A/D转换器将其转换为数字信号后再输入，输出处理电路将CPU发出的指令转变成控制信号来控制执行器工作，一般有控制信号的生成和放大等功能。

ECM的软件包括控制程序和数据两部分，最主要的是主控程序。主控程序的主要任务是实现整个系统初始化工作时序、设定控制模式，包括常用工况及其他工况下喷油信号和点火信号的输出。程序软件中还有转速和负荷的处理程序、中断处理程序等。为实现发动机各种工况及运行条件下最佳的综合性能，ECM必须以最佳的控制参数（如喷油脉宽和点火提前角）控制发动机在最佳运行状况下运转，这些控制参数的最佳数据是设计人员经过精确计算和大量实验取得的、全部以离散数据的形式预先存储在只读存储器（ROM）中。

发动机启动时，ECM进入工作状态，相应程序从ROM中被读取至CPU。这些程序可以用来控制点火燃油喷射、怠速等。通过CPU的控制，一个个指令逐个地循环执行。执行程序中所需要的发动机信息来自各个传感器。从传感器来的信号，首先进入输入电路进行处理。如果是数字信号直接经I/O接口进入微处理器，如果是模拟信号经A/D转换器转换成数字信号后才经接口进入微处理器。大多数信息暂时存在RAM内，根据指令再从RAM送到CPU。有时需将存储在ROM中的参考数据引入CPU，使输入传感器的信息与之进行对比。对来自有关传感器的每一个信息取样并与参考数据进行比较，CPU对这些数据进行比较运算后，做出决定并发出输出指令信号。经I/O接口，必要的信号还要经D/A转换器变成模拟信号，最后经输出电路去控制执行器动作。

（4）执行器

1) 燃油泵。燃油泵作为发动机燃油供给系统中最为基础的部件，其承担着在发动机工作过程中，将燃油从油箱内抽出，并以一定的压力通过供油管路源源不断地输送至发动机的作用。

2) 喷油器。将定量的燃油由液态变成雾状，然后与空气混合。对于缸外喷射的汽油机而言，喷油器将汽油喷到发动机的进气管，被喷入进气管的汽油形成雾状，然后与空气混合，发动机在进气行程的时候，将汽油和空气的混合物吸入汽缸进行燃烧。对于缸内喷射的汽油机而言，喷油器将汽油直接喷入汽缸内部，被喷入的汽油形成雾状，与空气混合后，被火花塞点燃。

3) 急速控制阀。急速控制阀装在节气门旁通空气孔上，由急速控制器依据点火信号，在引擎转速低于750r/min时，及时使急速控制阀动作，以提升引擎转速，在引擎转速超过1050r/min后，则停止动作。

4) 蒸发排放电磁阀。蒸发排放电磁阀根据发动机电控单元的指令精确地控制炭罐中的汽油蒸气进入发动机进气管内与新鲜空气参与燃烧，以达到节能减排的目的。

当然，发动机上的执行器远不止于此，其他的还有冷却风扇、EGR阀、汽车空调压缩机、喷油器、火花塞、自诊断显示与各种报警装置等。随着汽车电控系统发展越来越完善，电控系统中的执行器将会越来越多。现代汽车广泛采用集中控制系统，将多种控制功能集于一身，通过对不同传感器和各种传感器的不同组合，可形成更多不同的控制子系统。同时，一个输入信号可以多次重复使用，也可为几个控制系统提供信号，使得发动机电控系统的结构和线路大大简化，成本也随之降低。

任务1.3　发动机电控系统与诊断工具认识

1.3.1　汽车电路的特点

(1) 低压直流

现代汽油机汽车用12V电源、柴油机用24V电源。由于汽车用电器设备的增多，已经出现了42V的电源。

(2) 两个电源

汽车电源包括蓄电池和发电机，汽车所有的用电设备均与蓄电池、发电机并联。

(3) 负极搭铁

为减少蓄电池电缆铜端子在车架、车身连接处的电化学腐蚀，提高搭铁可靠性，便于汽车电器设备的生产、使用和维修，规定汽车电器设备采用单线制时，必须统一将电源负极搭铁。

(4) 并联单线

汽车上的电器设备较多，所有的电器设备均采用并联电路，从电源到用电设备只用一根导线，汽车车身作为一根共用的导线，但是安装在钣金件、挂车或者非金属车厢板上的电器设备则一般采用双线制。

1.3.2　汽车电路原理图类型

根据汽车电器系统的工作原理可把汽车电路原理图分为电控电路原理图和非电控电路原理图。若是电控电路原理图，则可以以电控单元为核心把电路分为四部分，即：

1）电控单元信号输入电路。
2）执行器工作电路。
3）电控单元电源电路。
4）其他电器设备电路。

1.3.3 常用工具

（1）跨接线

跨接线是一段专用的导线，跨接线主要用来进行电路故障诊断。不同形式的跨接线，其长短和两端接头不同。跨接线两端的接头通常是不同形式的插头或鳄鱼夹，以适应不同的位置跨接，如图1-6所示。

使用跨接线应注意以下两点：

1）用跨接线将蓄电池正极接到被检测电器元件的电源端子上时，先要弄清被检元件规定电源电压值。如果直接将12V电源加在电器元件上，则可能导致电器元件损坏。

2）不要用跨接线将被检测元件电源端子直接搭铁，以免电源短路。

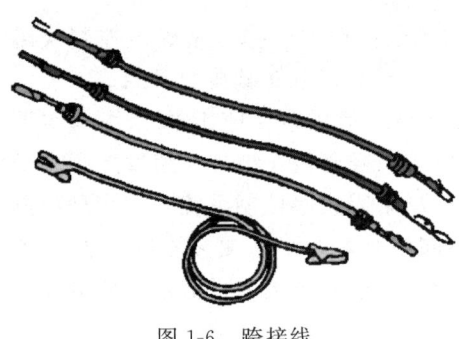

图1-6 跨接线

（2）测试灯

据指示灯的亮度判断被测电路的电压的高低，主要用来检查电控元件电路的通、断，主要有无电源测试灯和自带电源测试灯两种（图1-7）。

1）无电源测试灯。若怀疑某电控元件电路有断路故障，可先将测试灯的搭铁夹搭铁，再用探针触其"电源"端子，如果灯不亮，则说明被测电路有断路的故障，可继续沿电流的流向依次选择测点检查，直到灯亮为止，此时即可确定电路的断开点在最后两测点之间。同时还可检测电路的短路故障，可将测试灯直接跨接在熔丝处，然后依次断开电路中的线束连接器，直到灯熄灭，短路故障即发生在最后两个断开的线束连接器之间。

2）自带电源测试灯。主要用于电路断路故障的检测，检查时将其跨接在被测线路的两端，如果灯不亮，则说明被测线路有断路故障。

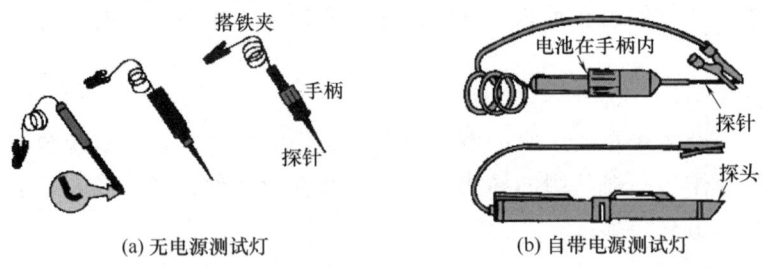

(a) 无电源测试灯　　(b) 自带电源测试灯

图1-7 测试灯

测试灯的主要功用及使用方法：

① 检测电器的电源电路是否有电。其检查方法是：将测试灯的一端接地，另一端接

触电器的电源端,如果测试灯亮起,说明电源电压正常;如果测试灯不亮,说明电源不可靠,再朝着电源方向寻找下一个故障点。

② 具有跨接线和指示灯的双重作用。

③ 能够发现某些电路接触不良的故障。

④ 可以检测汽油机高压线是否漏电。其检查方法是:启动发动机,让测试灯的负极搭铁,将正极在高压线之间晃动(需要保持一定的距离),如果测试灯连续闪烁,说明距离测试灯正极最近的那根高压线漏电。

⑤ 检测点火触发信号。将测试灯连接在点火线圈或者某一缸点火线上,如果在启动时测试灯快速闪烁,说明点火触发信号基本正常。

(3) 数字式万用表

主要用来测量电阻、电压、电流等,以此判断电路的通断和电控元件的技术状况。万用表主要有指针式万用表和数字式万用表两种,而发动机电控系统检测必须使用高阻抗数字式万用表。

1) 常用数字式万用表。具有测量精度高、测量范围广、输入阻抗高、抗干扰能力强、容易读数等优点,在汽车故障诊断与检修中应用广泛,如图 1-8 所示。

作用:一般只能用来测量电阻、电压、电流。

使用注意事项:

① 按被测量的性质和数值大小选择合适的"挡位"和"量程",并将测量导线插接到相应的"插孔"中。

图 1-8 数字万用表

② 选择万用表的量程时最好从低级到高级进行选择,以便获得较准确的测量数据。

③ 严禁电控元件或电路处于通路状态时测量其电阻,以免万用表损坏。

2) 汽车万用表。除具有数字万用表的功能外,还具有一些汽车专用测试功能。除可用来测量电控元件和电路的电阻、电压、电流外,一般还能测量转速、频率、温度、电容、闭合角、占空比等项目,并具有自动断电、自动变换量程、数据锁定、波形显示等功能,如图 1-9 所示。

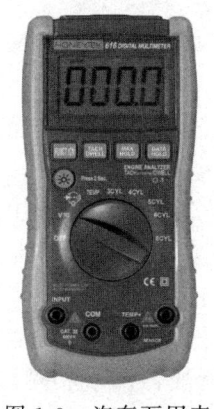

图 1-9 汽车万用表

(4) 手动真空泵

主要是用来抽真空的工具,带有显示真空度的真空表、各种连接软管和接头等附件,以适应对不同车型和不同真空驱动元件的检测,如图 1-10 所示。

注意事项:

① 检查前将各真空软管连接好,防止因真空泄漏而导致测量结果失准。

② 检查时必须按规定对被检元件施加真空度,施加真空度过大会损坏被测元件。

③ 检查完毕后,在拆开连接的真空软管前,应先施放真空度,否则将灰尘、湿气等吸入被检元件内,会造成不良后果。

(5) 燃油压力表

用来测量燃油供给系统燃油压力的专用工具,如图 1-11 所示。

图 1-10 手动真空泵

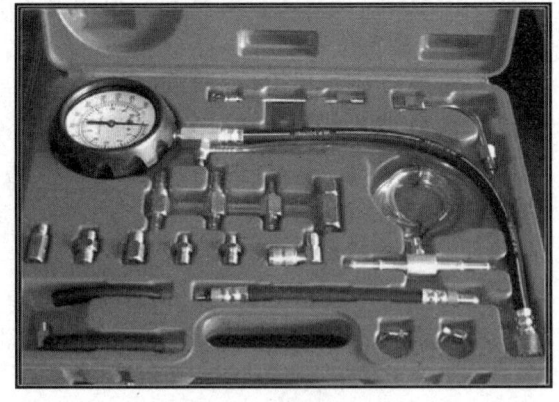

图 1-11 燃油压力表

使用时注意选择量程与被测系统压力范围相适应的燃油压力表（表 1-2）。

表 1-2　　　　　量程与被测系统压力范围相适应的燃油压力表　　　　　单位：kPa

燃油压力表量程		电控燃油喷射发动机燃油系统压力	
普通式	专用式	单点喷射系统	多点喷射系统
7～103	7～690	62～69	207～275

1.3.4　常用仪器

随着汽车电子技术的发展，只有利用先进的故障诊断分析仪器设备，才能快速、准确地进行故障诊断和检修。

（1）喷油器清洗仪

喷油器清洗仪主要是用来清除积炭，恢复发动机的功能，使发动机燃油系统保持最佳状态，并节省燃油、延长发动机的使用寿命。除此之外，还具有喷油器滴漏检查和喷油量检查功能。

喷油器清洗检测仪可分为便携式、吊瓶式燃油免拆清洗机和固定式三种类型。

1）便携式喷油器清洗检测仪。便携式喷油器清洗检测仪无须拆卸喷油器，即可就车进行清洗，使用非常方便。

2）吊瓶式燃油免拆清洗机。吊瓶式燃油免拆清洗机具备高低压清洗功能，可以同时免拆清洗节气门体、喷油器、燃烧室、进气系统、三元催化器等零部件。

吊瓶式燃油免拆清洗机清洗是利用发动机怠速运转和空气压缩机设备加压循环，用清洗剂替代燃油燃烧，对喷油器及其部件的积炭进行清洗，然后通过排放系统排出。吊瓶式燃油免拆清洗机方便快捷，且对于喷油器的清洗效果明显。

3）固定式喷油器清洗检测仪。此种清洗检测仪除用来清洗喷油器外，还具有喷油器滴漏检查和喷油量检查的功能，如图 1-12 所示。不同厂家的固定式喷油器清洗检测仪，其使用方法略有不同，使用时按使用说明书操作。

（2）故障诊断仪

1）功能。

① 快速、方便地读取或清除故障码。

② 对发动机控制系统进行动态测试，显示瞬时信息，为诊断故障提供依据。

③ 能在静态或动态下，向电控系统各执行元件发出检修作业需要的动作指令，以便检查执行元件的工作状况。

④ 在车辆运行或路试时监测并记录数据流。

⑤ 具有示波器功能、万用表功能和打印功能。

⑥ 有些诊断仪能显示系统控制电路图和维修指导，以供故障诊断和检修时参考。

⑦ 有些功能强大的专用诊断仪能对发动机控制ECU进行某些数据的重新输入和更改。

2）常见故障诊断仪。故障诊断仪主要有专用型和通用型两大类。

专用型：是汽车制造公司为自己生产的汽车而专门设计制造的。一般只适合在特约维修站配备，以便提供良好的售后服务，充分发挥故障诊断仪的功能，如图 1-13 所示为大众专用 VAS 5054A 诊断仪。

图 1-12　固定式喷油器清洗检测仪

通用型：是汽车保修设备制造公司为适应诊断检测多种车型而设计制造的，一般都配有不同车系的测试卡和适合各种车型的检测连接电缆连接器，测试卡存储有几十种甚至上百种不同公司、不同车型汽车电控系统的检测程序、检测数据和故障码等资料，适合综合性维修企业使用。如图 1-14 所示为金德 KT600 诊断仪。

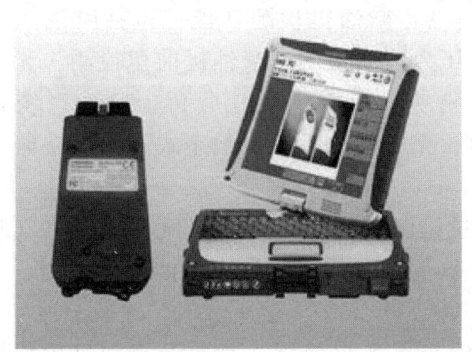

图 1-13　大众专用 VAS 5054A 诊断仪

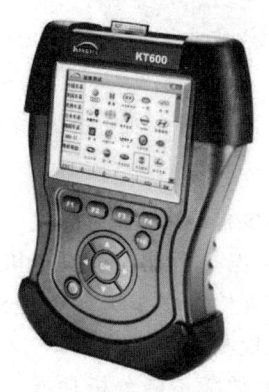

图 1-14　金德 KT600 诊断仪

故障诊断仪的操作方法一般步骤：

① 选择测试卡和合适的连接电缆连接器。

② 连接故障诊断仪。

③ 选择测试地址和功能。

④ 进行测试。

（3）示波器

主要用来显示控制系统中输入、输出信号的电压波形,以供维修人员根据波形分析判断电控系统故障。示波器比一般电子设备的显示速度快,是唯一能显示瞬时波形的检测仪器,是电控系统故障诊断中的重要设备。

功能:
① 测试各种传感器、执行元件、电路和点火系统等电压波形。
② 数字式示波器具有汽车万用表功能。
③ 数字式示波器可对测试内容进行记录、回放。
④ 能提供在线帮助,包括提供系统工作原理、测试连接方法、接线颜色等。

(4) 信号模拟检验仪

可以模拟发动机控制系统各传感器信号,尤其对电控系统传感器及其线路故障的诊断,利用此类检验仪可简化分析过程、缩短诊断时间。

(5) 发动机综合检验仪

它是发动机综合性能检验仪的简称,如图 1-15 所示。它能对发动机进行不解体综合测试,并配备有标准的数据及专家分析系统,可通过对测试结果与标准数据比较,判断发动机整机或部分系统工作好坏。

主要功能:

1) 汽油机检测功能。包括点火系统参数(如点火提前角、点火波形等)检测、无负荷测功、单缸动力性检测、转速稳定性分析、温度检测、进气歧管真空度检测、启动系统检测、充电系统检测、数字式万用表功能和废气分析(需配备废气分析仪)等功能。

2) 柴油机检测功能。包括喷油压力及压力波形检测、喷油提前角检测、无负荷测功、转速稳定性分析、启动系统检测、充电系统检测、数字式万用表功能和

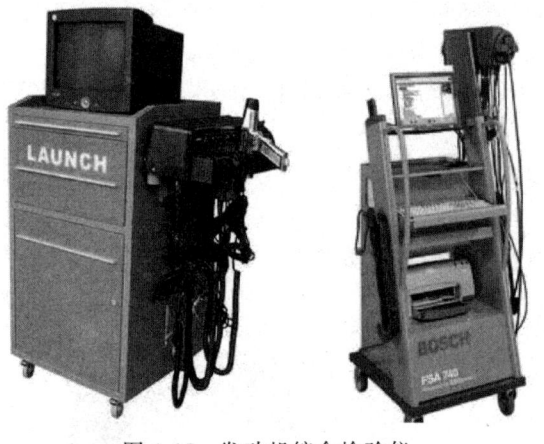

图 1-15　发动机综合检验仪

排气烟度检测等功能。

3) 电控燃油喷射发动机检测功能。包括进气量检测、转速检测、温度检测、进气歧管真空度检测、节气门位置检测、爆燃信号检测、氧传感器信号检测、喷油信号检测、点火系统检测等。

4) 故障诊断分析功能。包括故障查询、检测信号再现与分析、参数设定和显示数据或波形等。

项目 2

发动机电控燃油喷射系统的结构及工作原理

任务 2.1 电控燃油喷射系统的总体结构认识

2.1.1 发动机电控燃油喷射系统类型

电控燃油喷射系统发展始于 20 世纪 30 年代,最早由德国人研制成功并装用在军用飞机上,以解决高空中燃油结冰的问题。初期主要采用了机械式(K 型)喷射系统和机电组合式(KE 型)喷射系统。20 世纪 60 年代后期,德国 BOSCH 公司研制出电控燃油喷射系统(EFI),随着电子技术的发展,经历了晶体管、集成电路和微机处理三大发展进程,其技术日趋成熟,控制的功能越来越多,集成度更高,大大提升了发动机的动力性、燃油经济性和排放性能。在发展过程中,欧洲、美国、日本的一些著名汽车公司相继研发并应用了多种电控燃油喷射系统,其结构和类型各异,种类较多。可根据喷射方式、喷射位置、测量空气量方式、喷油器数量、有无反馈信号等内容进行分类。

(1)按喷射方式不同分类

目前发动机几乎都采用多点电控燃油喷射系统,即每个缸一个喷油器,按各缸喷油器的喷射方式可分为同时喷射、分组喷射和顺序喷射。

1)同时喷射。同时喷射是将各缸的喷油器并联,在发动机运转期间,所有喷油器由电控单元(ECU)的同一个喷油指令控制,同时喷油、同时断油。采用此种喷射方式,对各缸而言,喷油时刻不可能都是最佳的,其性能较差,目前已经淘汰,一般用在部分缸数较少的汽油发动机上。采用同时喷射方式的电控燃油喷射系统,一般都是曲轴每转一圈各缸同时喷油一次,对每个汽缸来说,每一次燃烧所需的供油量需要喷射两次,即曲轴每转一圈喷射 1/2 的油量,其控制原理如图 2-1 所示。

2)分组喷射。分组喷射是指将各缸的喷油器分成几组,它是同时喷射的变形方案。电控单元向某组的喷油器发出喷油或断油指令时,同一组的喷油器同时喷油或断油。目前较少采用。

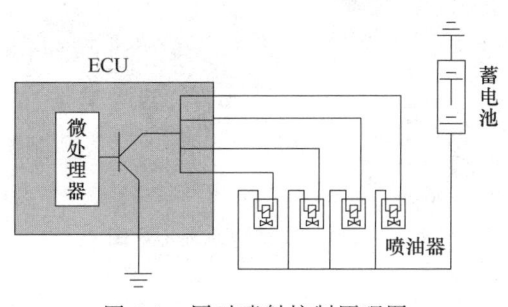

图 2-1 同时喷射控制原理图

3）顺序喷射。目前发动机大多采用顺序喷射，是指各喷油器由电控单元分别控制，按发动机各缸的工作顺序喷油。多缸发动机电控燃油喷射系统采用分组喷射或顺序喷射方式较多，其控制原理如图2-2所示。

(2) 按喷射位置不同分类

按喷射位置不同，电控燃油喷射系统可分为进气管喷射和缸内直接喷射两种类型。

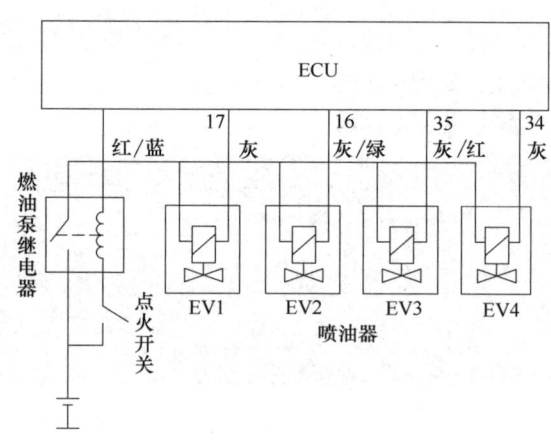

图2-2　顺序喷射控制原理图

1）进气管喷射。如图2-3所示，进气管喷射是将汽油喷在进气门前，喷射压力较低，一般不超过1MPa，目前大部分汽油喷射发动机主要采用这种喷射方式，喷油器喷油时可以连续喷射，也可断续喷射。

2）缸内直接喷射。在经历了化油器、单点电喷、多点电喷技术阶段之后，油气混合技术进入了直喷时代，包括大众、通用等越来越多的车型发动机开始采用缸内直接喷射技术，其结构和原理如图2-4所示。缸内直喷又称FSI（Fuel Stratified Injection），即燃料分层喷射技术，代表着传统汽油发动机的一个发展方向。传统的汽油发动机是通过电脑采集凸轮位置以及发动机各相关工况从而控制喷油嘴将汽油喷入进气歧管。但由于喷油器离燃烧室有一定的距离，汽油同空气的混合情况受进气气流和气

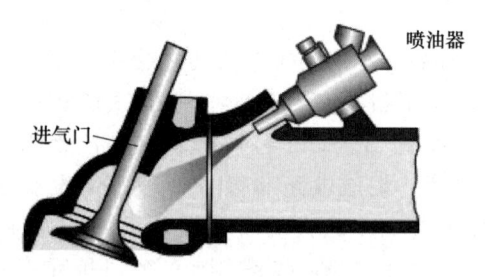

图2-3　进气管喷射

门开关的影响较大，并且微小的油颗粒会吸附在管道壁上，缸内直喷技术将汽油以高压的状态（一般高达10MPa以上，缸外喷射油压一般为300kPa左右）直接喷入燃烧室，压缩比可更高，油耗量低，升功率大，与同排量的一般发动机相比功率与扭矩都提高了约10%，所以希望喷油器能够直接将燃油喷入汽缸。在2000年到2013年期间各汽车厂商采用的发动机科技中最多的技术非缸内直喷莫属。这套由柴油发动机衍生而来的科技目前已经大量使用在包含大众（含奥迪）、宝马、梅赛德斯-奔驰、通用以及丰田车系上。各厂商缸内直喷技术英文缩写不尽相同，如大众：TSI（其中T代表涡轮增压）；奥迪：TFSI/FSI；梅赛德斯-奔驰：CGI；宝马：GDI；通用：SIDI；福特：GDI；比亚迪：TI。

图2-4　缸内直喷结构原理示意图

(3) 按测量空气量方式不同分类

按测量空气量方式不同分为D型（速度密度型）电控燃油喷射系统和L型（质量流

量型）电控燃油喷射系统。D 型 EFI 系统通过安装在节气门后面的进气歧管压力传感器间接测量进气量，由于空气在进气管内的压力波动，D 型 EFI 的测量精度稍差。而 L 型 EFI 系统是用空气流量传感器直接测量发动机吸入的空气量，其测量的准确程度高于 D 型，故可更精确地控制空燃比，但成本较高。

（4）按喷油器数量不同分类

在发动机燃油喷射控制系统中，按喷油器数目进行分类，又可分为单点喷射（Single-Point Injection，SPI）和多点喷射（Multi-Point Injection，MPI）两种形式。

单点喷射与多点喷射的区别，如图 2-5 所示。

1）单点喷射（SPI）。单点喷射是在进气管的节气门体上或者进气歧管内安装一只（或多只）喷油器的喷射方式，单点喷射结构简单，成本低，故障率低，工作可靠且维修方便，但存在各缸燃油分配不均匀等缺点，在现在汽车中已很少使用，故不做详细介绍。

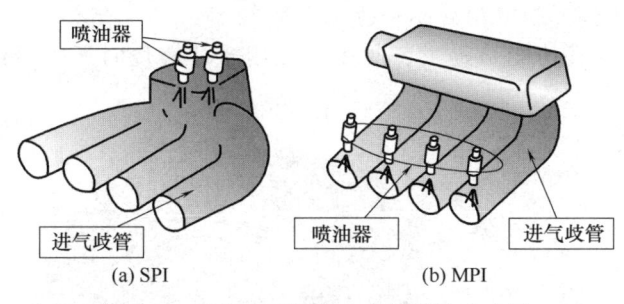

图 2-5 单点喷射与多点喷射结构示意图

2）多点喷射（MPI）。多点喷射系统是在每缸进气口处都装有一只喷油器，由电控单元（ECU）控制顺序地进行分缸单独喷射或分组喷射，汽油直接喷射到各缸的进气门前方，再与空气一起进入汽缸形成混合气。多点喷射又称为多气门喷射（MPI）、顺序燃油喷射（SFI），或单独燃油喷射（IFI）。

显然，多点燃油喷射避免了进气重叠，使得燃油分配均匀性较好，从而提高了发动机的综合性能。同时，由于它的控制更为精确，使发动机无论处于何种状态，其过渡过程的响应及燃油经济性都是最佳的。但是，多点喷射系统结构复杂，成本高，故障源也较多。目前，由于电子技术日益成熟，法规的日益严格，多点喷射系统由于其性能卓越而将占主导地位。

（5）按有无反馈信号分类

在发动机电喷控制系统中，按系统控制模式可分为开环控制和闭环控制两种类型，随着环保要求的提高，目前大多采用闭环控制，即在排气管上加装了氧传感器。根据排气管中氧含量的变化，测出发动机燃烧室内混合气的空燃比值，并把它输入计算机中再与设定的目标空燃比值进行比较，将偏差信号经功率放大器放大后再驱动电磁喷油器喷油，使空燃比保持在设定的目标值附近。因此，闭环控制可达到较高的空燃比控制精度，并可消除因产品差异和磨损等引起的性能变化对空燃比的影响，工作稳定性好，抗干扰能力强。

采用闭环控制的燃油喷射系统后，可保证发动机在理论空燃比（14.7）附近很窄的范围内运行，使三元催化转换装置对排气的净化处理达到最佳效果。

但是，由于发动机某些特殊运行工况（如启动、暖机、加速、怠速、满负荷等）需要控制系统提供较浓的混合气来保证发动机的各种性能，所以在现代汽车发动机电子控制系统中，通常采用开环与闭环相结合的控制方式。

2.1.2 电控燃油喷射系统的组成及工作原理

电控燃油喷射系统尽管类型不少，品种繁多，但它们都具有相同的控制原则：即以 ECU 为控制核心，以空气流量和发动机转速为控制基础，以喷油器、怠速控制阀等为控制对象，保证获得与发动机各种工况相匹配的最佳混合气成分和点火时刻。

（1）电控燃油喷射系统的组成

相同的控制原则决定了各类电控燃油喷射系统具有相同的组成和类似的结构。电控燃油喷射系统大致可分为进气系统、燃油系统和电子控制系统三个部分。

1）进气系统，又称空气供给系统，其功能是提供、测量和控制燃油燃烧时所需要的空气量，如图 2-6 所示（以 L 型系统为例）。

空气经空气过滤器过滤后，由空气流量计（在 D-Jetronic 系统中为进气歧管绝对压力传感器）计量，通过节气门体进入进气总管，经节气门体总成再分配到各进气歧管。在进气歧管内，从喷油器喷出的燃油与空气混合后被吸入汽缸内燃烧。

一般行驶时，空气的流量由进气系统中的节气门来控制。踩下加速踏板时，节气门打开，进入的空气量多。怠速时，节气门关闭，空

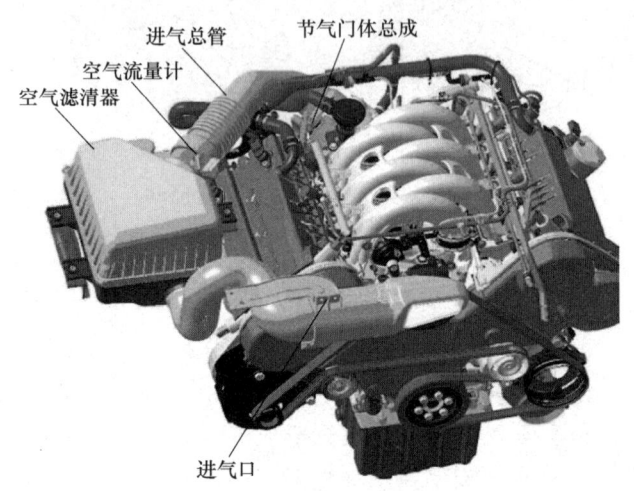

图 2-6 发动机进气系统

气由旁通气道通过。怠速转速的控制是由怠速调整螺钉和怠速空气调整器调整流经旁通气道的空气量来实现的。

怠速控制阀一般由 ECU 控制，在气温较低发动机暖机时，怠速控制阀的通路打开，以供给暖机时必须给进气歧管的空气量，此时发动机转速较正常怠速高，称为快怠速。随着发动机冷却水温升高，怠速控制阀使旁通气道开度逐渐减小，旁通空气量亦逐渐减小，发动机转速逐渐降低至正常怠速。

2）燃油系统。燃油供给系统的功能是向发动机精确提供各种工况下所需要的燃油量。

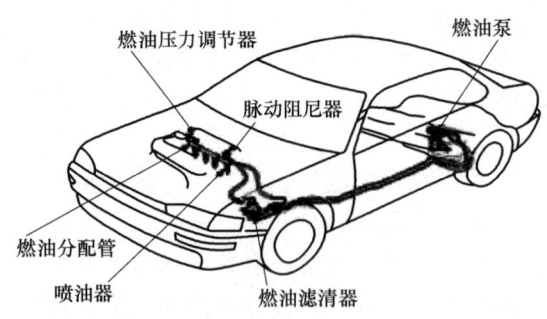

图 2-7 燃油供给系统结构示意图

燃油系统一般由油箱、电动燃油泵、燃油滤清器、燃油脉动阻尼器、燃油压力调节器、喷油器及供油总管等组成，结构如图 2-7 所示。

燃油由燃油泵从油箱中泵出，经过滤清器，除去杂质及水分后，再送至燃油脉动阻尼器，以减少其脉动。这样具有一定压力的燃油流至供油总管，再经各供油歧管送至各缸喷油器。

喷油器根据ECU的喷油指令，开启喷油器，将适量的燃油喷于进气门前，待进气行程时，再将燃油混合气吸入汽缸中。装在供油总管上的燃油压力调节器是用以调节系统油压的，目的在于保持油路内的油压约高于进气管负压300kPa。此外，为了改善发动机低温启动性能，较老的车型有些在进气歧管上安装了一个冷启动喷油器，冷启动喷油器的喷油时间由热限时开关或者ECU控制。

3）电子控制系统。电子控制系统的功能是根据发动机运转状况和车辆运行状况确定燃油的最佳喷射量，该系统由传感器、ECU和执行器三部分组成，如图2-8所示。

供给发动机的汽油量，由喷油持续时间来控制，喷油持续时间则由ECU通过来自进气歧管压力传感器或空气流量计的信号来计算进气量，根据进气量和转速计算出基本喷油持续时间，然后进行温度、海拔高度、节气门开度等各种工作参数的修正，得到发动机在这一工况下运行的最佳喷油时间，精确地控制喷油量。

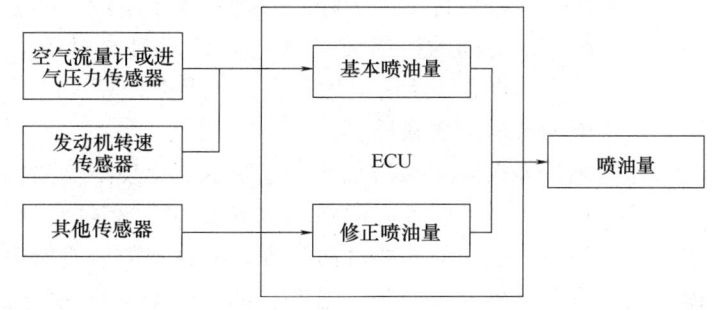

图2-8　电子控制系统原理图

传感器是信号转换装置，安装在发动机的各个部位，其功用是检测发动机运行状态的电量参数、物理参数和化学参数等，并将这些参数转换成计算机能够识别的电信号输入ECU。

检测发动机工况的传感器有：水温传感器、进气温度传感器、曲轴位置传感器、节气门位置传感器、车速传感器、氧传感器、爆燃传感器、空调离合器开关等。

ECU是发动机控制系统的核心部件。ECU的存储器中存放了发动机各种工况的最佳喷油持续时间，在接收了各种传感器传来的信号后，经过计算确定满足发动机运转状态的燃油喷射量和喷油时间。ECU还可对多种信息进行处理，实现EFI系统以外其他诸多方面的控制，如点火控制、怠速控制、废气再循环控制、防抱死控制等。

执行器是控制系统的执行机构，其功用是接受ECU输出的各种控制指令完成具体的控制动作，从而使发动机处于最佳工作状态，如喷油脉宽控制、点火提前角控制、怠速控制、炭罐清污、自诊断、故障备用程序启动、仪表显示等。

（2）电控汽油喷射系统的工作原理

电控汽油喷射系统工作原理框图，如图2-9所示。

喷油器喷射到进气歧管中的汽油量，由喷油器喷孔的横断面面积、汽油的喷射压力和喷油持续时间来决定。为了便于控制，在实际的喷油控制系统中，喷孔的横断面面积和喷油压力都是恒定的，汽油

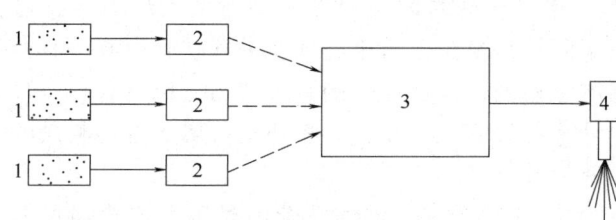

图2-9　电控汽油喷射系统原理框图
1—发动机工作参数　2—传感器　3—电控单元　4—喷油器

的喷射量只取决于喷油持续时间。喷油器的喷孔由电磁阀来开闭,电磁阀的开启时刻(喷油开始时刻)和开启延续时间(喷油持续时间)的长短,由发动机的各种参数确定。

传感器将发动机各种非电量的工况参数(如转速、负荷、发动机冷却水及进气温度、空气流量、曲轴转角、节气门开度等)转变为电信号,并把这些信号以信息形式送入ECU,再经ECU转化为长短不一的电脉冲信号传到喷油器,控制喷油器打开时刻及延续时间长短,使之准确地工作。

EFI系统的工作过程即是对喷油时间的控制过程。装用EFI系统的发动机具有良好的动力性、经济性,排放污染大为降低,这都源于空燃比的精确控制。而这种空燃比的控制是通过对汽油喷射时间的控制实现的。ECU通过绝对压力传感器(D型EFI)或空气流量计(L型EFI)的信号计量空气质量,并根据计算出的空气质量与目标空燃比比较即可确定每次燃烧所必需的燃料质量。

目标空燃比即实际充入汽缸的空气质量与燃烧所需要的燃料量的比值。根据空气质量和发动机转速计算出的喷油时间称为基本喷油持续时间。目标空燃比是在考虑了发动机的动力性、经济性、响应性、排气净化等之后决定的,它所要求的喷油时间与基本喷油时间有差异,各种传感器检测冷却水温度、进气温度、节气门开度等与发动机工况有关的参数后,对基本喷油持续时间进行修正,确定最佳喷油持续时间,使实际喷油持续时间接近由目标空燃比确定的喷油持续时间。

任务2.2 电控燃油喷射系统传感器的认识

2.2.1 进气压力传感器和空气流量计的结构与工作原理

随着汽车电控系统的日趋完善,电控燃油喷射在汽车中也得到了广泛的使用,其取代了传统的化油器喷射来控制发动机的燃油供给,转而通过各种传感器将发动机的温度、空燃比、油门状况、发动机的转速、负荷、曲轴位置、车辆行驶状况等信号输入电子控制装置,电控单元则根据这些信号参数,计算并控制发动机在各工况下所需的燃油喷射量及喷射时刻,将汽油在一定压力下通过喷油器喷入进气歧管或缸内与空气混合进行燃烧。

在电控发动机燃油喷射系统中,喷油量的基准信号就是以发动机的进气量为准的,所以精确地测量进入发动机的进气量显得尤为重要。在多点燃油喷射系统中,按测量空气流量的方法传感器可分为两种,进气歧管压力传感器(即负压力型)和空气流量传感器。电喷发动机中采用进气歧管压力传感器来检测进气量的称为D型喷射系统,压力传感器检测进气歧管内的绝对压力,测量方法属于间接测量法。由于空气在进气歧管内流动时会产生压力波动,因此,使用压力传感器的测量精度不高,但控制系统的制造成本较低。L型电控燃油喷射系统利用空气流量计信号计算与该空气量相应的喷油量,属于直接测量的方法,因而进气量的测量精度较高,控制效果较好。

进气歧管绝对压力传感器用于D型汽油喷射系统。进气歧管绝对压力传感器根据发动机的负荷状态测出进气歧管内绝对压力(真空度)的变化,并转换成电压信号或频率信号,与转速信号一起输送到电控单元(ECU),作为通过喷油器基本喷油量的依据。

L 型电控燃油喷射系统利用空气流量计直接测量发动机的进气量，ECU 不必进行推算，即可根据空气流量计信号计算与该空气量相应的喷油量，故对混合气浓度的控制更精确。

空气流量计也称空气流量传感器，安装在发动机进气管前端的空气滤清器后面，它将吸入的空气流量转换成电信号送至 ECU，作为决定喷油的基本信号之一。电子控制汽油喷射发动机为了在各种运转工况下都能获得最佳浓度的混合气，必须正确地测定每一瞬间吸入发动机的空气量，以此作为 ECU 计算喷油量的主要依据。如果空气流量传感器或线路出现故障，ECU 得不到正确的进气量信号，就不能正常地进行喷油量的控制，将造成混合气过浓或过稀，使发动机运转不正常。

目前，应用在电控汽油发动机上的空气流量计有多种形式，常见的有热线式、叶片式和涡流式。

1）热线式空气流量计。在发动机的空气滤清器和节气门体之间放置一个发热体和一个温度传感器，空气流经发热体时会带走热量，使得发热体变冷，发热体上流过的空气量越多，被带走的热量也越多，温度传感器感应到温度的变化并将这一变化送给发动机控制单元，发动机控制单元根据温度变化计算出空气流量。热线式空气流量计就是根据这一原理制成的。热线式空气流量计是目前轿车发动机上运用的最多的空气流量计，按照热线的类型又可以分为：热丝式、热膜式和热阻式。

① 热丝式空气流量计。热丝式空气流量计是应用在早期一些发动机上的热线式空气流量计，这种空气流量计在进气道中套有一个小喉管，在小喉管中架有两根极细的铂丝（直径为 0.01~0.05mm），如图 2-10 所示。其中一个铂丝被电流加热至 120℃ 左右，故称之为热线，另一个是温度补偿电阻，也称为冷线。热丝式空气流量传感器根据其电热体放置的位置不同，可分为主流式（热丝电阻安装在主进气道中）和旁通式（热丝电阻安装在旁通气道中）两种。热丝式空气流量传感器的电热体是铂丝。

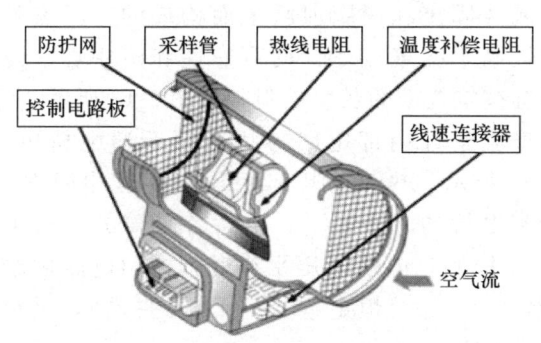

图 2-10 热丝式空气流量计

当空气流过热丝式空气流量计时，铂热线向空气散热，温度降低，铂热线的电阻减小，使电桥失去平衡。这时混合电路将自动增加供给铂热线的电流，以使其恢复原来的温度和电阻值，直至电桥恢复平衡，如图 2-11 所示。流过铂热线的空气流量越大，混合电路供给铂热线的加热电流也越大，即加热电流是空气流量的单值函数，如图 2-12 所示。加热电流通过精密电阻产生的电压降作为电压输出信号传输给电控单元，电压降的大小即是对空气流量的度量。温度补偿电阻的阻值也随进气温度的变化而变化，起到一个参照标准的作用，用来消除进气温度的变化对空气流量测量结果的影响。一般将铂热线通电加热到高于温度补偿电阻温度 100℃。

热丝式空气流量计内部的热线在使用一段时间后，因热线长时间暴露在空气中，会使得空气中一些沉积物附着在热线表面，由于这种传感器是基于热线表面与空气的热传导而

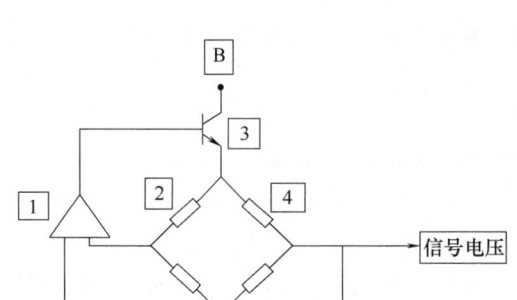

图 2-11 热丝式空气流量计工作原理
1—比较放大器 2—冷线电阻
3—电源转换器 4—铂热线

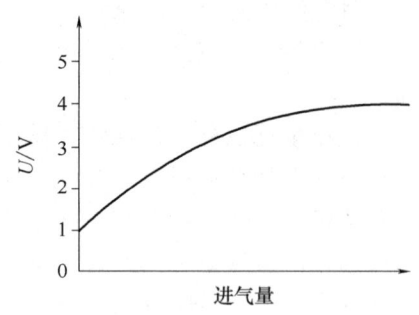

图 2-12 信号电压变化曲线

制成,热线上的沉积物将会影响其热传导能力,从而影响传感器的检测精度。因此,热线式空气流量计需要增加一些自洁功能。当点火开关从打开到关闭位置时,ECU会给空气流量计一个自洁信号,使热线温度瞬间升高到1000℃,使依附在热丝上的杂质被烧掉。

② 热膜式空气流量计。热膜式空气流量计其测量原理与热丝式空气流量计相同,它是利用热膜与空气之间的热传递现象来测量空气流量的。热膜是由铂金属片固定在树脂薄膜上而构成的。用热膜代替热丝提高了空气流量计的可靠性和耐用性,并且热膜不会被空气中的灰尘黏附,如图2-13所示。

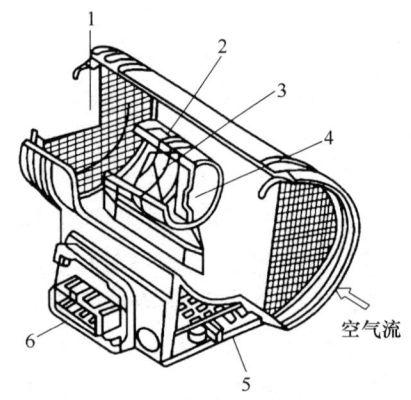

图 2-13 热膜式空气流量计结构
1—防护网 2—取样管 3—白金热丝
4—温度补偿电阻 5—电路板 6—电接头

空气流量计内部电路连接成惠斯通电桥电路,如图2-14所示。热膜电阻 R_H 和温度补偿电阻 R_K 分别连接到电桥的一个臂上,电桥各个臂的电流由控制电路A控制。电桥电压平衡时,控制电路供给热膜电阻的电流 I_h($I_h=50\sim120mA$)使其温度 T_h 保持恒定($T_h=120℃$左右),供给温度补偿电阻的电流使热膜电阻的温度与温度补偿电阻的温度 T_r 之差保持恒定($\Delta=T=T_h-T_r=100℃$左右)。当空气流经温度补偿电阻和热膜电阻,热膜电阻和温度补偿电阻受到冷却,温度降低,阻值减小。当热膜电阻的阻值减小时,电桥电压就会失去平衡,控制电路将增大供给热膜电阻的电流,使其温度保持恒定(120℃左右)。电流增加值的大小,取决于热膜电阻受到冷却的程度,即取决于流过流量传感器的空气量。

2) 涡流式空气流量计。涡流式空气流量计是利用卡尔曼涡流理论来检测空气流量的,在涡流式流

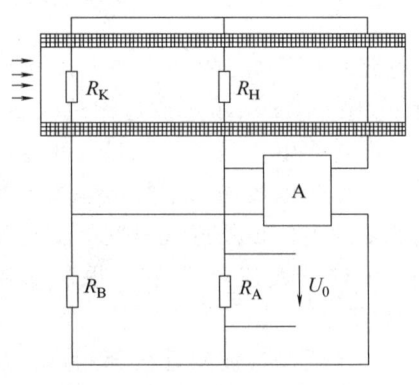

图 2-14 热膜式空气流量计工作原理

量计进气道的正中间有一个流线型或三角形立柱,当空气流经这个立柱时,在立柱后方的气流中会产生一系列不对称却十分规则的空气旋涡,即卡尔曼涡流,如图 2-15 所示,因此该立柱也称为涡流发生器。

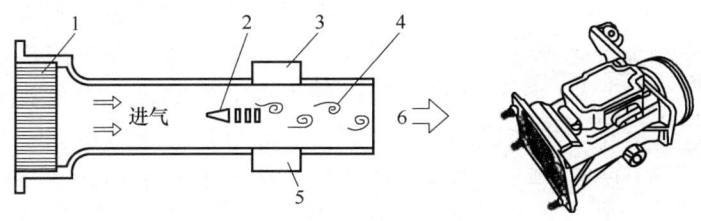

图 2-15 涡流式空气流量计

1—整流网 2—立柱 3—超声波发生器 4—旋涡 5—超声波接收器 6—至进气歧管

根据卡尔曼涡流理论,涡流发生器产生的涡流要沿着空气流动的方向向后移动,其移动的速度与空气流速成正比,因此,在单位时间内透过立柱后方某点的旋涡数量与空气流速成正比,即通过测量单位时间内溢满的数量就可计算出空气流速和流量。

测量单位时间旋涡数量的方法有两种:一种是在涡流式空气流量计的后半部的两侧设置一对超声波发生器和接收器。

在发动机运转时,超声波发生器不断地向接收器发出一定频率的超声波。当超声波通过进气气流到达接收器时,由于受到气流中旋涡的影响,超声波频率的相位发生变化。接收器测出这一相位的变化,ECU 根据相位变化的频率计算出单位时间内产生漩涡的数量,从而计算出空气流速和流量。

另一种方法是在流量计内设置一对发光二极管和光敏三极管(图 2-16)。发光二极管发出的光束被一个反射镜反射到光敏三极管上,使光敏三极管导通。反射镜安装在一个很薄的金属簧片上,簧片在进气气流旋涡的压力作用下产生振动,其振动频率与单位时间内产生的旋涡数量相同。由于反射镜随簧片一同振动,因此被反射的光束方向也以相同的频率变化,致使光敏三极管也随光束的变化以同样的频率导通或截止。这一频率直接反映出单位时间内旋涡产生的数量,ECU 根据光敏三极管

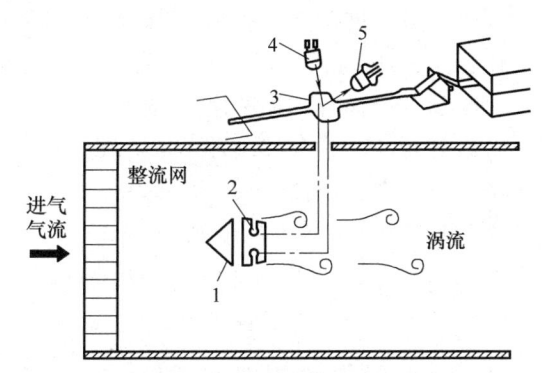

图 2-16 光电测试测量装置

1—立柱 2—导压孔 3—反射镜 4—发光二极管 5—光敏三极管

导通或截止的频率即可计算出进气量(图 2-17)。

3)进气管压力传感器。在发动机运行时,随着节气门的开度增大,进气量增加,进气管的真空度随之减小,因此真空度的大小从一定程度上反映了发动机进气量或发动机负荷的大小,根据此原理,可利用

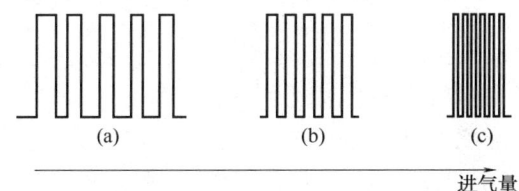

图 2-17 涡流式空气流量计的进气量信号

进气管压力传感器测量节气门后的进气管真空度，以此间接测量发动机的进气量。进气管压力传感器有多种，目前大多采用半导体压阻效应传感器，其检测原理是将压力的变化转换为电阻值的变化，具有高精度、快响应、小尺寸、安装灵活等优点。

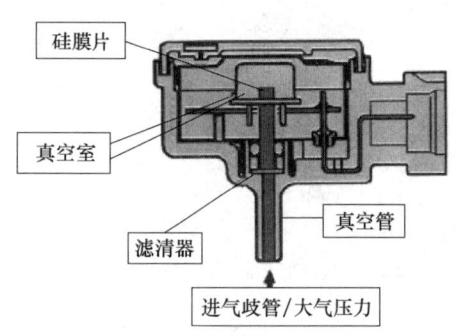

图 2-18 进气压力传感器内部结构图

如图 2-18 所示，进气压力传感器主要由硅膜片、真空室、壳体及集成电路等组成。硅膜片两侧为真空式和进气歧管侧，同时，硅膜片上有 4 只等阻值的压敏电阻，这 4 只压敏电阻连接成惠斯通电桥电路，然后连接传感器内部的集成电路。

在发动机进气过程中，进气歧管内部的压力随着进气量的变化而变化。硅膜片由于进气歧管压力的变化，导致其两侧腔室在压力差的作用下变形，当两侧的压差越大时，硅膜片的变形也就越大，同时，4 个压敏电阻的阻值变化也就越大。当 4 个压敏电阻的阻值发生变化时，惠斯通电桥的平衡将会被打破，此时，电桥将输出一个微小的电压给进气压力传感器的内部集成放大电路，然后经处理后传送各 ECM。

当节气门开度增大，进气阻力小，进气歧管压力升高，硅膜片的变形量增大，压敏电阻的阻值变化量增大，电桥输出的电压升高，然后经集成放大电路进行比例放大后，进气压力传感器输入 ECM 的信号电压也就高；反

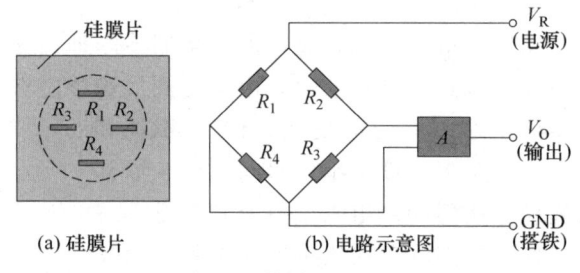

图 2-19 进气压力传感器测量电路原理图

之，进气压力传感器输入 ECM 的信号电压就低。进气压力传感器的信号电压一般在 0.45~4.8V，如图 2-19 所示。

2.2.2 节气门位置传感器的结构及工作原理

汽油发动机进气系统中常设置有节气门，用来控制发动机的进气量。在早期的汽油发动机上，加速踏板通过拉线直接控制节气门开度，后来，随着电控系统逐步在发动机上的运用，现已采用电子节气门来控制节气门的开度。与传统的节气门相比较，电子控制式节气门具有以下优点：

1）可以实现发动机转速全范围最佳扭矩的输出。
2）精确控制节气门开度。
3）提高了燃油经济性，改善了发动机的排放性能。
4）具有冗余设计和多种工作模式，提高了车辆行驶的可靠性。
5）可实现与加速踏板行程不一致的节气门开度控制。

节气门位置传感器，简称 TPS（Throttle Position Sensor），一方面用来检测节气门打开的角度，作为发动机负荷大小的参考信号，另一方面反映节气门开度变化的速度，

以便反映驾驶员的驾车意图。对于自动变速器的电子控制系统来说,节气门位置传感器主要是用于检测节气门的开度,反映发动机的负荷大小,作为换挡时刻控制的一个重要信号。

节气门位置传感器安装在节气门体上,随着节气门开度的变化和节气门轴的转动带动该传感器内的电刷滑动或导向凸轮转动,将节气门打开的角度信号转换成电信号送到ECU。TPS有电位计式和非接触式两种类型。

(1) 电位计式

电位计式TPS安装在节气门转轴一端,如图2-20所示,当发动机节气门开度发生变化时,节气门转轴也会随之转动,TPS的状态随之变化,此时,TPS将节气门转轴的物理信号转换成电信号发送给ECM。

电子节气门体的TPS也采用冗余设计,其内部有两个具有线性输出特性的转角电位计,如图2-21所示。ECU为两个电位计提供5V的参考电压,每个电位计都有自己的信号端子,分别为TPS1和TPS2。电位计滑臂安装在节气门轴上,当节气门轴发生转动时,电位计滑臂也发生转动,使得电路中的电阻值发生改变,从而使得输出信号电压发生改变。

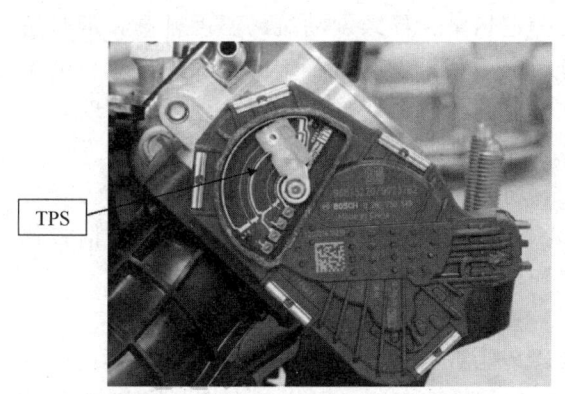

图2-20 电位计式TPS(电子节气门)

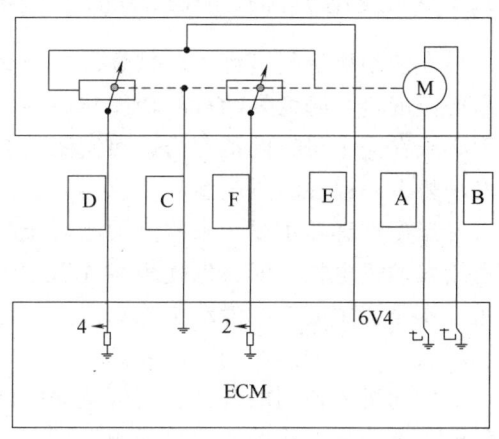

图2-21 电子节气门工作示意图

(2) 非接触式

非接触式TPS有霍尔型、磁阻型和电感应型等。霍尔型节气门位置传感器结构如图2-22所示,它一般使用在电子节气门中,主要由霍尔元件和磁铁组成,磁铁安装在节气门轴上,并可以绕霍尔元件转动。当节气门的开度发生变化时,磁铁随之转动,从而改变了霍尔元件之间的相对位置,因此霍尔元件中的磁通量发生变化,所产生的霍尔电压也随之变化,集成放大电路将霍尔电压放大后传送给ECM。

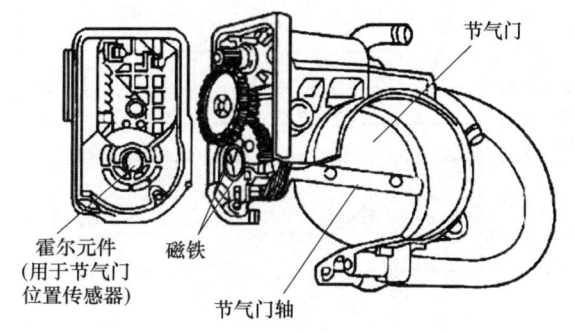

图2-22 霍尔式节气门位置传感器结构

霍尔式节气门位置传感器一般会输出两套信号，即 VTA1 和 VTA2，其中 VTA1 用于监测节气门开度，VTA2 用于监测 VTA1 的故障。传感器信号电压与节气门的开度成正比，在 0～5V 变化，如图 2-23 所示。

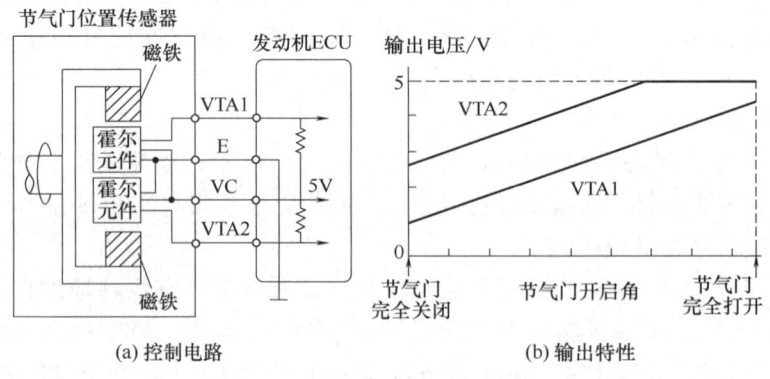

图 2-23 霍尔式节气门位置传感器控制电路及输出特性

2.2.3 发动机温度传感器的结构和工作原理

在发动机运行过程中，燃烧做功中会释放一定热量，导致发动机的温度升高，但是过高的温度将会降低发动机的功能转换率，同时，也不利于发动机正常工作，故发动机的温度必须在一个可控的范围内，而监测其各工况温度的传感器叫作冷却液传感器，同时，在发动机上还存在着进气温度传感器和 EGR（废气再循环）温度传感器。

温度传感器主要用来监测被测对象的温度，将被测对象温度信号转换成电压信号，传送给发动机电控单元，以使电控单元进行与温度相关的控制或与温度相关的控制信号修正。本小节主要介绍发动机冷却液温度传感器和进气温度传感器。

(1) 温度传感器的工作原理

发动机上使用的各种温度传感器的结构及原理大致相同，一般都是利用传感器内的热敏电阻来进行工作的。该热敏电阻是一个负温度系数（NTC）的热敏电阻，其特性是其电阻值随着温度的上升而减少，如图 2-24 所示。

温度传感器一般有两个接线端子，其中一个是接地端子（通过 ECM 后接地），一个

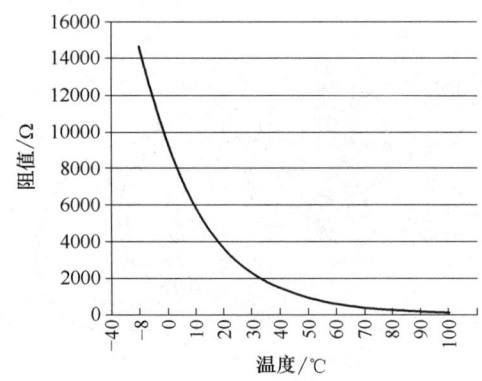

图 2-24 温度传感器阻值与温度的关系

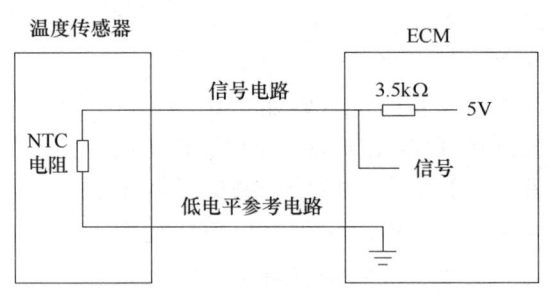

图 2-25 温度传感器的工作电路

是信号端子，两个端子都与 ECM 连接，如图 2-25 所示。温度传感器中热敏电阻与 ECM 内部的分压电阻组成串联分压电路，同时，ECM 向该电路提供一个 5V 的基准电压。温度传感器输入电控单元的信号电压等于热敏电阻两端的电压值，当温度发生变化时，传感器两端的阻值就会发生改变，同时，其两端的电压值随之改变。温度越低，热敏电阻的阻值越高，同时，信号电压也越高；反之，则相反，如图 2-26 所示。

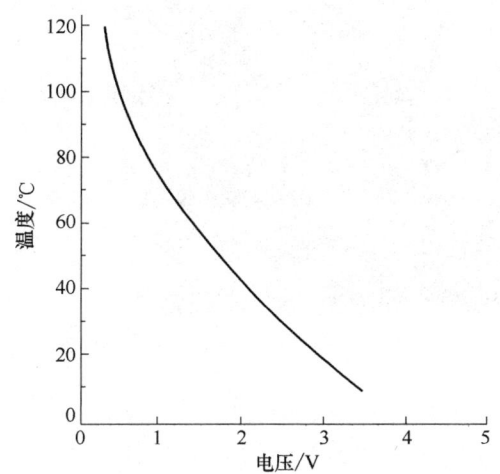

图 2-26 温度传感器信号电压

（2）冷却液温度传感器

热敏电阻式温度传感器主要由热敏电阻和引出导线组成（图 2-27、图 2-28）。由半导体材料制成的热敏电阻，其电阻具有随温度变化而改变的特性，根据电阻随温度变化的规律不同，可分为负温度系数型（NTC 型）和正温度系数型（PTC 型）两种类型。负温度系数型热敏电阻的电阻值与温度的变化负相关，即电阻值随温度升高而降低。正温度系数型热敏电阻的阻值随温度的升高而变大。

冷却液温度传感器一般安装在缸体或缸盖的水套上，与冷却液直接接触（图 2-29）。发动机 ECU 接受冷却液温度传感器信号作为发动机喷油和点火的修正信号，同时也用于控制冷却液风扇、空调等，其作用不容小觑。若 ECU 接受失真的冷却液温度传感器信号，将严重影响发动机的正常工作，甚至发动机启动困难。

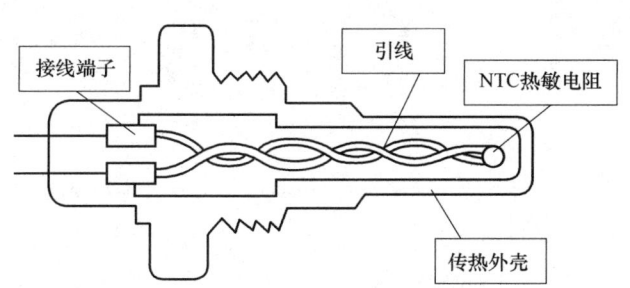

图 2-27 水温传感器结构原理图

图 2-28 水温传感器实物图

根据冷却液温度传感器接线数的不同，主要有以下几种：

1）二线式传感器。二线式传感器如图 2-30 所示。一端子为信号输出端，连接 ECU；另一端子为接地端，通过 ECU 接地端接地。

2）三线式传感器。三线式传感器如图 2-31 所示。传感器内装一个热敏电阻和一个感应塞，除了热敏电阻引出的二线外（信号输出端和接地端），还有另一端子，自传感器内装的感应塞引出，接至仪表板上的冷却液温度表，用于冷却液温度表的显示。

3）四线式传感器。四线式传感器如图 2-32 所示。传感器内装两个热敏电阻，一个接 ECU，用于发动机电脑控制，另一个用于冷却液温度表的显示。两个热敏电阻各自引出

图 2-29　发动机冷却液温度传感器位置图

信号线和接地线。

（3）进气温度传感器

进气温度传感器是一个负温度系数热敏电阻，其可以安装在空气滤清器之后的进气软管上、空气流量传感器上、进气压力传感器上等，用于检测进气歧管中的进气温度，向发动机电控单元 ECU 输送进气温度信号，作为发动机燃油喷射和点火正时的修正信号。

进气温度传感器结构如图 2-33 所示，主要由塑料外壳、防水插座、垫圈、热敏电阻等组成。

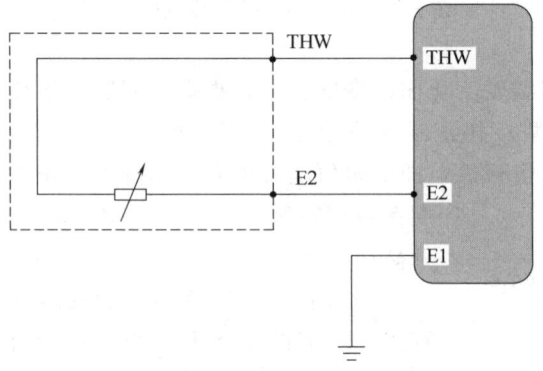

图 2-30　二线式冷却液温度传感器

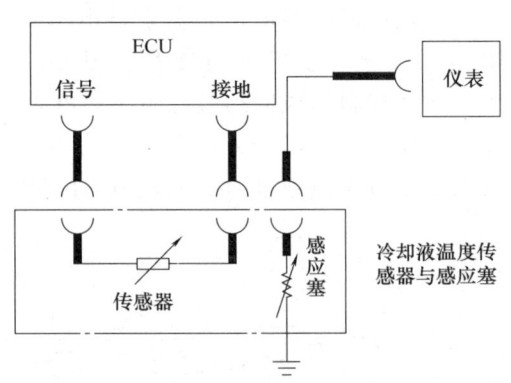

图 2-31　三线式冷却液温度传感器

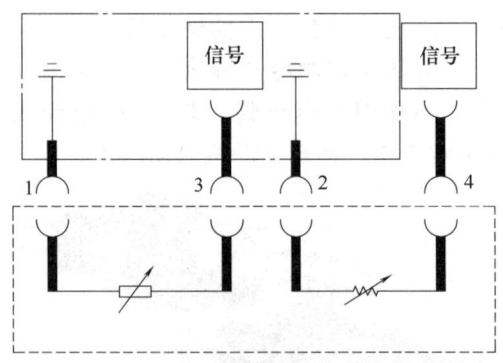

图 2-32　四线式冷却液温度传感器

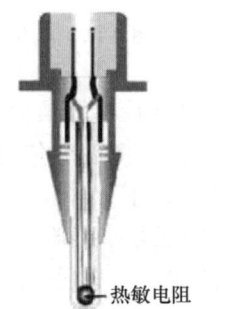

图 2-33　进气温度传感器结构图

2.2.4　氧传感器的结构和工作原理

现代汽车为了减少废气排放（主要成分是一氧化碳 CO、碳氢化合物 HC 及氮氧化物 NO_x），以适应排污法规的要求，普遍在排气管装有氧传感器和三元催化反应器。利用氧传感器提供反馈信息送至 ECU，实现混合气空燃比的闭环控制。同时还利用三元催化反应器将废气中的 CO 转化（氧化）为 CO_2，HC 化合物转化（氧化）为 H_2O，NO_x 转化

（还原）为 O_2、N_2 等无害气体。为了达到此目的，也就是说为了使三元催化反应器能正常工作，要求混合气的空燃比必须在理论空燃比范围内（理论混合气空燃比为 14.7∶1）。这就需要用氧传感器测定废气中氧的含量（即空燃比大小），向 ECU 反馈信息，及时修正喷油量使空燃比回到理论值。

(1) 氧传感器的类型

目前常见的氧传感器的类型主要有氧化锆式、氧化钛式和宽带式。这三种传感器需要在温度达到 350℃ 以上时才能正常工作，因此，其内部都装有加热元件。加热元件能使氧传感器在发动机启动后迅速进入工作状态。这种氧传感器也被称为加热型氧传感器（英文缩写 H_2OS）。

氧化锆式和氧化钛式氧传感器在理论空燃比附近才能产生跳跃性变化的信号电压，因此也被称为跃变型氧传感器，宽带式氧传感器也叫宽域氧传感器（Universal Wide Range Exhaust Gas Oxygen Sensor，UEGO），能够连续检测汽缸内混合气从过浓状态到理论空燃比，再从理论空燃比到混合气过稀状态时的整个过程。相比氧化锆式和氧化钛式氧传感器，宽带式氧传感器检测范围更加宽广，在性能上具有明显的优势，其功效能够满足较为严格的排放法规要求。

1) 氧化锆式传感器。

① 结构。二氧化锆型氧传感器由二氧化锆管、起电极作用的衬套，以及防止二氧化锆管损坏和导入汽车的带孔护罩等构成，如图 2-34 所示。

② 工作原理。氧传感器安装于排气管上，二氧化锆的管内、外表面均涂有薄薄的一层铂，铂既起到电极的作用，又具有催化的作用。二氧化锆管内侧通大气，并且保持氧浓度不变，外侧直接与氧浓度较低的排气相抵触。工作时，在排气高温作用下，氧气发生分离，由于锆管内侧氧离子浓度高，外侧氧在

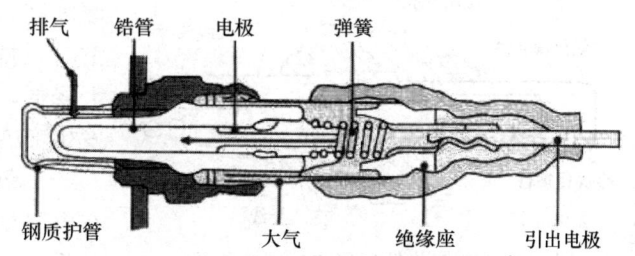

图 2-34 二氧化锆氧传感器

两个表面电极有氧浓度差，氧离子就从浓度高的一侧向低的一侧流动，从而产生电动势，所以二氧化锆氧传感器实际为一种容量较小的化学电池，也称氧浓度差电池。

当混合气稀（空燃比大）时，排气中的氧含量高，传感器元件内、外侧氧浓度差小，氧化锆元件内、外侧两电极之间产生的电压很低（接近于 0V）。

当混合气浓（空燃比小）时，排气中几乎没有氧，传感器内、外侧氧浓度差很大，内、外侧电极之间产生的电压高（约 1V）。在理论空燃比附近，氧传感器输出电压信号值有一突变，如图 2-35 所示。

二氧化锆管内外涂有铂起催化作用，能使排气中氧气与一氧化碳、碳化氢等发生反应，减少排气中的氧含量，使外侧铂表面的氧几乎不存在，提高了传感器的灵敏度。

氧传感器的输出特性与排气温度有关，二氧化锆式氧传感器的工作温度在 300℃ 以上。当排气温度低于一定值（约 300℃）时，氧传感器的输出特性不稳定，因此氧传感器一般都安装在排气温度较高的位置，如图 2-36 所示。

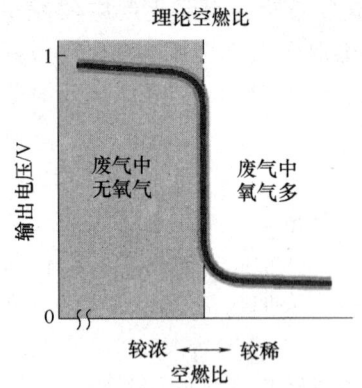

图 2-35 氧传感器的输出特性

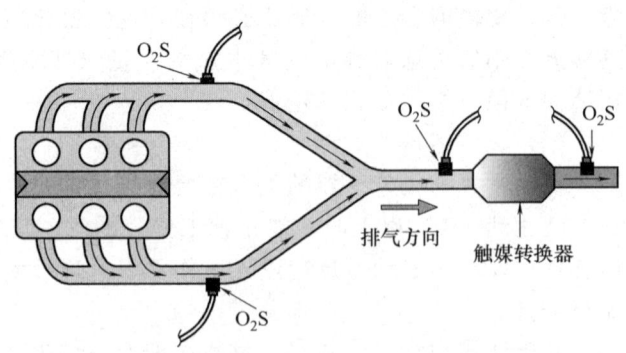

图 2-36 氧传感器的安装位置

为此，有些车上装有排气温度传感器，当排气温度传感器的信号达到一定值后，控制单元才根据氧传感器的信号进行空燃比反馈修正。

2）二氧化钛氧传感器。

二氧化钛氧传感器是利用半导体材料二氧化钛的电阻值，随排气中氧含量的变化而变化的特性制成的，属于电阻型氧传感器。在常态下此传感器具有高电阻值；二氧化钛在表面缺氧时，电阻值降低，其结构如图 2-37 所示。

当混合气较稀时，排气中氧含量多，氧浓度高，二氧化钛呈高阻状态；当混合气较浓时，排气中氧含量低，二氧化钛的电阻大大降低，其电阻值的变化在理论空燃比附近发生突变，如图 2-38 所示。

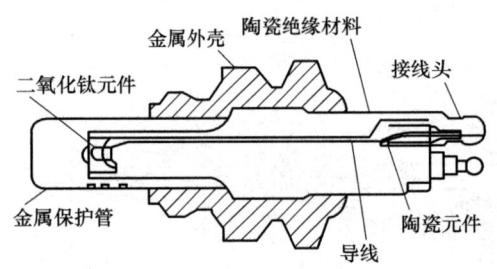

图 2-37 二氧化钛型氧传感器的结构

二氧化钛的电阻受温度影响较大，所以在电路中一般接有热敏电阻 Rt，起到温度补偿作用。

（2）氧传感器作用

汽车发动机一般安装有一个氧传感器。但是，随各国对汽车排放的限制越来越严格，有的发动机需要安装两个或两个以上的氧传感器。直列发动机一般在三元催化器前方和后方各安装一个氧传感器，分别称为前氧传感器（英文简写为 HO_2S_1）和后氧传感器（英

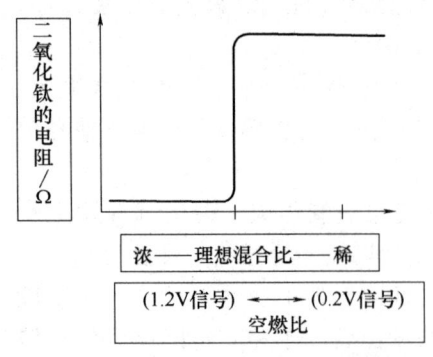

图 2-38 二氧化钛传感器的输出特性

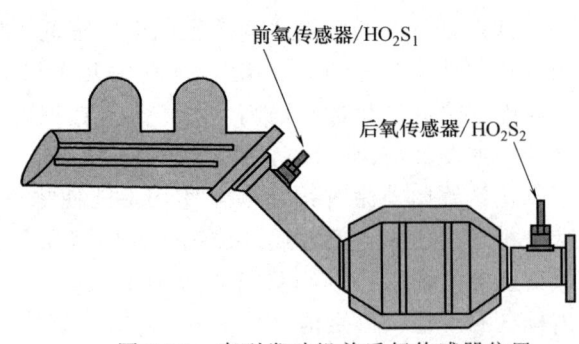

图 2-39 直列发动机前后氧传感器位置

文简写为 HO_2S_2），如图 2-39 所示。V 型发动机一般在两列汽缸的排气管路上分别安装有一个前氧传感器（HO_2S_1 或 HO_2S_2）和一个后氧传感器（HO_2S_1 或 HO_2S_2）。发动机前、后氧传感器的安装位置如图 2-40 所示。

1) 前氧传感器作用。前氧传感器安装在三元催化器前方，用来检测排气中的含氧量，并向 ECM 发出反馈信号，再由 ECM 控制喷油量的增减，以便将汽缸内混合气的空燃比控制在理论值附近。将混合气保持在理论空燃比附近可以使三元催化器发挥最佳的催化转换效能。

2) 后氧传感器作用。后氧传感器安装在三元催化器后面，用来检测三元催化器的催化效率是否正常。如果三元催化器的催化效率正常，则排

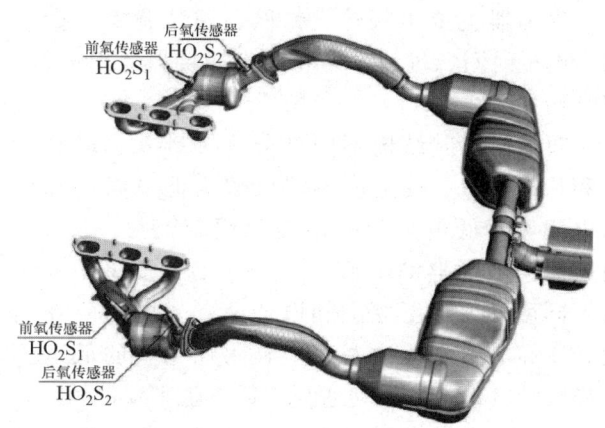

图 2-40　V 型发动机前后氧传感器位置

气中的有害物质（如 NO_x、HC 和 CO 等）在催化器中被转换为无害的 N_2、H_2O 和 CO_2。这些转换后的物质通过后氧传感器时，由于其中的氧含量稳定，所以不会引起后氧传感器信号电压的变化。如果三元催化器失效，催化器将不能释放储存的氧气，NO_x、HC 和 CO 等有害物质在催化器中不能完全被催化转换，剩余的有害物质通过后氧传感器时，必然会引起后氧传感器信号电压发生较大的变化。前后氧传感器在三元催化器不同状态时的电压波形如图 2-41 所示。

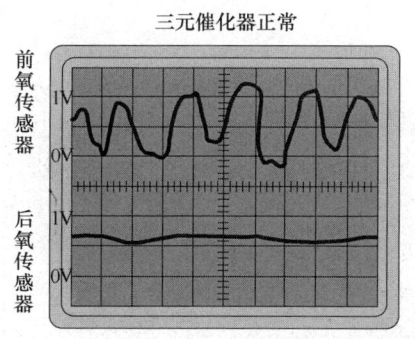 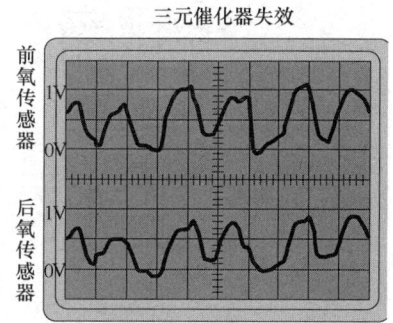

图 2-41　前后氧传感器电压波形

根据后氧传感器信号电压的变化，ECM 可以判断三元催化器的催化效率是否正常。如果催化效率严重下降，ECM 将向驾驶员发出警示信息，提醒驾驶员及时维修三元催化器。

任务 2.3　电控燃油喷射系统执行器的认识

2.3.1　喷油器

喷油器就是大家俗称的喷油嘴，喷油器是供油系统中最重要的部件，它实质上是一个

电磁阀，当ECU发出指令后，电磁线圈通电使针阀打开，把准确计量的燃油喷入进气门前方（缸内喷射除外），如图2-42所示。

喷油器主要由阀体、针阀、回位弹簧、衔铁、电磁线圈、进油滤网和线束插接器等组成，其结构如图2-43所示。

喷油器按其结构不同可分为轴针式、球阀式和片阀式等；按阻值不同可分为低电阻型和高电阻型，低电阻型喷油器的阻值为2～3Ω，高电阻型喷油器的阻值为13～17Ω；按驱动方式不同可分为电压驱动和电流驱动，电压驱动适合于高电阻型喷油器和串有附加电阻的低电阻型喷油器，电流驱动适合于低电阻型喷油器。

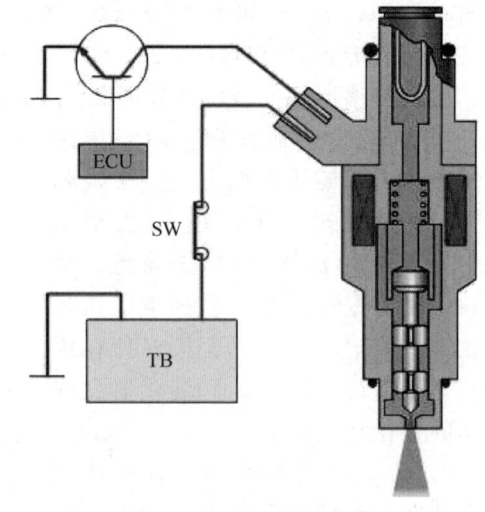

图2-42 喷油器工作图

喷油器通过密封圈安装在进气歧管或进气道附近的缸盖上，根据ECU发出的喷油脉冲信号将电磁线圈接通，在电磁线圈磁场的作用下，针阀克服弹簧力而升起，向进气歧管或总管喷射燃油。当ECU关闭喷油器时，停止喷射，如图2-44所示。在喷油器的结构和喷油压力一定时，喷油器的喷油量取决于针阀的开启时间，即电磁线圈的通电时间。

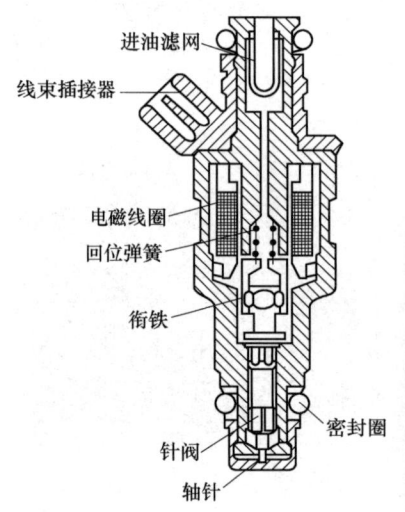

图2-43 喷油器结构图

1）喷油器电磁阀未通电，电磁阀弹簧使电磁阀铁芯保持在关闭的位置。相同的燃油压强施加在柱塞顶面a和针阀凸台区域b上。柱塞顶面a较大的受力面积使其产生较大的向下的力，从而使喷油器针阀保持在关闭的位置，如图2-45所示。

2）当需要燃油喷入汽缸时，ECM发出一个电压信号给电磁阀。电磁阀产生向上的、比电磁阀弹簧力更大的电磁力，使电磁阀铁芯向上移动，电磁阀铁芯升起，会打开喷油器内部的一个泄油通道，如图2-46所示。

3）由于泄油通道的打开，柱塞顶面压强降低，导致作用在针阀凸台b上的压力大于

项目 2 发动机电控燃油喷射系统的结构及工作原理

柱塞顶面 a 的压力,这会使针阀自关闭位置升起,燃油通过喷嘴头部的喷孔喷入汽缸,如图 2-47 所示。

4) 当不需要喷射燃油时,ECM 会使喷油器电磁阀断电。电磁力消失,在电磁阀弹簧作用下,电磁阀铁芯到关闭位置。

泄油通道关闭后,柱塞顶面的压强上升,使柱塞/针阀复位以终结燃油喷射。相同的燃油压强又被送到柱塞顶面 a 和针阀凸台 b,如图 2-48 所示。

柱塞顶面 a 较大的受力面积使其产生较大的向下的力,从而使喷油器针阀保持在关闭的位置,直到 ECM 决定下一次的燃油喷射的开始。

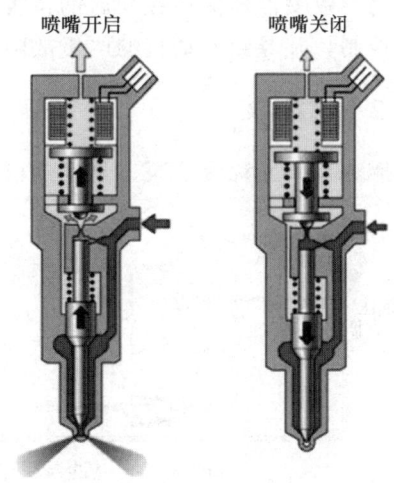

图 2-44 喷油器原理图

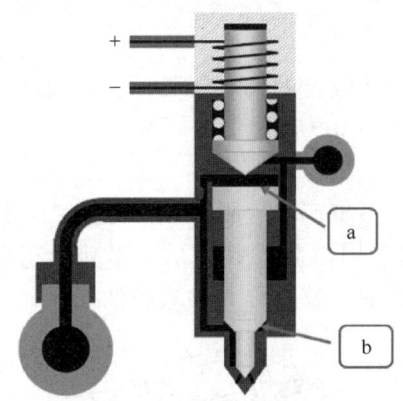

图 2-45 喷油器电磁阀未通电工作图

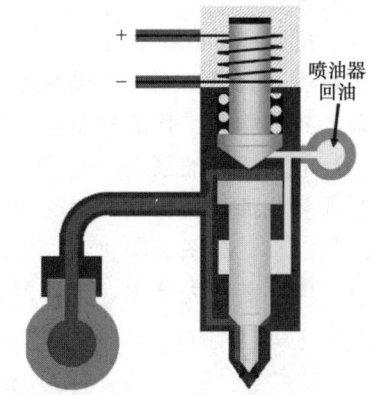

图 2-46 喷油器电磁阀通电工作图

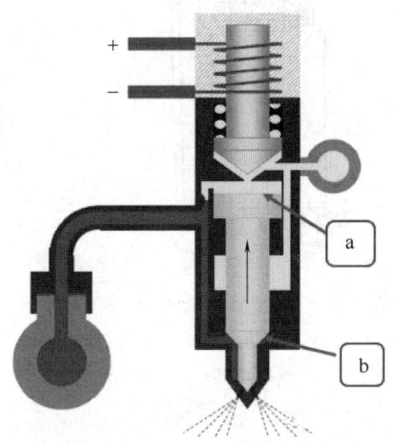

图 2-47 喷油器泄油通道开启

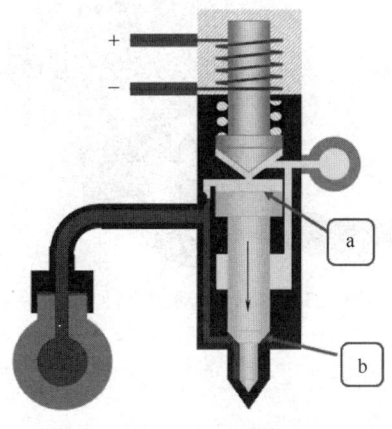

图 2-48 喷油器泄油通道关闭

对于高压共轨燃油系统来说,燃油系统的"清洁关注"是非常重要的。进入喷油器内部小通道的颗粒物会阻碍燃油的流动。如果污染颗粒物堵塞了通向柱塞顶面控制室的小通道,将导致喷油器保持在开启的位置。如果喷油器卡在开启的位置,喷入缸内的燃油量将失去控制,并导致发动机的严重故障。

2.3.2 燃油泵

燃油泵,又称汽油泵,是发动机燃油系统中的一个极其重要的组成部分,其功用是将汽油从油箱中吸出,加压后经喷油器喷入发动机的进气歧管或者汽缸,如图2-49所示。燃油泵按照安装位置不同可以分为外装燃油泵和内装燃油泵,根据燃油泵的驱动形式不同又可以分为机械驱动式和电动式两种。

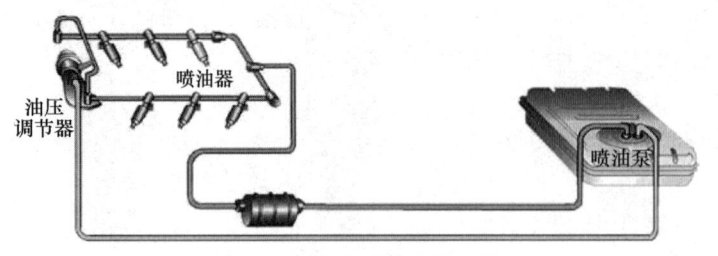

图 2-49 燃油泵供给循环图

(1) 机械驱动式燃油泵

机械驱动式燃油泵由发动机配气机构、凸轮轴或中间轴上的偏心轮驱动。不同型号的汽油泵,其结构和工作原理基本相同,其外观形状如图2-50所示。

(2) 电动式燃油泵

与外装汽油泵相比较,内装汽油泵安装在油箱内,不易产生气阻和燃油泄漏,并且其产生的噪声小,如图2-51所示。目前大多数汽车上都采用内装式燃油泵,驱动电动机与泵做成一体,装在壳体内,工作时,燃油泵内装满了燃油,故被称为湿式燃油泵。

图 2-50 机械驱动式燃油泵

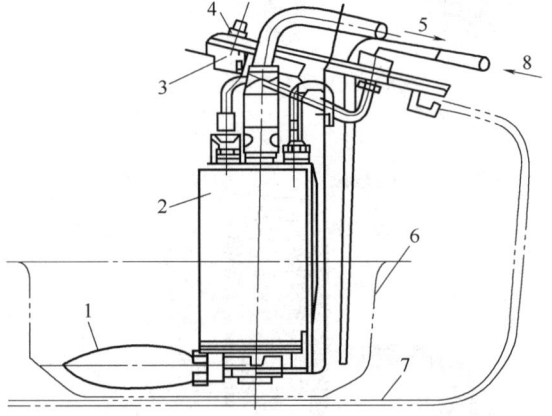

图 2-51 内装式电动燃油泵
1—进油滤网 2—电动燃油泵 3—隔振橡胶
4—支架 5—燃油出油管 6—小油箱
7—油箱 8—回油管

电动燃油泵主要由泵体、永磁电动机和外壳三部分组成,如图2-52所示。永磁电动机通电即带动泵体旋转,将燃油从进油口吸入,经燃油泵内部,再从出油口压出,为燃油系统提供一定压力的燃油。燃油流经燃油泵内部时,对永磁电动机的电枢起冷却作用,电

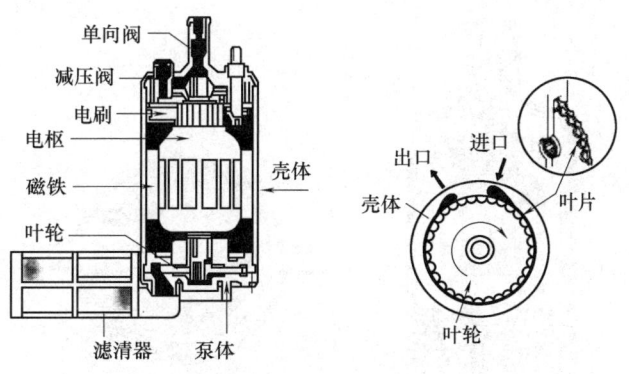

图 2-52 电动燃油泵结构

动机浸泡在燃油中，由于没有空气，燃油泵工作时，不可能着火。电动机部分包括固定在外壳上的永久磁铁和产生电磁力矩的电枢以及安装在外壳上的电刷装置等。电刷与电枢上换向器相接触，其引线连接在外壳的接线柱上，燃油泵外壳两端卷边铆紧，使其成为一个不可拆卸的总成。

燃油泵上的安全阀是为了避免燃油管路阻塞时，油压过分升高而造成油管破裂或燃油泵损坏等问题。单向阀是为了在燃油泵停止工作时密封油路，使供油系统保持一定残压以便下次启动容易。

燃油泵供给的燃油量要比发动机要求的最大喷油量大，以便在各种行驶工况下保持固定的输油压力，多余的燃油会通过燃油压力调节器自动返回汽油箱。同时，电动泵可以消除高温下的气阻现象，更不会出现供油不足的情况，而且提高了启动性能、加速性能和燃烧效率，可以节约燃油10%左右。

电动燃油泵的种类与结构有多种，但目前还仅用于少数大排量或电控单元控制的车型中，泵体是电动燃油泵的主体，根据其结构不同，可分为涡轮泵（图 2-53）、滚柱泵（图 2-54）、齿轮泵和侧槽泵等形式。

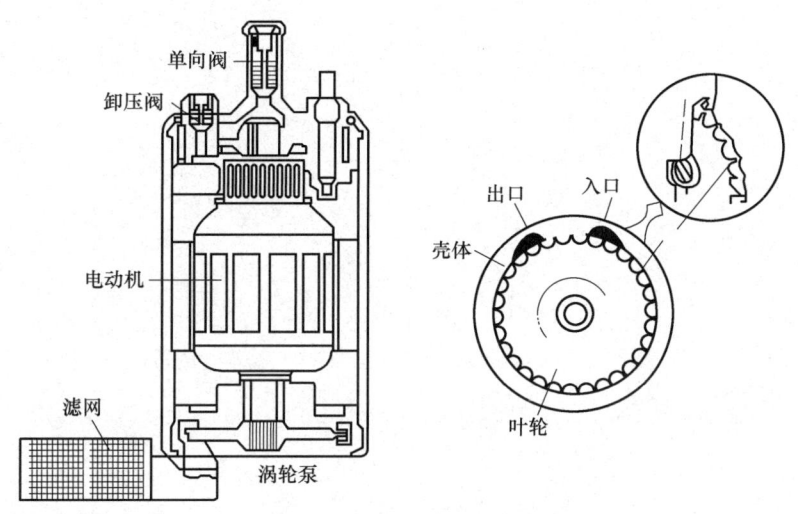

图 2-53 涡轮式电动燃油泵

发动机电控系统原理与检修

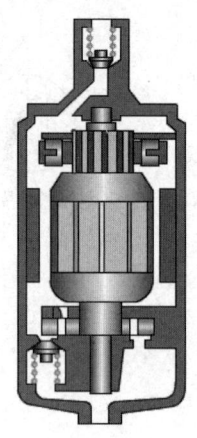
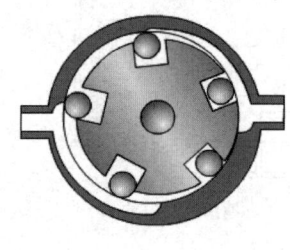

图 2-54 滚柱式电动汽油泵

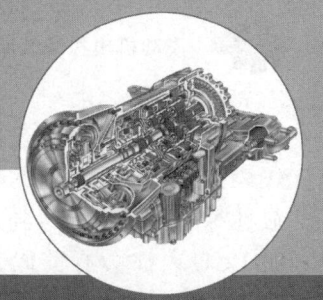

项目 3
电控发动机点火系统的结构及工作原理

任务 3.1 电控点火系统的总体结构认识

3.1.1 电控点火系统概述

点火控制系统的作用是控制汽油喷射式发动机电控点火系统的工作，主要任务是控制点火正时，因此，点火控制系统也被称为电控点火提前系统（ESA）。与传统的触点式点火系统或电子点火系统相比，点火控制系统可以使发动机在任何工况下都能以最佳点火提前角工作，以保证发动机的功率、经济性、加速性和废气排放量等各项指标达到最优。电控点火系统主要由有关的传感器、ECU、点火执行器（主要是点火线圈和火花塞）三大部分组成，如图 3-1 所示。

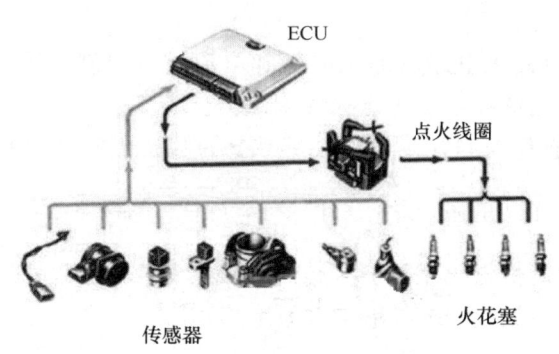

图 3-1 典型电控点火系统组成

与点火控制有关的传感器主要有曲轴/凸轮轴位置传感器（包括 Ne 信号和 G 信号）、空气流量计（或进气管压力传感器）、进气温度传感器、冷却液温度传感器、节气门位置传感器、爆燃传感器等。发动机在不同转速和负荷下的最佳点火提前角被事先存储在 ECU 的存储器内。在发动机实际运行时，ECU 先根据空气流量计和曲轴位置传感器测得的发动机负荷和转速信号，从存储器内读出相应工况下的点火提前角，再根据冷却液温度传感器、节气门位置传感器等测得的发动机其他运转参数，对所选取的点火提前角进行修正，以保证在任意运转工况下都能获得最佳的点火提前角。最后，ECU 还要根据曲轴位置传感器测得的曲轴位置基准信号，在各缸活塞到达压缩行程上止点之前，精确地按照这一最佳点火提前角向点火控制器发出点火信号，通过点火控制器控制点火线圈初级电流的导通和断开，从而产生感应电压，触发火花塞跳火。

为了使发动机工作于最理想的状态，要求点火正时能够随工况的变化而变化，要求发动机 ECU 总是按照最佳点火正时的要求控制点火正时，以电子的手段控制发动机各工况下的点火提前角,并进行通电时间控制和爆燃控制,使发动机的功率、经济性和排放性等各方面指标达到最佳。为此,发动机 ECU 内都会有类似于图 3-2 所示的点火正时脉谱图,汽油机燃烧过程中影响点火提前角的参数有转速、负荷、燃油性质及其他一些因素。

1) 发动机转速。发动机转速的升高,点火提前角均应增大。采用 ESA 控制系统相对于机械离心式点火提前系统,更接近理想的点火提前角。

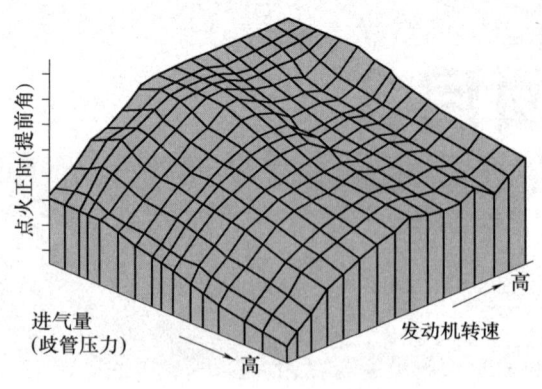

图 3-2 点火正时脉谱图

2) 发动机负荷。歧管压力高(真空度小、负荷大),点火提前角小,反之点火提前角大。

3) 燃油辛烷值。辛烷值越高,抗爆性越好,点火提前角可增大,反之应减小。

4) 其他因素。燃烧室形状、燃烧室内温度、空燃比、大气压力、冷却水温度等。

(1) 电控点火系统的主要优点

1) 在各种工况下,可自动获得最佳的点火提前角,使发动机的动力性、经济性、排放性及稳定性均处于最佳。

2) 在整个工作过程中,均可对点火线圈初级电路的通电时间和电流进行控制,不仅提高了点火的可靠性,而且可有效地减少电能消耗,防止点火线圈烧损。

3) 采用爆燃控制功能后,可使点火提前角控制在爆燃的临界状态,以此获得最佳的燃烧过程。

(2) 点火系统的分类

按照组成和产生高压电的方式不同,发动机点火系统分为传统点火系统、电子点火系统、微机控制点火系统以及磁电机点火系统,如表 3-1 所示。

表 3-1 点火系统的分类

分类	点火电源	升压装置	点火装置	点火时间控制	性能特点	应用
传统点火系统	蓄电池 发电机	点火线圈 机械断电器	火花塞	断电器(机械式)	高速点火能量小,点火时间控制精度差,触点易烧蚀	部分汽车(已淘汰)
电子点火系统	蓄电池 发电机	点火线圈 电子控制器	火花塞	三极管	点火能量大,点火时间控制精度低	部分汽车
微机控制点火系统	蓄电池 发电机	点火线圈 微机	火花塞	微机(电脑 ECU)	点火能量大,点火时间控制准确,能根据转速、负荷、冷却液温度等综合控制	现代汽车
磁电机点火系统	磁电机	电磁线圈	火花塞	断电触点(机械式)	电压随发动机转速改变,低速电压过低	摩托车、小型汽油机、赛车

由磁电机内的永久磁铁和电磁线圈的作用产生高压电,因此不需要另设低压电源。磁

电机点火系统在发动机中转速和高转速范围内,产生的高压电比较高,发动机能可靠地工作。而在发动机低速时,产生的电压比较低,不利于发动机启动。

电子点火系统以蓄电池和发电机为电源。由传感器或断电器的触点产生点火信号,经由半导体器件组成的点火控制器和点火线圈,将低压电转变为高压电。20世纪60年代,出现了晶体管代替触点通断点火线圈一次电流的有触点电子点火系统,解决了传统点火系统工作时由于触点火花较大而带来的一系列问题,使点火性能有较大的提高。20世纪70年代,无触点电子点火系统开始应用,消除了传统点火系统由于触点所带来的一切弊端,是目前国内外汽车上广泛应用的点火系统。国产较老的车型如捷达、桑塔纳、标致等小轿车及解放CA1092型、东风EQ1090型载货汽车都采用了无触点电子点火系统。

20世纪70年代末期,以微机控制点火时刻的电子控制系统开始在汽车上使用。它由ECU根据各种传感器提供的反映发动机工况的信号,确定点火时刻,并发出点火控制信号,通过点火线圈将电源的低压电转变为高压电,由配电器将高压电分配到各缸火花塞或由微机控制系统直接进行高压电的分配,是现代最新型的点火系统,已广泛应用在各种高级轿车上。这种点火系统能随发动机工况和状态改变,从而精确调节点火提前角,使发动机的油耗和排污进一步降低。

3.1.2 微机控制的有分电器点火系统

有分电器ECU控制点火是现代汽车发动机上应用广泛的点火系统之一,其特点是:点火正时(或点火提前角)受ECU的控制,相对以前的有触点和无触点点火系统而言,其点火正时的控制精度大大提高,且适应工况变化的能力更强,从而使发动机的性能得到进一步的改善;各缸点火顺序仍然由机械式分电器控制。有分电器ECU控制点火系统主要由各种传感器、发动机ECU、点火器、点火线圈、火花塞、高压线等组成,如图3-3所示,其中任何部件不良或故障,都有可能造成发动机运转不良或不能运转。

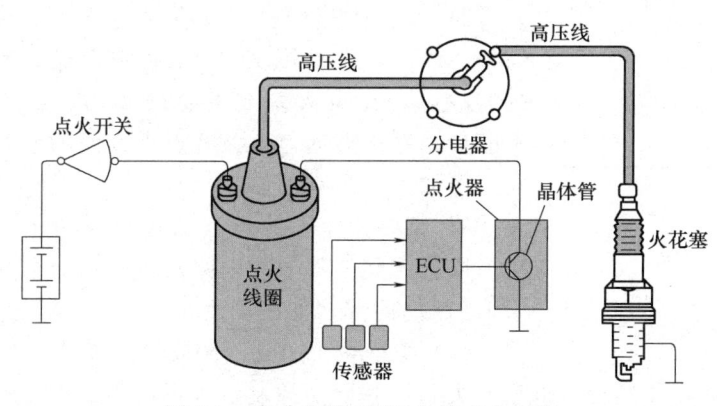

图3-3 有分电器ECU电控点火系统

有分电器ECU控制点火系统的工作原理如图3-4所示,发动机ECU根据各种传感器的信号确定点火正时,并将点火控制信号(IGT信号)传送给点火器,再由点火器控制点火线圈初级电路的通、断,点火线圈次级线圈所产生的高压电经分电器及高压线送给火花塞进行点火。

点火确认信号(IGF信号)的产生方法:ECU向点火器发送一个5V左右的信号参考电压,每点一次火,点火器就将该信号参考电压接搭铁一次,使其电平变0V一次,ECU则根据该0V电平来判定点火状态。

点火提前角的大小即取决于ECU所发出的点火控制信号(IGT信号)的迟早,该信号发出早，点火提前角就大；反之点火提前角就小。点火控制信号（IGT信号）的形态如图3-5所示。该信号为高电平时，初级电路导通。该信号为低电平时，初级电路被切断，点火线圈产生高压电点火。

工作中，点火器还会根据点火线圈初级电路的感应电动势向ECU反馈点火确认信号（IGF信号），以表明点火系统工作正常。如果发动机ECU连续6次或8次接收不到该点火确认信号，就会判定点火系统存在故障，其内部会储存相应的故障码，同时，为了避免燃油冲刷汽缸的润滑油膜，还会指令喷油器停止工作（失效保护功能）。

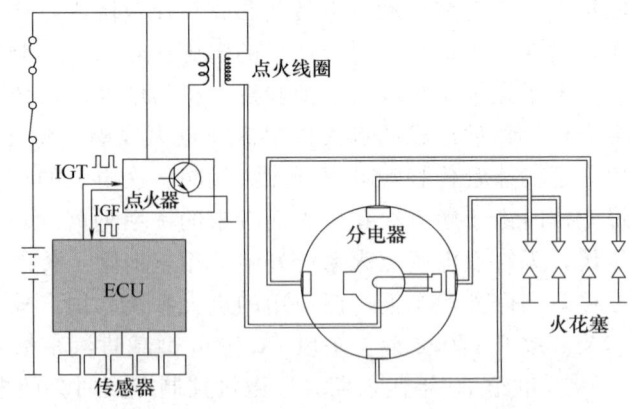

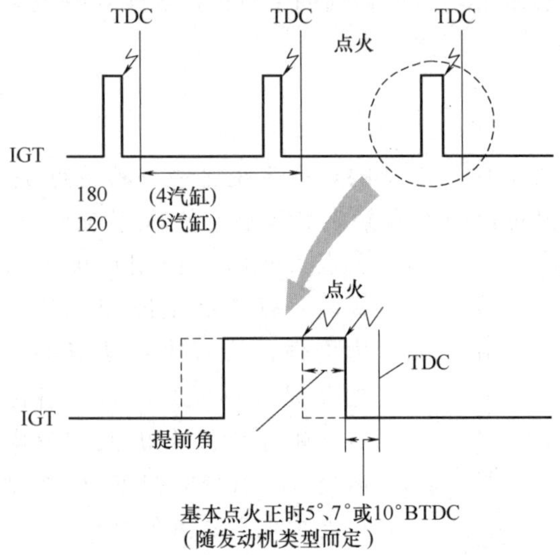

图3-4 有分电器ECU点火系统工作原理

有关说明：

1）在有些车型上，没有独立设置点火器，而是由ECU直接控制点火线圈的初级电路，相当于ECU与点火器合并为一体，例如部分奥迪汽车。

2）在有些车型上，没有设置点火确认信号，因此，发动机ECU无法判定点火系统的故障，在点火系统发生故障时，ECU不能自动停止喷油，也没有点火方面的故障码，例如大众车系的多款汽车。

3）某些汽车上的点火器仅仅保留了功率三极管，其他部分的电路及控制功能合并于ECU的内部，如三菱汽车。

图3-5 点火控制信号的形态

（1）桑塔纳2000GLi分电器点火系统组成
如图3-6所示，桑塔纳2000GLi发动机电控点火系统主要由控制点火提前角的相关传

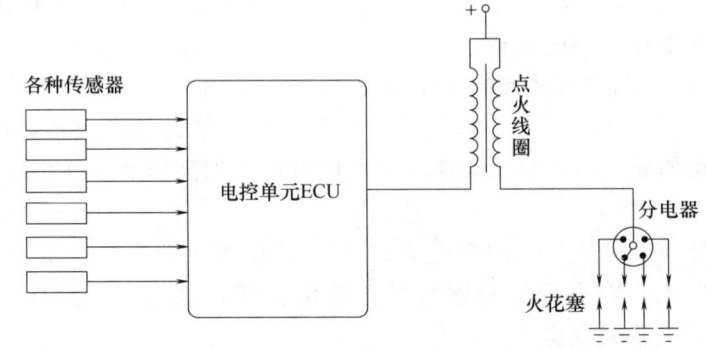

图3-6 桑塔纳2000GLi（AFE发动机）点火系统组成

感器、ECU、分电器、点火线圈和火花塞等组成，其中传感器主要包括进气歧管压力传感器、进气温度传感器、冷却液温度传感器、霍尔传感器（分电器上）、节气门位置传感器和爆燃传感器。

图3-7 桑塔纳2000GLi分电器外形

桑塔纳2000GLi轿车AFE型发动机分电器内只有霍尔传感器。ECU采用它的点火脉冲信号频率，并换算成转速信号和第一缸位置信号，用于控制顺序点火和喷油。如图3-7所示为分电器外形，图3-8所示为分电器的结构与霍尔传感器的电路，霍尔传感器不设点火提前装置，工作可靠性高，只需调整初始点火角，可通过拧松分电器的固定螺钉就可以调整点火时间。顺时针方向转动，点火时间推迟，逆时针方向转动，则点火时间提前。当霍尔传感器发生故障时，ECU不能检测，发动机立刻熄火或不能启动。

点火线圈发生故障，发动机立即熄火或不能启动，ECU不能检测到该故障信息。如图3-9所示为ECU对点火线圈的控制电路。

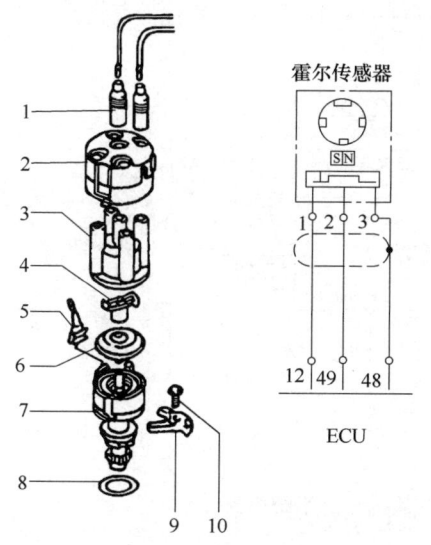

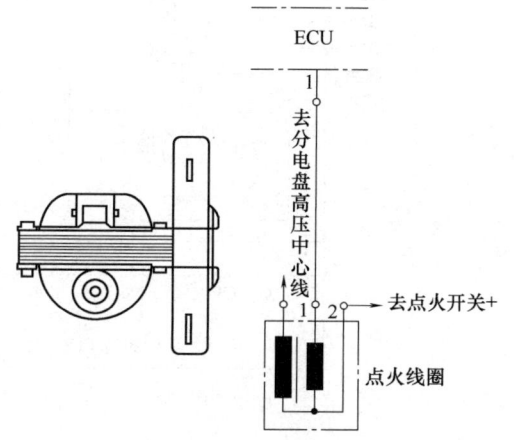

图3-8 分电器及霍尔传感器的电路
1—高压线 2—绝缘罩 3—分电器盖 4—分火头
5—霍尔传感器 6—防尘罩 7—分电器壳体
8—密封圈 9—分电器压板 10—压板螺丝

图3-9 点火线圈电路

为了抑制发动机爆燃，桑塔纳2000GLi点火系统中还在发动机缸体上安装有爆燃传感器，以检测发动机是否爆燃来调节点火提前角。爆燃传感器外形如图3-10所示。

（2）皇冠3.0轿车装备的2JZ-GE型发动机微机控制点火系统

皇冠3.0轿车装备的2JZ-GE型发动机微机控制点火系统控制电路原理如图3-11所示。它由点火线圈、点火器、分电器、火花塞以及曲轴转速和凸轮轴位置传感器等组成，其工作受ECU的点火信号控制。

1）主要部件工作原理。

① 曲轴转速传感器。如图 3-12 所示，曲轴转速传感器 N 转子装在分电器轴上，其感应线圈 Ne 装在分电器壳内。N 转子是一个具有 24 齿的信号盘，当其旋转时，齿面切割 Ne 感应线圈的磁力线，传感器线圈产生感应脉冲信号，ECU 即可通过其脉冲信号取得足够精确的发动机转速信号。

② 凸轮轴位置传感器。如图 3-12 所示，凸轮轴位置传感器的 G 转子装在分电器轴上，其线圈 G_1、G_2 也装在分电器壳内，G 转子为一个单凸缘的信号盘，当其放置一圈时，凸缘便分

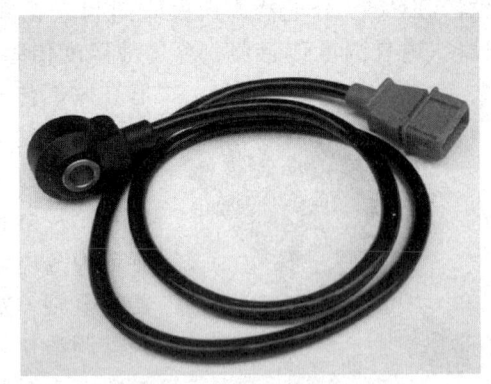

图 3-10 爆燃传感器外形

别切割 G_1、G_2 感应线圈的磁力线，G_1 为六缸上止点前 10°的凸轮位置信号，G_2 为一缸上止点前 10°的凸轮轴位置信号。ECU 根据 G_1、G_2 信号和点火顺序向点火器发出点火指令。

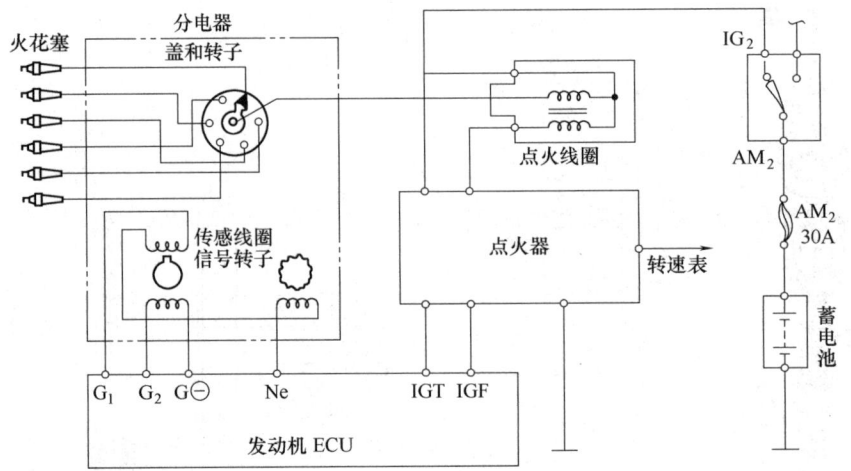

图 3-11 皇冠 3.0 轿车 2JZ-GE 型发动机点火系统电路

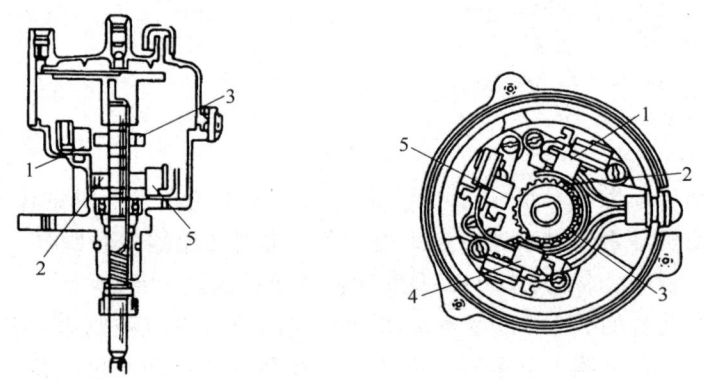

图 3-12 丰田公司磁脉冲式曲轴位置传感器

1—G_1 感应线圈　2—No.2 正时转子　3—No.1 正时转子　4—G_2 感应线圈　5—Ne 感应线圈

③ 点火器。点火器为无触点式，集电子开关和大功率信号放大器功能于一体，又具有点火正时和点火顺序识别、点火闭合角调整等功能。当点火器接到 ECU 的点火控制信号（IGT）后，便立即断开点火线低压电源，从而在次级线圈上产生 30000V 以上的高压电供点火之用。在点火器断开点火线圈低压电路后，又利用产生的瞬间反向电动势向 ECU 反馈一个点火确认信号（IGF），如果 ECU 连续 6 次收不到 IGF 信号时，便判断为点火系统有故障，从而向喷油器发出停止喷油的指令。

2) ECU 对点火系统故障的自诊断。发动机在启动或正常运转中，ECU 对点火系统时刻处在监控状态，若点火系统工作不良，将点亮仪表盘上的发动机故障警告灯。此时，可读取故障码，并按代码所示的故障内容进行检修。

① 显示故障码 12 时，表明启动机接通 2s 以上，仍无曲轴转速传感器或凸轮轴位置传感器信号 G_1、G_2、Ne 传送到 ECU，对此，应当检查传感器及相关线路是否断路或短路。

② 显示故障码 13 时，表明发动机转速达 1000r/min 或更高时，仍无曲轴转速传感器 Ne 传送到 ECU，对此，应当检查该传感器及相关线路是否断路或短路。

③ 显示故障码 14 时，表明点火器连续 6 次没能将点火确认信号 IGF 传送给 ECU，应检查点火器与 ECU 间的 IGF 信号线是否断路或短路，点火线圈、点火器是否损坏，分电器或 ECU 是否有故障。

④ 显示故障码 52 或 55 时，表示发动机转速在 1600～5200r/min 时，第一或第二爆燃传感器信号 KNK_1 或 KNK_2 有 6 个循环未传送给 ECU。对此，应检查爆燃传感器线路是否断路或短路，爆燃传感器是否有故障。

⑤ 显示故障码 53 时，表明发动机转速在 650～5200r/min 时，ECU 的爆燃控制功能出现故障，应检查 ECU 是否有故障。

3.1.3 微机控制的无分电器点火系统

无分电器点火系统分为同时点火方式、单独点火方式和二极管配电点火。同时点火方式是指两个汽缸合用一个点火线圈，即一个点火线圈有两个高压输出端，分别与一个火花塞相连，负责对两个汽缸点火；单独点火方式是指导每个汽缸的火花塞上配用一个点火线圈，单独对本缸进行点火。

(1) 无分电器同时点火系统的组成

无分电器同时点火系统结构和控制电路较简单，应用较多，保留高压线，能量损失较大。无分电器同时点火系统的组成如图 3-13 所示。无分电器同时点火的结构如图 3-14 所示。

(2) 无分电器同时点火系统的工作原理

下面以丰田皇冠汽车无分电器点火系统说明工作原理。丰田皇冠汽车无分电器点火系统如图 3-15 所示。

1) 来自曲轴位置传感器的信号。曲轴位置传感器由 G_1、G_2 及 Ne 三个线圈组成，其功能是判别汽缸，检测曲轴的转角，以决定点火时期的原始设定位置。

① G_1 信号。利用 G_1 信号可判别出 6# 汽缸在压缩上止点的附近。G_1 传感线圈产生电压波形，是设定在 6# 汽缸压缩上止点附近时产生的，因此只要 G_1 线圈产生指导，就表

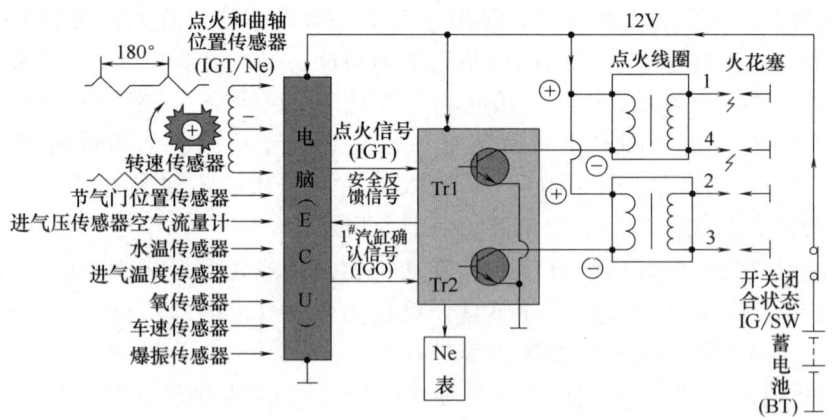

图 3-13 无分电器同时点火系统的组成

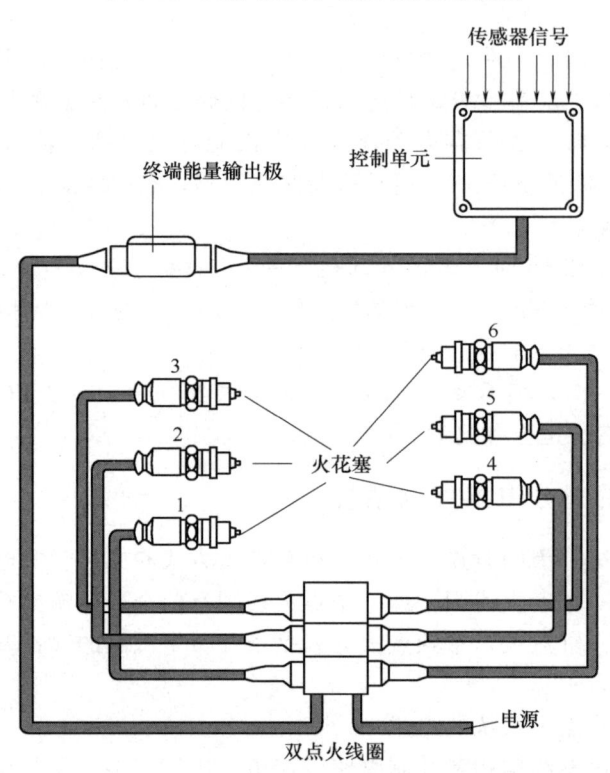

图 3-14 两缸同时点火

示 6#汽缸处于压缩上止点附近,其点火提前角和闭合角由 ECU 根据 Ne 信号决定。

② G_2 信号。G_2 信号与 G_1 信号波形相同,G_1 信号与 G_2 信号相隔 180°(曲轴转角 360°)。当 G_2 信号产生时,即表示 1#汽缸活塞处于压缩上止点的附近。应完成其点火准备,点火正时也由 Ne 信号决定。

③ Ne 信号。Ne 正时转子有 24 个齿,它每转一转,产生 24 个信号波形,其波形与 G_1、G_2 信号波形相似,每个波形表示 Ne 正时转子角度为 15°或发动机曲轴转角 30°。

2) ECU 的输出信号。ECU 通过曲轴位置传感器接收到 G_1、G_2、Ne 信号,向点火器输出 IGT、IGdA、IGdB 三个信号。

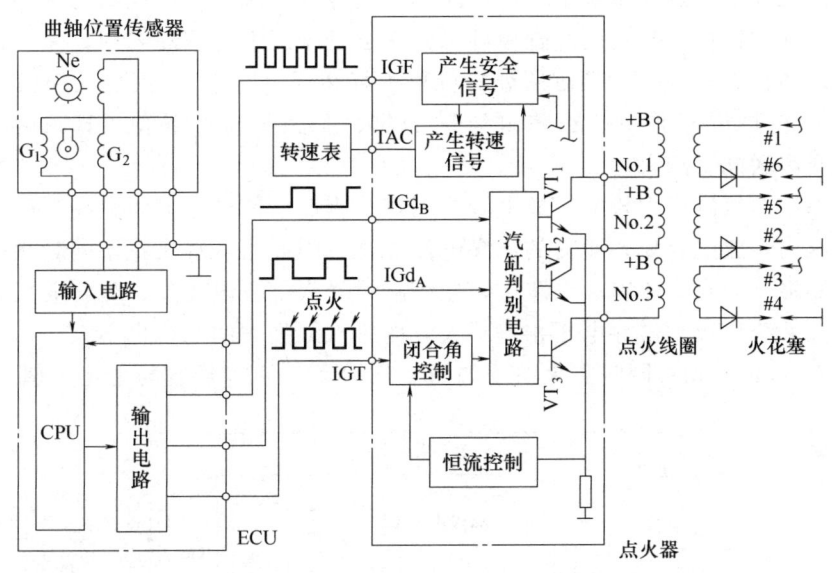

图 3-15 丰田皇冠汽车采用的无分电器电子点火系统

① IGT 信号。IGT 信号就是点火正时信号。当 G_1 或 G_2 信号产生时，ECU 以此信号为基准，根据 Ne 信号控制其后的三次点火信号，即每 4 个 Ne 信号产生一次点火信号（4 个 Ne 信号为 60°，相当于曲轴转角为 120°），而每产生三次点火信号后，再经 G 信号重新设定其后的三次点火信号。点火提前角的控制仍然由 ECU 利用各传感器检测到的发动机转速、进气压力（真空度）、节气门位置、水温等信号进行控制。闭合角由点火器中的闭合角控制电路进行控制。

② IGdA、IGdB 信号。IGdA、IGdB 信号是 ECU 输送给点火器的判缸信号，它存于 ECU 的存储器中，ECU 根据 G_1、G_2 及 Ne 信号查表选择 IGdA、IGdB 信号状态，以确定各缸的点火顺序。

3）点火器。点火器内有汽缸判别、闭合角控制、恒流控制、安全信号等电路，其主要功能是接收 ECU 发出的 IGT、IGdA、IGdB 信号，并依次驱动各个点火线圈工作。另外它还向 ECU 输入安全信号（IGF），其具体工作过程如下：

点火器中的汽缸判别电路根据判别信号 IGdA、IGdB 的信号状态，决定哪条驱动电路接通，并将 IGT 点火正时信号送往与此驱动电路相连接的点火线圈，完成对某缸的点火。例如，如果 IGdA、IGdB 信号状态分别为 0 和 1 时，汽缸判别电路使 VT_1 导通，将点火正时信号送给 $1^\#$ 汽缸和 $6^\#$ 汽缸的点火线圈，使基工作、完成对 $1^\#$ 汽缸和 $6^\#$ 汽缸的点火。

4）安全信号 IGF。将点火器继续点火线圈的初级电流的信号反馈给 ECU 的信号，使点火器具有安全功能。在电控燃油喷射发动机中，喷油器的驱动信号来自曲轴位置传感器。如果点火系统出现故障使火花塞不点火，而曲轴位置传感器工作正常时，喷油器会照常喷油，造成汽缸内喷油过多，结果会出现再启动困难或行车时三元催化转化器过热。为避免这种现象发生，当 IGF 信号连续 3~5 次无反馈信号送入 ECU 时，则 ECU 判断点火系统有故障、并强制停止喷油器工作。

5）点火线圈。一般传统点火线圈的二次线圈的一端通过配电器接火花塞，一端与一次线圈相接。无分电器点火系统采用小型闭磁路的点火线圈，二次线圈的两端分别与两个汽缸上的火花塞相连接。汽缸的组合原则为：一缸处于压缩行程的末期，另一缸处于排气行程的末期，曲轴旋转360°后两缸所处的行程正好相反。对于6#汽缸发动机来讲，其汽缸的组合为1#汽缸与6#汽缸、2#汽缸与5#汽缸、3#汽缸与4#汽缸，即每两缸一个点火线圈，火花塞串联同时点火。

由于压缩缸的汽缸压力较高，放电较为困难，因此所需击穿电压较高，而排汽缸的压力接近大气压力，放电容易，所需的击穿电压较低。因此当两缸火花塞同时跳火时，阻抗几乎都在压缩缸。即在串联点火电路中，压缩缸承受大部分电压降，与普通只有一个火花塞跳火的点火系统比较，击穿电压相差不大，而排汽缸损失的电能也不大。

丰田7M-GTE发动机同时点火系统如图3-16所示，工作原理与上述类似。

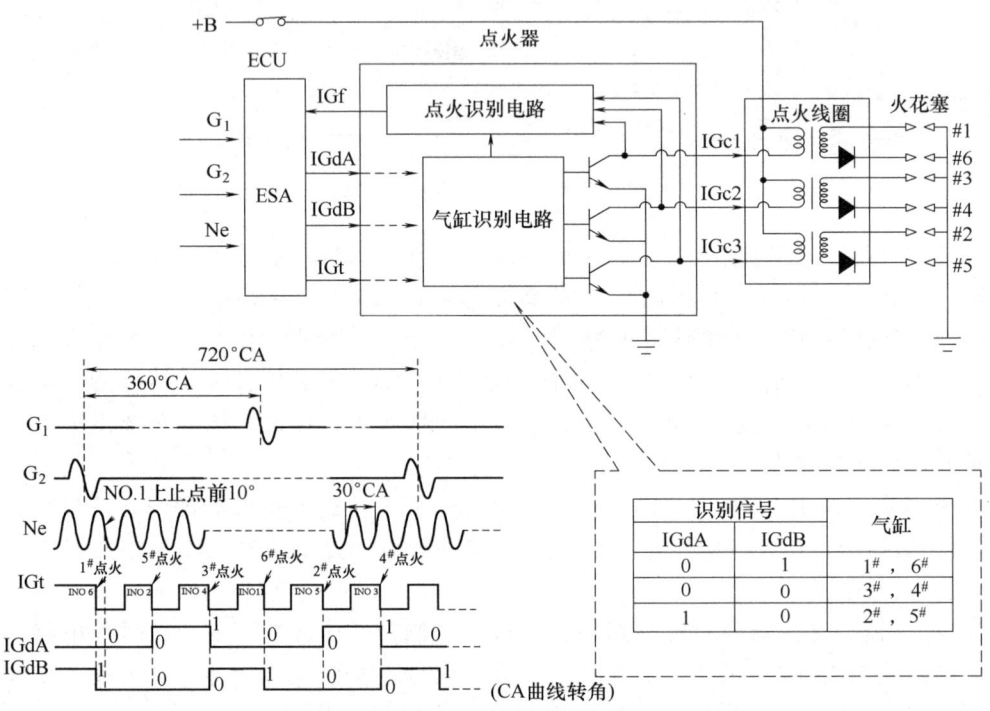

图3-16 丰田7M-GTE发动机同时点火系统

IGdA、IGdB信号是根据G_1、G_2和Ne信号向点火器输送的判缸信号，点火器根据IGdA、IGdB信号的状态决定接通哪条初级电路。判缸信号如图3-17所示。

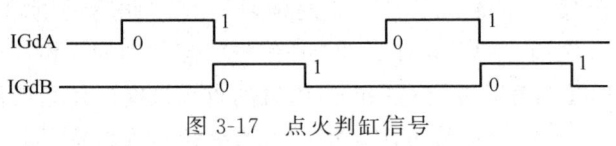

图3-17 点火判缸信号

IGdA为0、IGdB为1——VT1导通，1#汽缸或6#汽缸点火。

IGdA为1、IGdB为0——VT2导通，2#汽缸或5#汽缸点火。

IGdA为0、IGdB为0——VT3导通，3#汽缸或4#汽缸点火。

(3) 无分电器单独点火

无分电器的单独点火可以分为两种：一种是点火线圈共用一个点火器的，如图3-18

所示；另一种是每个点火线圈都有一个单独的点火器，并且点火器和点火线圈集成一体，如图 3-19 所示。

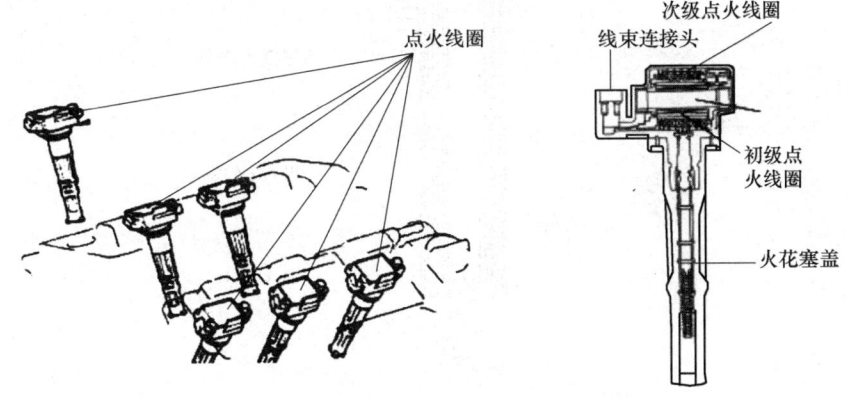

图 3-18　6 个点火线圈共用一个点火器

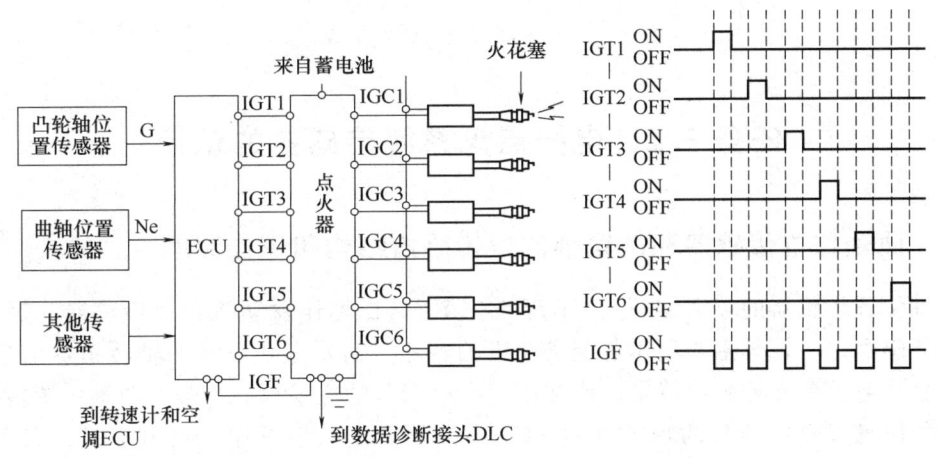

图 3-19　丰田 1MZ-FE 电控独立点火系统

一个点火线圈一个点火器，如图 3-20 所示，其点火线圈和火花塞集成在一起，如图 3-21 所示。

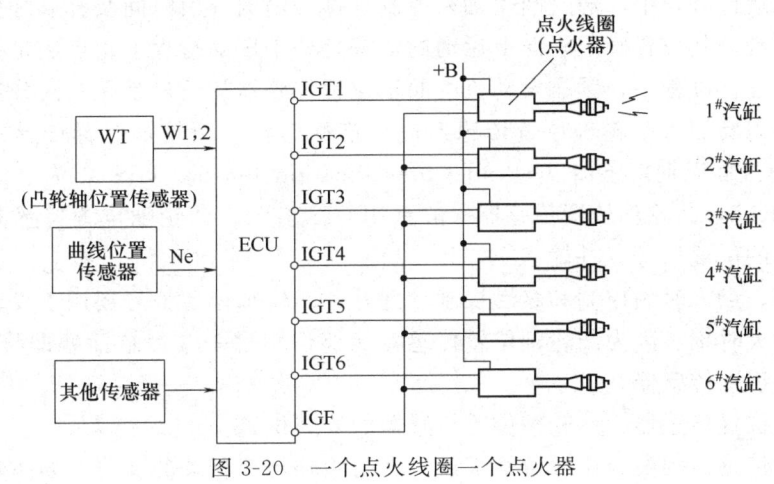

图 3-20　一个点火线圈一个点火器

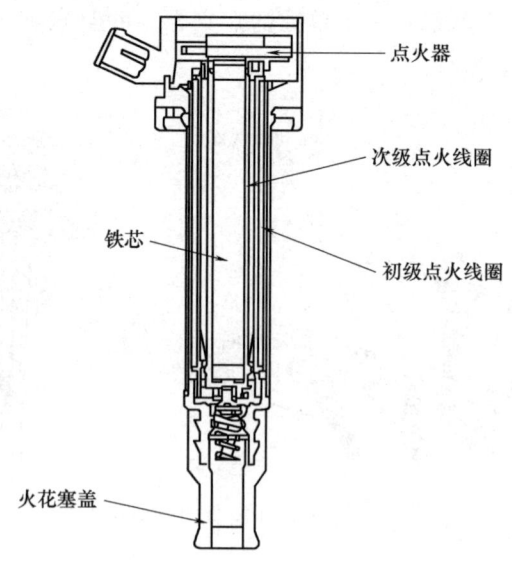

图 3-21 点火器与点火线圈集成一体

任务 3.2　电控点火系统传感器的认识

3.2.1　曲轴位置传感器和凸轮轴位置传感器结构和工作原理

曲轴位置传感器的英文缩写是 CKPS 或 CKP，也称作发动机转速传感器，是发动机主要的传感器之一，其主要用于监测发动机的转速、活塞上止点和曲轴转角等信号参数，这些参数是电控单元控制计算空燃比和进行点火调节的主要控制参数。曲轴位置传感器将监测到的信息以模拟信号的形式发给 ECU，以便确定喷射顺序、喷射正时、点火顺序、点火正时，然后根据信号监测到的曲轴转角波动大小来判断发动机是否有失火现象。如果曲轴位置传感器发生故障，信号无法触发电子点火器（或 ECU）工作，将导致发动机没有点火指令，也不会喷油，此时发动机就不能启动。

在发动机运行过程中，通过凸轮轴来控制进排气门的开启时间及开启升程，它以曲轴转速的一半转动，其位置确定了向上运动的活塞是处于压缩行程上止点还是排气行程上止点。在发动机运行过程中，紧靠发动机的曲轴位置传感器的信号是无法区分这两种上止点信号的，故还需要加入凸轮轴位置传感器进行搭配工作。凸轮轴位置传感器（CMPS 或 CMP）又称为汽缸识别传感器（cylinder identification sensor，CIS），为了区别于曲轴位置传感器（CKP），凸轮轴位置传感器一般都用 CIS 表示。凸轮轴位置传感器的功用是采集配气凸轮轴的位置信号，并输入 ECU，以便 ECU 识别 1# 汽缸压缩上止点，从而进行顺序喷油控制、点火时刻控制和爆燃控制。此外，凸轮轴位置信号还用于发动机启动时识别出第一次点火时刻。因为凸轮轴位置传感器能够识别哪一个汽缸活塞即将到达上止点，所以称为汽缸识别传感器。

（1）曲轴位置传感器、凸轮轴位置传感器的安装位置

曲轴位置传感器的安装位置通常都设置在与曲轴转速相关的部位，如曲轴上、凸轮轴

上、分电器内或飞轮上等,随曲轴一起旋转,但曲轴位置传感器中的判缸信号一定安装在凸轮轴上或分电器内(奇数缸发动机可以安装在曲轴上)。

1) 安装在曲轴前端,如图 3-22 所示。
2) 安装在分电器内,如图 3-23 所示。

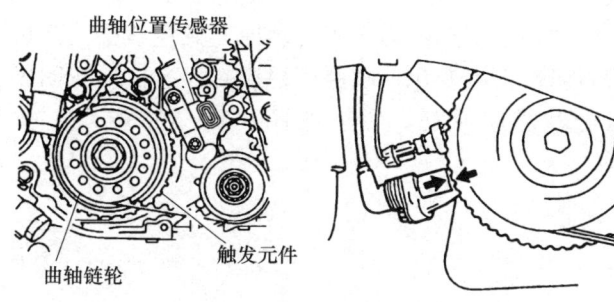

图 3-22　曲轴位置传感器安装在曲轴前端

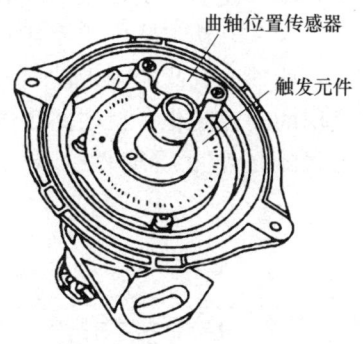

图 3-23　曲轴位置传感器安装在分电器内

3) 安装在飞轮壳体上,如图 3-24 所示。
4) 安装在汽缸体中部,如图 3-25 所示。

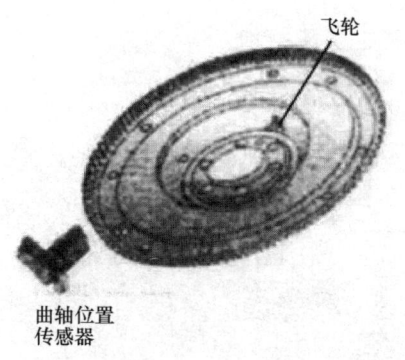

图 3-24　曲轴位置传感器安装在飞轮壳体

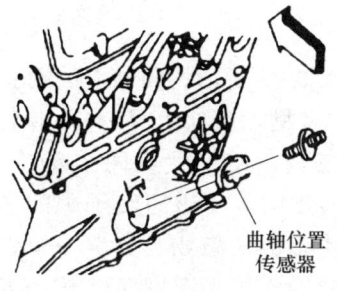

图 3-25　曲轴位置传感器安装在汽缸体中部

当发动机的曲轴位置传感器安装在皮带轮或者发动机飞轮附近时,ECM 可以根据其传递的信号来判定汽缸活塞到达上指定的位置,此时也常被称为曲轴位置传感器,其产生的信号被称为 Ne 信号;当传感器安装在发动机凸轮轴附近或者分电器内部时,ECM 可以确定凸轮轴和曲轴的位置,还可以判定第一缸活塞到达压缩上止点的位置,此时也称其为凸轮轴位置传感器,将其产生的用于判定第一缸活塞到达压缩上止点位置的信号称为 G 信号。本书将这类传感器统称为曲轴位置传感器。

(2) 曲轴位置传感器的分类及工作原理

现在汽车曲轴位置传感器主流的是磁脉冲式曲轴位置传感器,它一般安装于靠近飞轮的变速器壳体位置。还有一种是霍尔式曲轴位置传感器，一般安装在曲轴前端的曲轴皮带轮旁的位置，也有安装在曲轴末端飞轮旁的变速器壳体上，现在已经不是主流。再有一种是光电式曲轴位置传感器，现在基本已经淘汰。

1) 电磁脉冲式曲轴位置及转速传感器。电磁脉冲式曲轴位置及转速传感器的安装位置有的在曲轴前端的皮带盘上，有的在曲轴后端的飞轮上，也有的在分电器内，其结构都是主要由永久磁铁和感应线圈组成，其工作原理如图 3-26 所示，其固定在一个导磁性能良好、由曲轴或者凸轮轴带动而转动的铁质转子附近。当转子旋转时，感应线圈上凸齿与托架之间的间隙变化，使磁路中的气隙周期性发生变化，磁路的磁阻和穿过感应线圈磁头的磁通量随之发生周期性变化，根据电磁感应原理，感应线圈中就会感应产生交变电压。

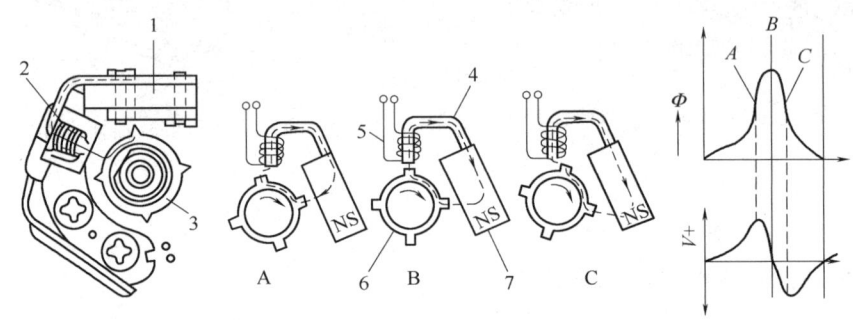

图 3-26　电磁脉冲式曲轴位置传感器工作原理图
1、7—永久磁铁　2、5—信号线圈　3、6—信号转子　4—磁铁

如图 3-27 所示，曲轴上的靶轮有 58 个齿槽，每个间隔 6°，最后一个槽较宽，用于生成同步脉冲，当曲轴转动时，变磁阻转子中的槽将改变传感器的磁场，产生一个感应电压脉冲，用来识别曲轴转动方向。曲轴每转一周，曲轴位置传感器就会产生 58 个基准脉冲信号。发动机控制单元就根据 58 个基准信号计算发动机转速和曲轴的位置，这是发动机控制单元控制点火时刻的重要信号。

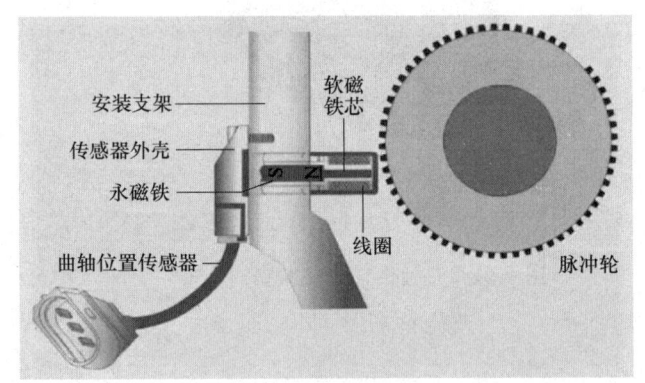

图 3-27　磁脉冲式曲轴位置传感器的结构

由于曲轴脉冲轮上缺 2 个齿，发动机控制单元可以识别 1#汽缸和 4#汽缸上止点的位置，但是不能分辨 1#汽缸和 4#汽缸中的哪一缸是压缩行程上止点。

当发动机启动时，为了点火，需要正确识别 1#汽缸压缩行程上止点位置，控制单元要将曲轴位置传感器信号与安装在凸轮轴上的凸轮轴位置传感器信号进行比对。

如果发动机的控制单元没有接收到转速信号，发动机不能启动或在运行中立即停止运转。

2）霍尔效应式曲轴位置传感器

① 霍尔效应。霍尔效应在 1879 年被物理学家霍尔发现，它定义了磁场和感应电压之间的关系，这种效应和传统的电磁感应完全不同。当电流通过一个位于磁场中的导体的时候，磁场会对导体中的电子产生一个垂直于电子运动方向上的作用力，从而在垂直于导体与磁感线的两个方向上产生电势差。如图 3-28 所示，利用霍尔元件制成的传感器称为霍尔效应式传感器。

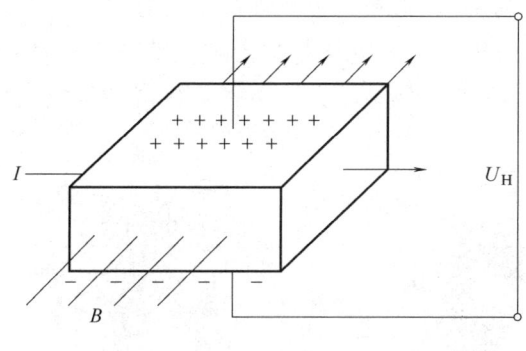

图 3-28 霍尔效应工作原理图

② 结构及工作原理。霍尔效应式曲轴位置传感器主要由触发叶轮 2、霍尔触发器 4、导磁钢片（磁轭）3 和永久磁铁 1 等组成，如图 3-29 所示。

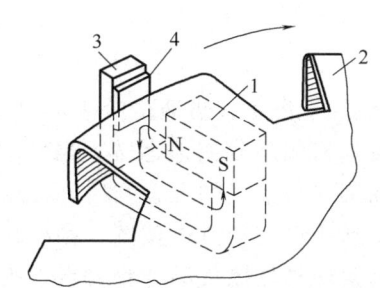 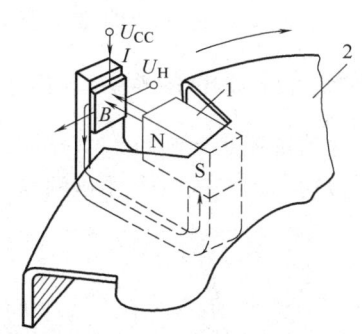

(a) 触发叶轮叶片处于永久磁铁和霍尔触发器之间　　(b) 触发叶轮缺口处于永久磁铁和霍尔触发器之间

图 3-29 霍尔效应式曲轴位置传感器结构原理图
1—永久磁铁　2—触发叶轮　3—导磁钢片（磁轭）　4—霍尔触发器

触发叶轮一般安装在飞轮、凸轮轴或分电器上。叶轮上制有叶片，霍尔触发器由霍尔元件放大电路、稳压电路温度补偿电路、信号变换电路和输出电路等组成。

当触发叶轮转动，叶片进入永久磁铁与霍尔触发器之间时，永久磁铁的磁力线被叶片旁路，不能作用到霍尔触发器上，通过霍尔元件的磁感应强度近似为零，霍尔元件不产生电压；当触发叶轮的缺口进入永久磁铁与霍尔触发器之间时，磁力线穿过缺口作用于霍尔触发器上，通过霍尔元件的磁感应强度增大，在外加电压和磁场的共同作用下，霍尔元件的输出端便有电压输出。

发动机工作时，触发叶轮不断旋转，叶轮的缺口交替在永久磁铁与霍尔触发器之间穿过，使霍尔触发器中产生变化的电压信号，并经过内部集成电路整形为规则的方波信号传给 ECU。ECU 根据霍尔电压产生的时刻确定曲轴位置，根据霍尔电压产生的次数确定曲轴转角和发动机转速。

3）光电式曲轴位置传感器。光电式曲轴位置传感器一般装在分电器内，由信号发生器和带光孔的信号盘组成。如图 3-30 所示，其信号盘与分电器轴一起转动，信号盘外圈有 360 条光刻缝隙，产生曲轴转角 1°的信号；在遮光盘边缘稍靠内侧分布着 6 个间隔 60°的光孔（六缸发动机）或 90°的光孔（四缸发动机），用来产生曲轴位置信号（120°信号 6 汽缸或 180°信号 4 汽缸），其中 1 个光孔较宽，用以产生相对于 1# 汽缸上止点的信号。

信号发生器安装在分电器壳体上，由 2 只发光二极管、2 只光敏二极管和电路组成。发光二极管正对着光敏二极管。信号盘位于发光二极管和光敏二极管之间，由于信号盘上有光孔，则产生透光和遮光交替变化的现象。

当发光二极管的光束照到光敏二极管时，光敏二极管产生电压；当发光二极管光束被挡住时，光敏二极管电压为 0V。

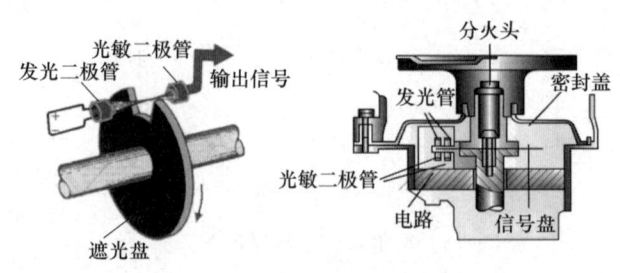

图 3-30　光电式曲轴位置传感器原理

这些电压信号经电路部分整形放大后，即向电子控制单元输送曲轴转角为 1°和 120°（180°）时的信号，电子控制单元根据这些信号计算发动机转速和曲轴位置。

3.2.2　爆燃传感器的结构和工作原理

无论是汽油机还是柴油机，工作原理都是吸入混合燃气（柴油机吸入的是空气）—压缩—燃烧—做功—排气这四个冲程的作用，实现发动机周而复始地运转。当发动机吸入燃油蒸气与空气的混合物后，在压缩行程还未到达设计的点火位置、种种控制之外的因素却导致燃气混合物自行点火燃烧。此时，燃烧所产生的巨大冲击力与活塞运动的方向相反，引起发动机震动，这种现象称为爆震。如图 3-31 所示，爆震又分为有感爆震与无感爆震两种。有感爆震通常会引起发动机抖动，甚至车身也明显地发生抖动；无感爆震主要的表现是发动机噪声加大。

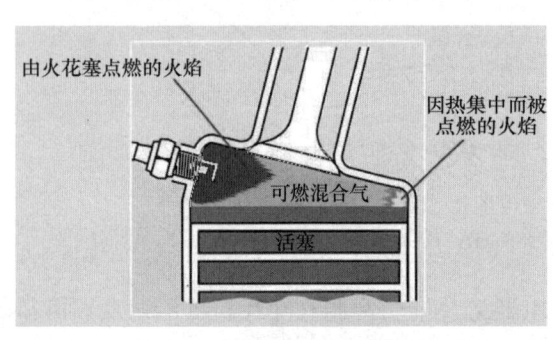

图 3-31　发动机爆震示意图

爆震对于发动机来说是非常有害的现象，主要的害处是：发动机动力下降、油耗增加、噪声加大、汽车舒适性变差、排放恶化（车内车外都能闻到严重的怪味，有时一辆车的污染可以相当于二百多辆车正常状态时所产生的污染，严重影响驾驶员本人和乘客的身体健康），最为严重的时候会引起敲缸、发动机熄火以及发动机机械部件破坏，给车主带来巨大的经济损失。

发生爆震时，由于气体燃烧在活塞运动到上止点之前，轻者产生噪声及降低发动机的功率，重者会损坏发动机的机械部件。为了防止爆震的产生，爆震传感器是不可缺少的重要部件，以便通过电子控制系统去调整点火提前时间。

爆震传感器安装在发动机缸体中间，以四缸机为例，安装在 2# 汽缸和 3# 汽缸之间，或者 1#，2# 汽缸中间一个，3#，4# 汽缸中间一个，如图 3-32 所示。

项目 3　电控发动机点火系统的结构及工作原理

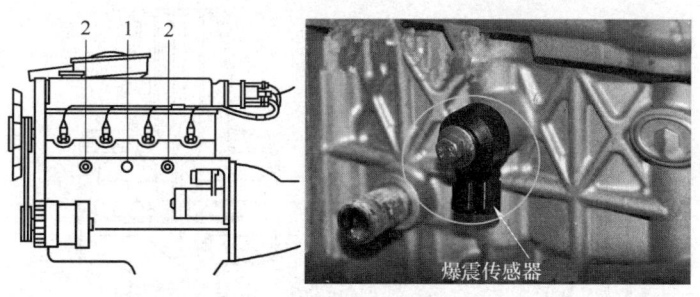

图 3-32　爆震传感器的位置示意图
1—爆震传感器　2—汽缸

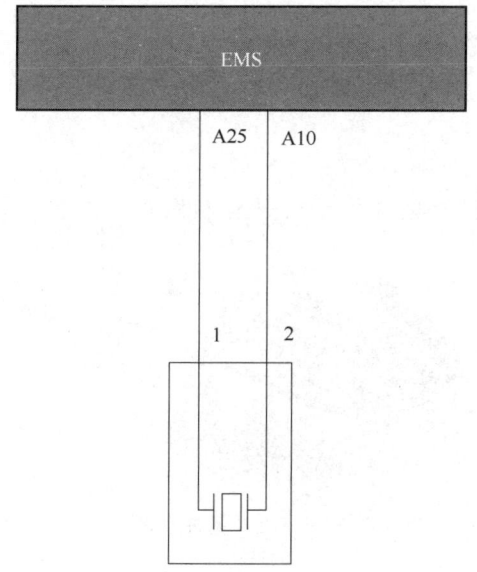

图 3-33　爆震传感器工作示意图

爆震传感器也有多种类型。常见的有压电式和瓷质伸缩式两大类，其中压电式共振型传感器应用最多，它一般安装在发动机机体上部，利用压电效应把爆震时产生的机械振动转变为信号电压。当产生爆震时的振动频率（6000Hz 左右）与压电效应传感器自身的固有频率一致时，即产生共振现象。这时传感器会输出一个很高的爆震信号电压送至 ECU，ECU 及时修正点火时间，避免爆震的产生，其工作示意图如图 3-33 所示。

当爆震传感器把检测到的信号转化为电压信号给发动机 ECU，ECU 根据这个信号来控制对点火前提角进行修正，允许发动机既能发生轻微爆震，但发生爆震的强度又不会太大，控制原理如图 3-34 所示。

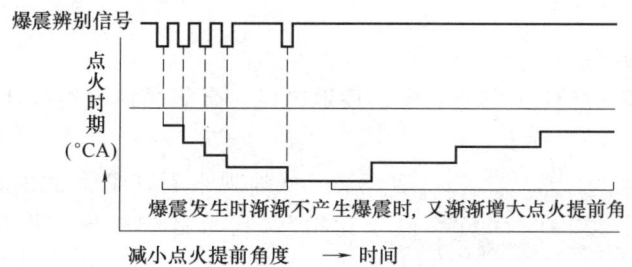

图 3-34　爆震传感器的控制原理图

如图 3-35 所示为压电式爆震传感器的结构，当发动机发生爆震时，内部的压电元件受到拉、压的作用力，从而产生一个交变的电压信号，当机体的振动频率和压电元件的固有频率一样时，产生的电压信号的增加幅度会加快，该传感器能检测的振动频率大概在 6～15kHz。

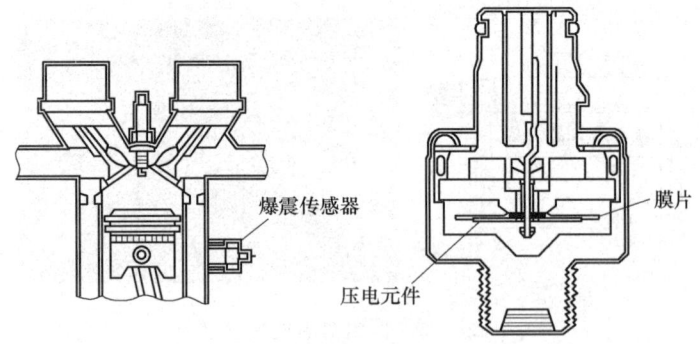

图 3-35 爆震传感器的结构图

任务 3.3 电控点火系统执行器的认识

3.3.1 火花塞结构及工作原理

火花塞是汽油发动机点火系统的主要组成原件（柴油发动机是压燃做功，没有火花塞），如图 3-36 所示，在汽油机点火系统工作过程中将高压电流引入汽缸产生电火花，以点燃可燃混合气体的部件。

（1）工作原理和作用

汽油发动机是通过燃料和混合气体的适时燃烧使之产生动力，但是作为燃料的汽油即使处于高温环境下也很难自燃，要想使其适时燃烧有必要用"火"来点燃。火花塞的作用就是将点火线圈释放的脉冲高压电在尖端形成电火花，点燃汽缸内的油气混合气进行做功，最通俗地说就相当于打火机的火石，是一个激活的部件。

图 3-36 火花塞外观图片

（2）火花塞结构

火花塞主要由接线螺杆、中央电极、接地电极、金属壳体、绝缘体构成，其中最重要的是两个电极，如图 3-37 所示。

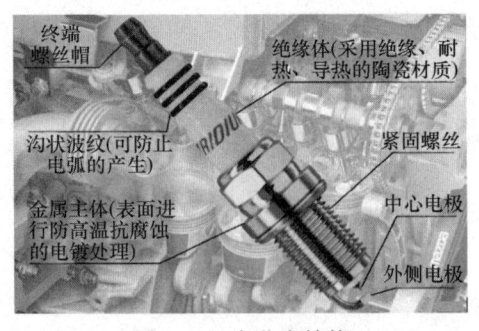

图 3-37 火花塞结构

从外观来看，最上面的部分叫作"终端螺丝帽"，它与缸线相连，作用是完成缸线的对接，在插拔缸线时感觉到有吸入或弹出感正是源自此处，同时，它还是接收电能的地方。

下面的陶瓷部分绝缘、耐热、导热，这些都是陶瓷材质的特性，陶瓷表面有几道沟状的波纹，其作用是防止飞弧的产生，即在终端螺丝帽和主体金属之间产生的打火现象（因为在点火时终端螺丝帽和主体金属之间产生连续不断的高压电，高压电会试图沿绝缘体表面溜走，为了拦住高压电，所以设置了层层沟壑）。

与陶瓷部分紧挨的便是主体金属，上面的六角形（有尺寸之分）方便了火花塞的拆装，从制造工艺来看，它的表面还采取了电镀处理，这样可防高温、耐腐蚀。螺纹是用于与汽缸盖相紧固的部分，螺丝直径和螺丝长度也因发动机而分门别类。

最末端是火花塞的电极，有中心电极和外侧电极之分，二者可能会采取两种不同的材质，而我们常说的铱金或者白金等贵金属材质则多指中心电极的材质（有些火花塞的外侧电极也会采用相同的材质），相比于电极为镍锰合金材质的普通火花塞，它们的点火能力更强，但价格也相差数倍。

另外，为了让火花塞在发动机高速和低速运行时都能有很强的适应能力，在火花塞内部的中心还嵌有铜芯，它对于散热方面有着很大的贡献，如图3-38所示。

（3）火花塞的分类

火花塞在工作过程中会产生极大的热量，为区别于火花塞的散热能力，引入了热值这个参数，其表示的就是火花塞自身的散热能力。根据火花塞自身的散热能力不同可以将火花塞分为冷型火花塞和热型火花塞，如图3-39所示。

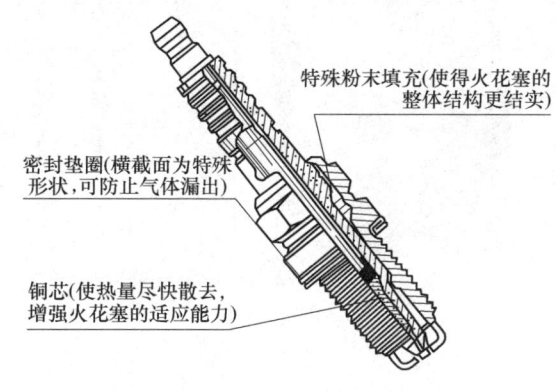

图3-38 火花塞透视图

不过不同厂家对于火花塞热值的命名规则有所不同，所以不能归纳为热值"高"或"低"，可以简单地分为散热能力好的"冷型"火花塞和适用于低转速发动机的"热型"火花塞。比如冠军火花塞就是数值越大表示火花塞越偏向于"热型"，而NGK火花塞则是数值越大表示越偏向于"冷型"。在选购火花塞的时候一定要根据与车辆匹配的热值来选择，如果选择不吻合，则会影响发动机的性能。

1）冷型火花塞。火花塞热值越高，代表散热能力越好，这类火花塞更适用于大马力的发动机上，它的弊端是由于散热较快，所以对于小排量发动机来说更容易产生积炭，而积炭多了之后最严重的后果就是点火失火。

2）热型火花塞。在相同的工作温度下，不容易产生积炭，但是散热能力相对比较差，适合于不追求动力性能的家用轿车使用。弊端是如果热性火花塞的热值过高的话，可能会产生提前点火和爆震的情况。

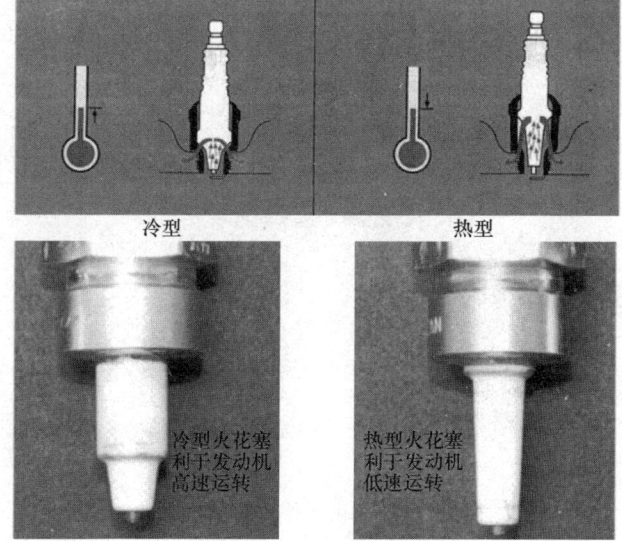

图3-39 冷型火花塞和热型火花塞

(4) 火花塞材质对于性能的影响

火花塞是由铁壳、中央陶瓷体两大部分组成的，其中陶瓷体中还包含了接线螺杆和电极，而我们平时挑选火花塞时说的"某某金"说的就是这个小电极的材质，而其他部件的材质对于发动机性能来说都是可以忽略掉的。

现在市场上常见的电极材质有铜、镍合金、白金、铱金四种（白金和铱金普遍称之为贵金属），金属导电性能从左到右依次增高（铜＜镍合金＜白金＜铱金），点火需要的电压从左到右依次降低（铜＞镍合金＞白金＞铱金），所以贵金属火花塞对于发动机的负荷更小，对于降低油耗有利；另外贵金属的使用寿命也更长，当然价格也是随着性能的增加而增加的，铱金火花塞的价格普遍在单支百元以上（图3-40）。

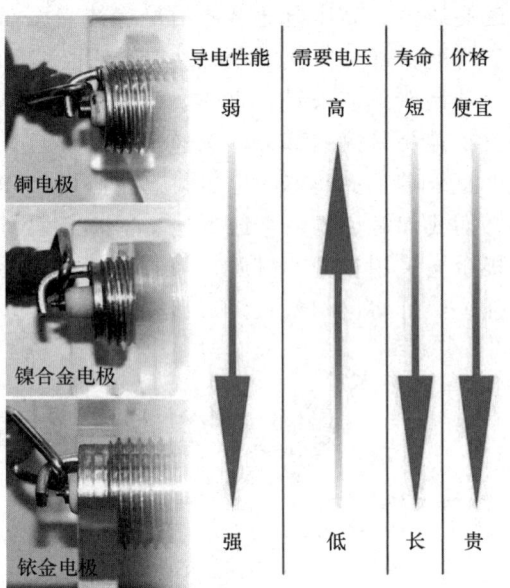

图 3-40　不同材质的电极性能对比

(5) 火花塞更换周期

火花塞使用的材质对于它的更换周期有决定性影响，目前市场上主流的火花塞有铜芯、镍合金芯、白金芯、铱金芯，铜芯建议每隔20000～30000km更换一次，镍合金的周期比铜芯稍长，在40000～60000km更换即可，而铱金和白金芯的火花塞金属特性比较稳定，抗氧化能力好，所以使用寿命会相对要长很多，白金芯建议每隔80000km更换一次，铱金芯建议每隔100000km更换一次。

(6) 如何判断火花塞是否需要更换

想检查火花塞状态是否健康，最直接的方法就是将它们拿出来看，如果电极以及绝缘体处呈淡黄色，则说明这支火花塞的工作状态是健康的；如果火花塞电极上有黑色的附着物，就是有病症了，这可能是由于"烧机油"或混合器比例不妥造成的，如图3-41所示。

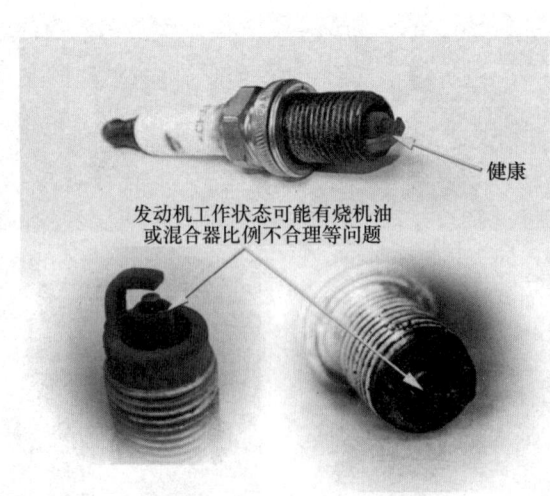

图 3-41　火花塞外表面颜色

3.3.2　点火器及点火线圈工作原理

点火系统是根据发动机的工作顺序（点火顺序），将低压直流电升压至足够的高压。通过各个缸的火花塞跳火，点燃被压缩的高温高压的可燃混合气，完成做功过程。为点燃可燃混合气体，点火系统需满足三个主要功能：

1）必须能够生成具有足够能量的电火花，该电火花具有足够的热量，能够点燃燃烧室中的混合气。

2）能够使该火花维护足够长的时间，以保证燃烧室中的燃料燃烧。

3）必须给每个汽缸都提供点火火花，以保证燃烧过程能在压缩行程的适当时刻开始。

现今汽车大多采用电子控制点火，其工作过程主要是通过信号发生器，将汽车发动机曲轴转过的角度或活塞在汽缸中的位置转换成相应的电脉冲信号，最后送到电子控制器中，电子点火器根据信号发生器送来的信号，通过电子元件控制点火线圈初级电路的通断，从而在次级电路产生高压，并通过分电器送入各缸的火花塞中，实现点火工作过程，如图 3-42 所示。

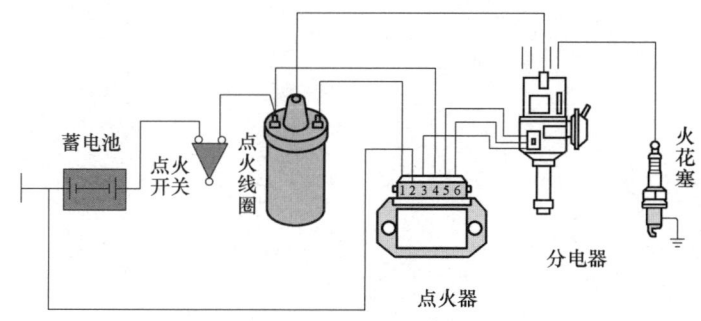

图 3-42　点火系统工作过程

（1）点火线圈

点火线圈可以产生足以在火花塞电极间引燃火花的高电压。初级线圈和次级线圈都环绕在铁芯上。次级线圈的匝数大约是初级线圈的 100 倍。初级线圈的一端连接在点火器上，次级线圈的一端连接在火花塞上。两个线圈各自的另一端则连接在蓄电池上，如图 3-43 所示。

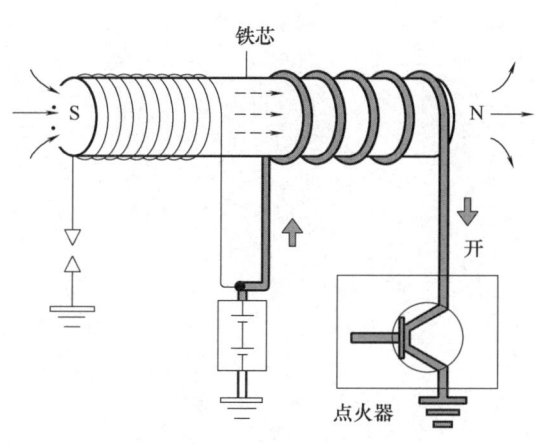

图 3-43　点火线圈工作图

当发动机运转时，根据发动机 ECU 输出的点火正时信号（IGT），蓄电池的电流通过点火器流到初级线圈。结果，在线圈周围产生磁力线，此线圈在中心包含一个磁芯。

当发动机继续运转时，点火器按发动机 ECU 输出的点火正时信号（IGT）快速地停止流往初级线圈的电流，其结果是初级线圈的磁通量开始减小。因此，通过初级线圈的自感和次级线圈的互感，在阻止现存磁通量衰减的方向上产生电动势（EMF）。自感效应产生约为 500V 的电动势，而与其相伴的次级线圈互感效应产生约为 30kV 高压电动势，这样火花塞就产生火花放电。初级电流切断越迅速以及初级电流值越大，则相应的次级电压也越高。

(2) 点火器

作用：根据电子控制器输出的指令（信号），通过内部大功率管的导通与截止，控制初级电流的通断完成点火工作。

电子点火系统的点火器基本相同，其具体电路、功能和结构因车而异，有的与电控单元装在同一电路板上（北京切诺基发动机集中控制系统）；有的则有专门的点火模块，用导线与电控单元相连（丰田公司的 TCCS 系统）；而有的与点火线圈安装在一起并配以较大的散热器以利于散热（桑塔纳 2000Gsi 型轿车点火控制器）。

项目4

电控发动机辅助控制系统的结构和工作原理

任务 4.1 电控发动机节能技术的认识

4.1.1 汽油机稀薄燃烧技术

在全球石油资源越来越紧缺的情况下,发动机燃烧的经济性一直是各大汽车厂商的追求,其中,发动机稀薄燃烧是提高燃油经济性的重要手段,发动机稀薄燃烧技术是为了让可燃混合气得到更加充分的燃烧,达到降低油耗和排放的目的。稀薄燃烧应用于汽油机缸内直接喷射技术,因此,要实现稀薄燃烧必须基于缸内直喷。

缸内直喷是指将燃油喷嘴安装于汽缸内,直接将燃油喷入汽缸内与进气混合。喷射压力也进一步提高,使燃油雾化更加细致,真正实现了精准地按比例控制喷油并与进气混合,并且消除了缸外喷射的缺点。同时,喷嘴位置、喷雾形状、进气气流控制以及活塞顶形状等特别的设计,使油气能够在整个汽缸内充分、均匀地混合,从而使燃油充分燃烧,能量转化效率更高。

(1) 稀薄燃烧技术

稀薄燃烧 FSI 是 Fuel Stratified Injection 的英文缩写,意指燃油分层喷射。稀燃就是指发动机混合气中的汽油含量低,空燃比可达 (30~40):1。理论上,1kg 汽油完全燃烧需 14.7kg 空气,即理论空燃比为 14.7。一般发动机只有在中等负荷时以稍稀的经济混合气,空燃比在 (16~18):1 范围内运转,完全混合时,40:1 的混合气是无法点燃的。稀薄燃烧技术的最大特点就是燃烧效率高,经济、环保,同时还可以提升发动机的功率输出。因为在稀薄燃烧的条件下,由于混合气点火比理论空燃条件下困难,爆燃也就更不容易发生。因此,可以采用较高的压缩比设计提高热能转换效率,再加上汽油能在过量的空气里充分燃烧,所以在这些条件的支持下能榨取每滴汽油的所有能量。

稀薄燃烧汽油机是一个范围很广的概念,只要空燃比大于17,且保证动力性能,就可以称为稀薄燃烧汽油机。稀燃汽油机可分为两大类:一类是均质稀燃;另一类为分层稀燃。而分层稀燃又可分为进气道喷射分层稀燃方式(PFI)和缸内直喷分层稀燃(GDI)方式。与常规汽油机相比,稀薄燃烧汽油机同时兼顾了燃油经济性和低排放特性。

众所周知,混合气中如果汽油含量越低,就越难被引燃,而采用稀薄燃烧的发动机其空燃比往往可以达到 25:1 甚至更高,因此,就必须对混合气加以分层,使靠近火花塞部分的混合气具有较高的空燃比，以利于点火，这就催生出了分层燃烧技术。

目前，为达到分层燃烧所采取的技术手段主要有以下三种：

1) 采用多次喷射技术，使混合气浓度加以区分。

2) 利用燃烧室壁面结构，令混合气产生滚流，进而产生浓度差异。

3) 通过可变进气技术，在发动机低速运转时，对部分进气道实施截流，以增大进气涡流强度，促使混合气分层的形成。

一般来说气道喷射稀薄燃烧（PFI）发动机多采用第三种技术方案，而直喷稀薄燃烧（GDI）发动机则相对前两种实现手段来说更被青睐，如图 4-1 所示。

(2) 稀薄燃烧关键技术

1) 提高压缩比，提高了充量点火前的温度和压力，从而在做功冲程得到更高的燃烧压力，使得燃烧和混合气膨胀更充分，提高了发动机的热效率。低负荷和怠速时，实际压缩压力（实际压缩比）减小很多，同时残余废气系数增大，造成部分负荷时经济性恶化。提高压缩比可以有效地改善点燃式发动机部分负荷时的经济性。

2) 改进点火系统，中置火花塞，火花塞中置可以缩短火焰传播距离、抑制爆震倾向，有利于提高压缩比，还可增大火焰的前锋面积和减小已燃气体与燃烧室壁的传热面积，从而提高燃烧速度和热效率；提高点火能量，稀薄燃烧导致失火频率增加，燃烧稳定性变差，因而需要采用双火花塞、多点（极）点火、高能点火、宽火花塞间隙以及其他新的点火方式，如：等离子体点火、激光点火等来提高点火能量，有利于较强火核形成，加快火焰传播速度和增大稀薄燃烧极限。

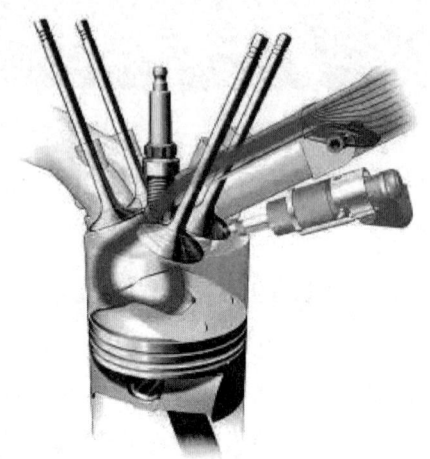

图 4-1　GDI稀薄燃烧技术示意图

3) 合理组织进气流动，合理组织缸内涡流和滚流，以达到快速燃烧。分层燃烧技术：涡流分层、滚流分层。优化喷油策略：采用二次或多次喷射策略。

4) 采用合理的燃烧室形状，紧凑型和湍流型燃烧室可以增大火焰前锋面积，加强湍流，提高燃烧速度，减小已燃气体与燃烧室壁的接触面积，降低传热损失，是稀燃发动机燃烧室的发展方向。

(3) 技术缺陷

1) 当混合物变稀时，着火延迟时间加长，再加上火焰传播速度慢，使得完全燃烧更加困难。

2) 当混合气变稀时，如果火花塞周围的燃油混合气浓度降低，所需的最小点火能量迅速增加，火核难以形成，不仅使点火困难，而且使滞燃期增长，使得最佳点火提前角增大，燃烧效率降低。同时，火焰传播速度的变慢还使发动机的循环变动增加，汽车的驾驶性能下降。

3) 稀薄燃烧时，由于排气中始终为富氧氛围，因此非常不利于 NO_x 的还原。目前，稀薄燃烧催化转换器还不太成熟，在转换效率以及寿命方面还有待提高，这是困扰着稀薄燃烧技术进一步发展的重要课题。

4）采用稀薄燃烧方式时，空燃比的变化范围很大，而喷油定时和点火提前角都和空燃比有关，因此，喷油定时和点火提前角的控制都要随着空燃比的变化而改变。

任务 4.2　电控发动机排放净化技术的认识

4.2.1　尾气组成、分析

当前，我国移动源污染问题日益突出，已成为空气污染的重要来源，特别是北京和上海等特大型城市以及东部人口密集区，移动源对细颗粒物（$PM_{2.5}$）浓度的贡献高达10%~50%。在极端不利的条件下，贡献率会更高。同时，由于机动车大多行驶在人口密集区域，尾气排放直接威胁群众健康。据测算，未来5年我国还将新增机动车1亿多辆，工程机械160多万台，由此带来的大气环境压力巨大。

早在2017年，全国机动车保有量就已经达到3.10亿辆，其中汽车2.17亿辆（含新能源汽车153.0万辆）。汽车已占机动车主导地位，其构成按车型分类：客车占88.8%，货车占11.2%；按燃料类型分类：汽油车占89.0%，柴油车占9.4%，燃气车占1.6%；按排放标准阶段分类：国Ⅰ标准的汽车占3.8%，国Ⅱ标准的汽车占5.5%，国Ⅲ标准的汽车占21.2%，国Ⅴ标准的汽车占47.5%，国Ⅴ及以上标准的汽车占22.0%。2017年，全国机动车四项污染物排放总量初步核算为4359.6万吨，比2016年削减2.5%。其中，一氧化碳（CO）3327.3万吨，碳氢化合物（HC）407.1万吨，氮氧化物（NO_x）574.3万吨，颗粒物（PM）50.9万吨。汽车是机动车大气污染排放的主要贡献者，其排放的CO和HC超过80%，NO_x和PM超过90%。按车型分类，货车排放的NO_x和PM明显高于客车，其中重型货车是主要贡献者；而客车CO和HC排放量则明显高于货车。按燃料分类，柴油车排放的NO_x接近汽车排放总量的70%，PM超过90%；而汽油车CO和HC排放量则较高，CO超过汽车排放总量的80%，HC超过70%。按排放标准阶段分类，CO和HC排放量以国Ⅲ、国Ⅴ阶段为主；国Ⅲ阶段NO_x和PM排放量最多。

尾气组成

1）二氧化碳。尾气中的CO_2是汽油中的碳与O_2燃烧的产物。发动机正常燃烧排气中的CO_2含量占比为12%~15%。若排气中的CO_2含量高则表示发动机运行正常，过低则表示混合气过稀或过浓。

2）氧气。空气中的氧气含量约为21%，根据汽油燃烧化学计量式，1kg燃油完全燃烧需要14.7kg的空气，而空气中的氧气应该在化学反应中完全消耗完，尾气中的O_2含量应该非常低，如果尾气检测中发现氧气的含量偏高，则可能是排气过程中新鲜空气漏气所致。

3）碳氢化合物。碳氢化合物即未燃烧的汽油，正常工作的发动机几乎会将所有汽油燃烧掉，因此，排气中所含有的碳氢化合物会极少。HC排放量大最常见的原因是点火系统故障。

4）一氧化碳。CO是不稳定的，很容易与O_2反应生成稳定的CO_2。一氧化碳极易与人体血液中的血红蛋白结合，从而使血红蛋白不能很好地与氧气结合，失去携氧能力，造成生物体内缺氧，而发生中毒。正常工作的发动机排气中CO的含量应低于0.5%。

5）氮氧化物及其他。排气中的一氧化氮无色无味，但一旦与空气中的 O_2 接触就会转变为二氧化氮。二氧化氮具有红褐色且带有酸辣味。一氧化氮与二氧化氮统称为 NO_x。废气再循环系统（EGR）是控制 NO_x 的最主要手段。

汽车尾气中还包含有微量的醛、酚、过氧化合物和含铅、含磷化合物等。

4.2.2 三元催化器

随着汽车保有量的增长，世界各国的排放标准也越来越严格，个别汽车厂商为了使汽车满足排放标准，对汽车的尾气排放做了很多改进，加装可处理尾气中有害物质的装置。其中，三元催化器就是针对汽油汽车而产生的，它在处理尾气当中的 CO、碳氢化合物和 NO_x 方面起着关键性的作用，可将汽车尾气排出的 CO、碳氢化合物和 NO_x 等有害气体通过氧化和还原作用转变为无害的二氧化碳、水和氮气。

三元催化器又叫"催化转化器"，是过滤排气中有害成分的重要部件，是安装在汽车排气系统中最主要的机外净化装置。由于这种催化器可同时将废气中的三种主要有害物质转化为无害物质，故称三元催化器。

（1）结构组成

三元催化器（图 4-2）安装在发动机排气歧管后方，一般由外壳、隔热垫和催化剂载体（表面附着有催化剂）组成（图 4-3），其外壳由两个焊接在一起的铝质或不锈钢材料制成。紧贴外壳内面的是隔热垫，它起着保护三元催化器载体的作用，能有效降低三元催化器内部的热量向外辐射。隔热垫的里面是由陶瓷材料做成的催化剂载体，载体内部是细长的蜂窝状孔洞，孔洞内壁上施加多孔铝涂层，铝涂层表面施加一层催化材料，催化材料主要是稀有金属铂、铑、钯等。

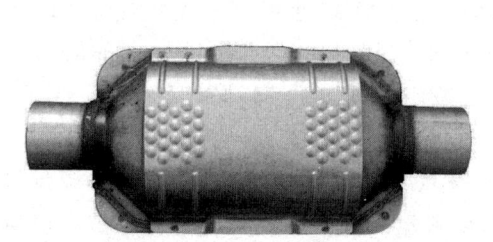

图 4-2　三元催化器

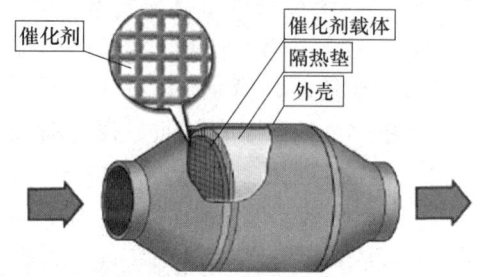

图 4-3　三元催化器结构

（2）工作原理

汽油发动机尾气中，对人类和环境危害较大的有害物质是碳氢化合物、NO_x 和 CO。当尾气中的碳氢化合物、NO_x 和 CO 通过三元催化器内部蜂巢状的陶瓷载体时，增强了三种气体的活性，温度较高的 CO 和 HC 在催化剂铂和钯的作用下与氧气发生氧化还原反应，生成无害的水和二氧化碳，而 NO_x 则在催化剂铑的作用下被还原为无害的氧气和氮气，其催化转换原理如图 4-4 所示。

（3）工作温度

三元催化器的工作需要一定的条件，在温度达到 260℃ 以上时才会工作，并发挥出 50% 左右的催化能力，想要使其充分发挥作用，温度应保持在 480～870℃。如果其内部

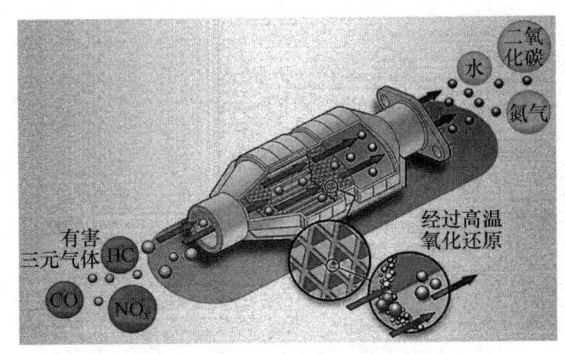

图 4-4 催化转化原理图

温度过高（950℃以上），三元催化器将会损坏而失去催化转换效果。

发动机熄火以后，三元催化器仍会保持一段时间的高温。为了避免对其他部件产生过大的热辐射，多数三元催化器外部都有隔热罩。尽管有隔热罩，但也要注意停泊车辆时，不要停在杂草或树叶等易燃物上，以免导致火灾。

（4）使用要求

使用带有三元催化器的车辆时应注意以下事项，否则容易造成三元催化器早期损坏：

1）勿使用含铅汽油。

2）勿长期让发动机急速运转或急速忽快忽慢。

3）发现发动机工作不良、功率下降、加速不平顺时，应及时检查发动机各系统并排除故障。

任务 4.3　电控发动机动力提升技术的认识

4.3.1　机械增压和涡轮增压

汽车在不同的工况下，需要吸入不等量的空气，特别在发动机高转速时，每分钟可达 6000r/min，在如此短的时间内要完成 3000 次的吸气，那就会造成发动机吸气不足。为弥补发动机的这块短板，发动机增压应运而生，现今市场最常使用的就是机械增压与涡轮增压。

（1）涡轮增压

1）简介。涡轮增压的英文名字为 Turbo，一般来说，如果我们在轿车尾部看到 Turbo 或者 T，即表明该车采用的发动机是涡轮增压发动机了。

涡轮增压的主要作用就是提高发动机进气量，从而提高发动机的功率和扭矩，让汽车更"有劲"。一台发动机装上涡轮增压器后，其最大功率与未装增压器的时候相比可以增加 40% 甚至更高。这样也就意味着同样一台发动机在经过增压之后能够产生更大的功率。比如 1.8T 涡轮增压发动机，经过增压之后，动力可以达到 2.4L 发动机的水平，但是耗油量却不比 1.8L 发动机高多少，在另外一个层面上来说就是提高燃油经济性和降低尾气排放。

不过在经过了增压之后，发动机在工作时候的压力和温度都大大升高，因此发动机寿命会比同样排量没有经过增压的发动机要短，而且机械性能、润滑性能都会受到影响，这样也在一定程度上限制了涡轮增压技术在发动机上的应用。

2）涡轮增压的原理。最早的涡轮增压器用于跑车或方程式赛车上，这样在那些发动机排量受到限制的赛车比赛里面，发动机就能够获得更大的功率，如图 4-5 所示。发动机是靠燃料在汽缸内燃烧做功来产生功率的，由于输入的燃料量受到吸入汽缸内空气量的限制，因此发动机所产生的功率也会受到限制，如果发动机的运行性能已处于最佳状态，再增加输出功率只能通过压缩更多的空气进入汽缸来增加燃料量，从而提高燃烧作功能力。因此在目前的技术条件下，涡轮增压器是唯一能使发动机在工作效率不变的情况下增加输出功率的机械装置。

涡轮增压装置其实就是一种空气压缩机，通过压缩空气来增加发动机的进气量。一般来说，涡轮增压都是利用发动机排出的废气惯性冲力来推动涡轮室内的涡轮，涡轮又带动同轴的叶轮，叶轮压送由空气滤清器管道送来的空气，使之增压进入汽

图 4-5　涡轮增压器的结构

缸，如图 4-6 所示。当发动机转速增快，废气排出速度与涡轮转速也同步增快，叶轮就压缩更多的空气进入汽缸，空气的压力和密度增大可以燃烧更多的燃料，相应增加燃料量和调整一下发动机的转速，就可以增加发动机的输出功率了。

(2) 机械增压

1) 简介。在国内，Supercharger 被翻译为机械增压。但就 Supercharger 这个词汇而言，在国外的含义是很丰富的，

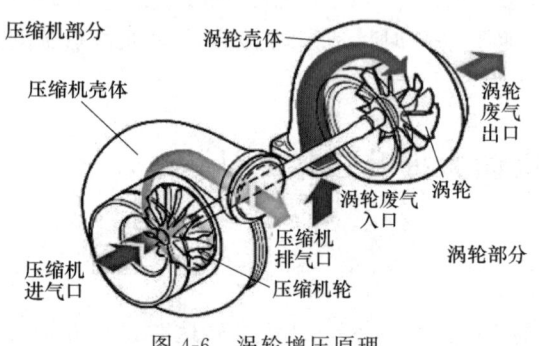

图 4-6　涡轮增压原理

只是因为在引入国内的增压器中，Supercharger 是属于那种由机械直接带动的增压器，因而被广泛称为"机械增压"。

早期的机械增压器被应用在工业设备上，1908 年首先使用在赛车上，极速已经达到了 160km/h。1921 年，奔驰就生产出第一款量产的机械增压车型，随后的机械增压被广泛应用于汽车和飞机上，如图 4-7 所示。因为结构简单容易实现，所以早期的增压车型都使用的是机械增压器。

2) 工作原理。机械增压是直接利用内燃机为动力来源来驱动增压器，将空气压缩成高密度的进气送入汽缸内，从而提高了内燃机的输出功率。它的驱动力来自内燃机曲轴，一般的是利用皮带连接曲轴皮带轮，间接将曲轴运转的扭力带动增压器，达到增压的目的，如图 4-8 所示。

图 4-7　1928 年生产并装备机械增压发动机的奔驰跑车

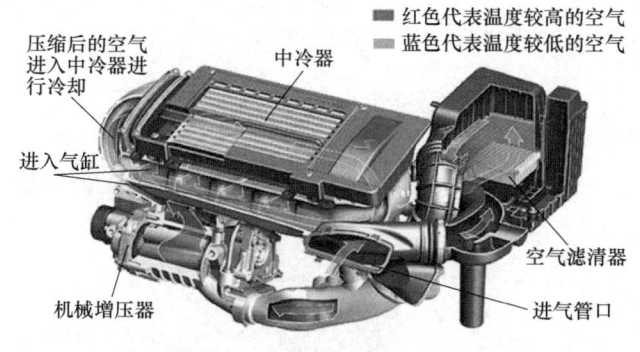

图 4-8 机械增压发动机进气示意图

4.3.2 可变气门正时和升程的结构及工作原理

发动机进、排气门是保证发动机工作性能可靠性、耐久性的主要零件，是专门对发动机充量交换过程的控制，其特性参数主要涉及三个：气门开启相位、气门开启持续角度（即气门保持升起持续的曲轴转角）和气门升程。这三个特性参数对发动机的性能、油耗及排放有主要影响。通常将气门开启相位和气门开启持续角度称为气门正时。随着发动机负荷及转角的改变，这三个特性参数（特别是气门开启相位和开启持续角度）的最佳选择是根本不同的。

在传统的发动机中，由于这三个特性参数在运行过程中不能改变，过去往往将气门正时设计成对高速全负荷工况最为有利，以求得最大功率。由于现在对油耗和排放更为重视，同时，为了使发动机在低速和高速的性能达到最佳，因此，各大厂家为了优化发动机配气过程，都在研发汽车发动机气门正时或升程系统，通过配备控制系统和执行系统，对发动机凸轮的相位或者气门升程进行调节，使正时和升程两者有效结合起来，为发动机在各种工况和转速下提供了更高的进、排气效率，提升动力的同时，也降低了油耗水平。

所谓的可变气门正时与升程技术，就是指发动机配气相位和气门升程可以随发动机转速和工况的变化而随时改变的技术。就像一个人在跑步时需要不断按照奔跑步伐来调整呼吸频率，以便时刻为身体提供充足的氧气一样，可变气门正时与升程技术可以让发动机的"呼吸"更顺畅、自然。在现在的汽车发动机上，基本都使用电控系统来直接或间接调节进排气门的开闭时刻及开启的角度，使这个功能更加智能化。

可变气门控制系统包括可变气门正时技术和可变气门升程技术，有些发动机只有可变气门正时系统，如丰田的 VVT-i 系统；有些发动机只有可变气门升程技术，如本田的 VTEC 系统；有些发动机既有可变气门正时，又有可变气门升程，比如宝马的 Valvetronic 系统、马自达 S-VT 技术。目前可变气门技术的实现途径有很多，按有无凸轮轴可分为有凸轮轴式和无凸轮轴式；按控制机构不同可分为机械式、液压式和电控式。

(1) 丰田 VVT-i 系统

采用可变气门正时控制技术，能够改变配气机构进气门和排气门的打开和关闭的持续时间，不能改变配气机构的进排气门的升程。因此，发动机所需要的空气量，就可以根据不同的工况进行更好的控制，经济性提高了，油耗降低了，排气也能够更加彻底。

可变气门正时系统的主体结构是安装在凸轮轴前端的叶片式液力机构，它分为内转子、外转子，二者可以在一定范围内自由转动。外转子上有正时链齿，由正时链条驱动，内转子通过螺栓与凸轮轴连接，如图 4-9 所示。内外转子之间有叶片，叶片将内外转子的空腔分为提前腔和滞后腔。当提前腔油压增大，滞后腔油压减小时，叶片推动内转子相对于外转子顺转（设凸轮轴转向为顺转），则气门的开启时刻提前；相反，当提前腔油压减小，滞后腔油压增大时，叶片推动内转子相对于外转子逆转（设凸轮轴转向为顺转），则气门的开启时刻滞后，这样就实现了对气门的开启和关闭时刻的调节。

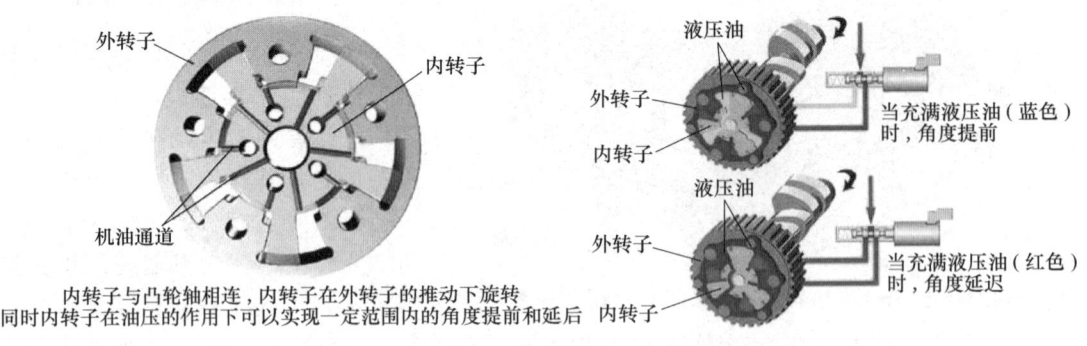

图 4-9　可变气门正时系统的主体结构

早期的可变气门正时技术是单独采用液压调节的，并且只控制进气凸轮轴，控制方式也是分段调节，简称为 VVT；后来丰田公司在上面加装了智能控制系统，为了与其他的可变气门正时系统相区别，就在后面加了一个小写的"i"，变成了 VVT-i。随着技术的进步和对发动机性能的更高要求，人们又在排气门上也安装了可变气门正时装置，变成了进排气门都可以控制的双可变气门正时系统，简称 DVVT，从之前的分段式调节变成了连续调节，即 CVVT。其他的还有宝马的 Double-VANOS 双凸轮轴可变气门正时系统、三菱的 MIVEC 智能可变气门正时与升程管理系统等。

（2）本田 VTEC 系统

发动机实质的动力表现取决于单位时间内汽缸的进气量。气门正时代表了气门开启的时间，而气门升程则代表了气门开启的大小。从原理上看，可变气门正时技术也是通过改变进气量来改善动力表现的，但是气门正时只能提前或者推迟气门开启的时间，并不能有效改善汽缸内单位时间的进气量，因此对于发动机动力性的帮助是有限的。如果气门升程大小也可以针对发动机不同的工况和转速实时调节的话，那么就能提升发动机在各种情况下的动力性能。

可变气门升程技术可以在发动机不同转速下匹配合适的气门升程，使得低转速下扭矩充沛，而高转速时马力强劲。低转速时系统使用较小的气门升程，这样有利于增加缸内紊流提高燃烧速度，增加发动机的低速扭矩，而高转速时使用较大的气门升程则可以显著提高进气量，进而提升高转速时的功率输出。

图 4-10　本田 i-VTEC 系统

我们最熟悉的可变气门升程系统可能非本田的 i-VTEC 莫属了，如图 4-10 所示。本田也是最早将可变气门升程技术发扬光大的厂商。本田的可变气门升程系统的结构和工作原理并不复杂，工程师利用第三根摇臂和第三个凸轮即实现了看似复杂的气门升程变化。

当发动机在中低转速时，三根摇臂处于分离状态，普通凸轮推动主摇臂和副摇臂来控制两个进气门的开闭，气门升量较小。此时虽然中间凸轮也推动中间摇臂，但由于摇臂之间是分离的，所以两边的摇臂不受它控制，也不会影响气门的开闭状态，如图4-11所示。

发动机达到某一个设定的转速时，电脑即会指令电磁阀启动液压系统，推动摇臂内的小活塞，使三

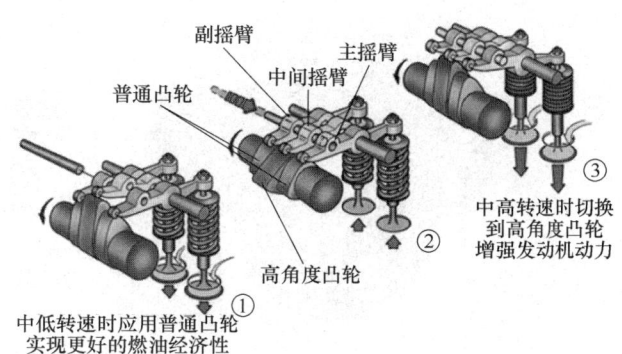

图4-11 本田i-VTEC系统工作原理

根摇臂锁成一体，一起由高角度凸轮驱动，这时气门的升程和开启时间都相应地增大了，使得单位时间内的进气量更大，发动机动力也更强。这种在一定转速后突然的动力爆发极大地提升了驾驶乐趣。当发动机转速降到某一转速时，摇臂内的液压也随之降低，活塞在回位弹簧作用下退回原位，三根摇臂分开。

4.3.3 可变进气道的结构及工作原理

进气歧管一端与进气门相连，一端与进气总管后的进气谐振室相连，每个汽缸都有一根进气歧管。发动机在运转时，进气门不断地开启和关闭，气门开启时，进气歧管中的混合气以一定的速度通过气门进入汽缸，当气门关闭时混合气受阻就会反弹，周而复始会产生振动频率。如果进气歧管很短，显然这种频率会更快；如果进气歧管很长的话，这个频率就会变得相对慢一些。如果进气歧管中混合气的振荡频率与进气门开启的时间达到共振的话，那么此时的进气效率显然是很高的。因此可变进气歧管在发动机高转速和低转速时都能提供最佳配气。

发动机在低转速时，用又长又细的进气歧管，可以增加进气的气流速度和气压强度，并使得汽油得以更好地雾化，燃烧得更好，提高扭矩。发动机在高转速时需要大量混合气，这时进气歧管就会变得又粗又短，这样才能吸入更多的混合气，提高输出功率。

由于混合气是具有质量的流体，在进气管中的流动状态是千变万化的，工程上往往要运用流体力学来优化其内部设计，例如将进气歧管内壁打磨光滑减轻阻力，或者刻意制造粗糙面营造汽缸内的涡流运动。但是，汽车发动机的工作转速间隔高达数千转，各工况所需的进气需求不尽相同，这对普通的进气歧管是个极大的考验。于是，工程师对进气歧管进行了深层次的开发——让进气歧管"变"起来。

(1) 变长度

汽车用4冲程发动机的活塞上上下下往复2次循环才算完成一个工作循环，进气门只有1/4时间打开，这样在进气歧管内造成一个进气脉冲。发动机转速越高，气门开启间隔也就越短，脉冲频率也就越高，也就是说进气歧管的振动也就越大。

通过改变进气歧管长度，改进气流的流动，如图4-12所示。进气歧管被设计成蜗牛一般的螺旋状，分布在发动机缸体中间，气流从中部进入。当发动机在2000r/min低转速运转时，黑色控制阀关闭，气流被迫从长歧管流入汽缸，此时，进气歧管的固有频率得以

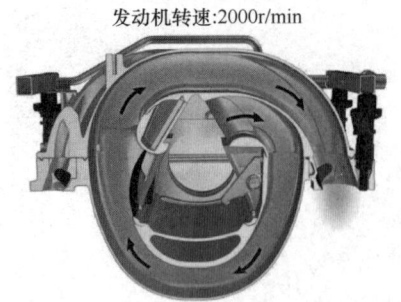
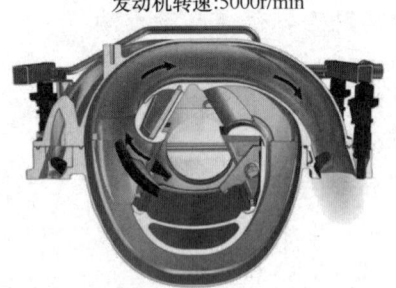

图 4-12　变长度进气道工作原理

降低，以适应气流的低转速。当发动机转速上升到 5000r/min，进气频率上升，此时控制阀开启，气流绕开下部导管直接注入汽缸，这降低了进气歧管的共振频率，利于高速进气。

（2）变截面

低转速时气门会设置成短行程开启，高转速时气门会设置成长行程开启。根据流体力学的原理，管道截面积越大，流体压力越小；管道截面积越小，流体压力越大。发动机需要一套机构，在高转速时使用较大的进气歧管截面积，提高进气流量。在低转速时使用较小的进气歧管截面积，提高汽缸的进气负压，也能在汽缸内充分形成涡流，让空气与汽油更好地混合，如图 4-13 所示。

图 4-13　变截面进气道工作原理

以 4 气门发动机为例，2 进 2 排设计，其中一进气管带有气阀，该气阀受到 ECU 的直接控制。当发动机低转速运转时，需要的进气歧管截面积小，这时可以关闭气阀，使两个进气门只有一个能够进气，这相当于减少了一半的截面积。同样，发动机高转速运转，气阀在 ECU 控制下开启，两个进气门同时工作，这相当于加大了截面积。

（3）可变进气共振

可变进气共振采用的是通过进气共振来提高发动机中高转速的动力。每个汽缸都共享着同一个谐振室，它们两个互相连接，其中一个进气管能在 ECU 的控制下，通过阀门打开和关闭。这个阀门开关频率与各个汽缸之间的进气频率（进气频率实际上又取决于发动机的转速）相关。这样，在汽缸与汽缸之间就形成了一种压力波。如果进气频率与压力波转速相对称，根据共振的原理，空气就会因为强烈的共振而被强力地推进汽缸，从而改善了进气效率。

压力波的频率通过相互交错的进气管控制，在低转速时关闭其中一组，这样压力波的频率减小，与相对较低的进气频率刚好吻合，从而可以提高中低转速的扭转力输出。相反，在高转速时，阀门打开，这样压力波的频率增大，与较高的进气频率吻合，从而可以改善高转速时的进气效率。

（4）可变排气回压管

可变排气回压技术是针对排气设计的。普通运动车型上的排气管从单个汽缸收集到排气以后汇集到排气总管，形成一个新的排气脉冲，进而形成反向增压。反向增压只会在发动机处于某一转速的时候才有最好的工作状态，排气管的长度决定了它的适用转速范围。短的排气管适合在低转速时增压，长的则反之。对于排气管的长度是固定的发动机，只能将其设计成最适合一个相对折中的转速，可变排气管长度技术使用了两段不同长度的排气管，它们通过阀门的开闭互相切换工作，因此它能同时满足高转速和低转速时的功率输出。

任务 4.4 电控发动机典型辅助控制系统的认识

4.4.1 燃油蒸发控制系统的结构及工作原理

尾气排放、曲轴箱排放和蒸发排放是汽车产生污染物的三大原因。目前，蒸发排放主要是燃油方面的蒸发排放，其余则是内饰材料和涂料等方面的排放。燃油蒸发排放不仅会在燃油箱内产生，而且在喷油器处也会产生。例如，每当发动机随机熄火时，喷油器没有来得及燃烧的油及整个熄火期间泄露出来的油最终都会以燃油蒸气的形式排入到大气中造成环境污染。

燃油温度升高和车辆行驶颠簸是导致燃油箱内燃油蒸发的主要原因，而引起燃油温度升高的原因有很多，例如环境温度升高、外部热辐射（如夏季的路面、排气管路）、回流油带来大量热量（为满足国Ⅳ或以上排放法规，很多汽油机均采用了无回油燃油系统）及燃油泵运行产生的热量等。

在汽车的排放污染中，由燃油蒸发造成的污染约占总量的15%。为了降低汽车的燃油蒸发污染，控制燃油箱逸出的燃油蒸气，电控汽油喷射发动机上普遍采用了燃油蒸发排放控制系统（EMAP），即活性炭罐清污控制系统，油箱中的燃油蒸气在发动机不运转时被炭罐中的活性炭所吸附，当发动机运转时，依靠进气管中的真空度将燃油蒸气吸入发动机中。电子控制单元根据发动机的工况通过电磁阀控制真空度的通或断实现对燃油蒸气的控制。

（1）燃油蒸发控制系统的结构组成

燃油蒸发控制系统的作用是防止汽车油箱内蒸发的汽油蒸气排入大气。它由蒸气回收罐（亦称活性炭罐）、控制电磁阀、蒸气分离阀及相应的蒸气管道和真空软管等组成，如图4-14所示。

汽油车燃油蒸气吸附脱附装置，俗称"炭罐"，如图4-15所示。炭罐是减少汽车燃油箱、

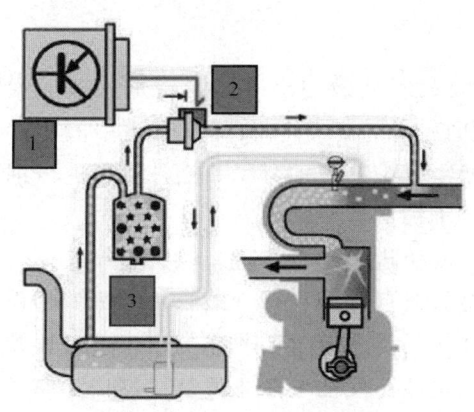

图 4-14 燃油蒸气控制系统
1—发动机电控单元 2—电磁阀 3—活性炭罐

化油器内汽油蒸发物排放的装置。炭罐一般装在汽油箱和发动机之间。由于汽油是一种易挥发的液体，在常温下燃油箱经常布满燃油蒸气，燃料蒸发排放控制系统的作用是将蒸气引进燃烧并防止挥发到大气中。

罐体内装活性物质，当发动机工作电磁阀接通时，发动机将油箱中的燃油蒸气及活性物质吸附的蒸气吸入进气管。如图4-16所示。当发动机不工作或电磁阀不接通时，燃油箱中的蒸气进入活性炭罐并被活性物质吸收。发动机熄火后，汽油蒸气与新鲜空气在罐内混合并贮存在活性炭罐中，当发动机启动后，装在活性炭罐与进气歧管之间的燃油蒸发净化装置的电磁阀门打开，活性炭罐内的汽油蒸气被吸入进气歧管参加燃烧。至此活性炭罐的工作循环完成，直到引擎再次关闭重新开始循环工作。

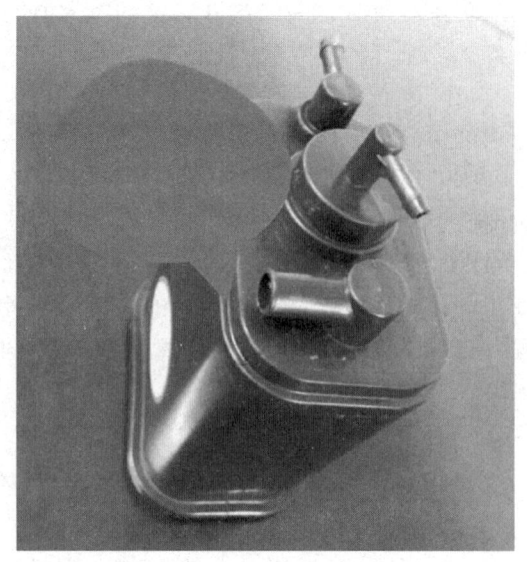

图4-15 汽车活性炭罐

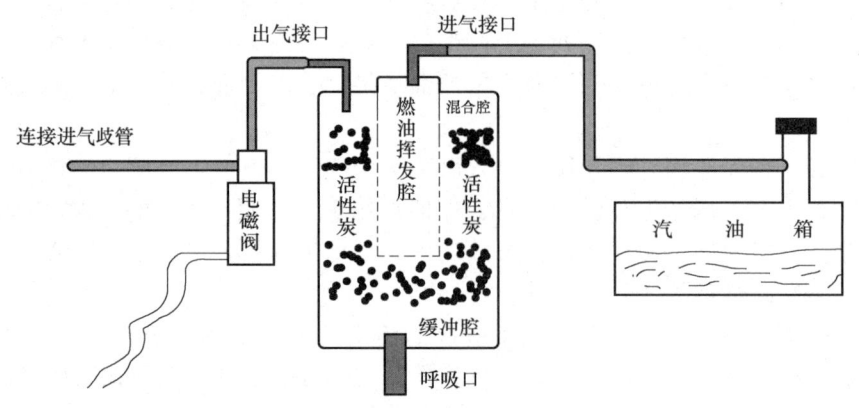

图4-16 活性炭罐工作原理图

（2）燃油蒸发控制系统的工作原理

蒸气分离阀安装在油箱的顶部，油箱内的汽油蒸气从该阀出口经管道进入蒸气回收罐，如图4-17所示。该阀的作用是防止汽车翻倾时油箱内的燃油从蒸气管道中漏出。蒸气回收罐内充满了活性炭粒，活性炭可以吸附汽油蒸气中的汽油分子。当油箱内的汽油蒸气经蒸气管道进入蒸气回收罐时，蒸气中的汽油分子被活性炭吸附。

蒸气回收罐上方的另一个出口经真空软管与发动机进气歧管相通。软管中部有一个电磁阀控制管路的通断。当发动机运转时，如果电磁阀开启，则在进气歧管真空吸力的作用下，新鲜空气将从蒸气回收罐下方进入，经过活性炭后再从蒸气回收罐的出口进入软管的发动机进气歧管，把吸附在活性炭上的汽油分子（重新蒸发的）送入发动机燃烧，使之得到充分利用；蒸气回收罐内的活性炭则随之恢复吸附能力，不会因使用太久而失效。

进入进气歧管的回收燃油蒸气量必须加以控制，以防破坏正常的混合气成分。这一控

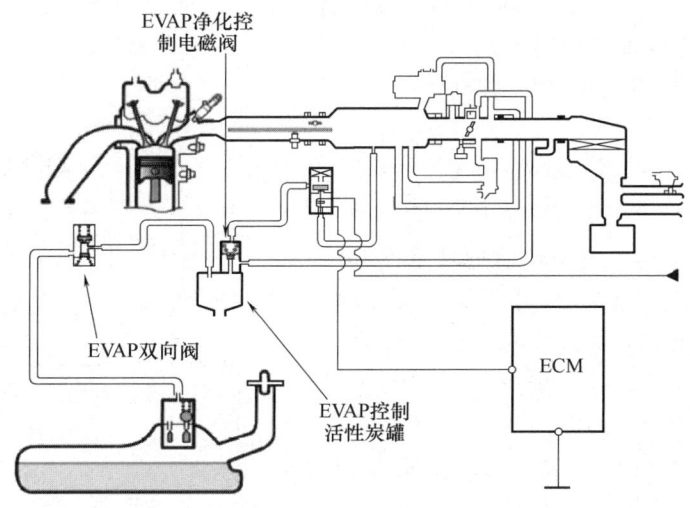

图 4-17 燃油蒸发控制系统工作原理图

制过程由微机根据发动机的水温、转速、节气门开度等运行参数,通过操纵控制电磁阀的开、闭来实现。在发动机停机或怠速运转时,微机使电磁阀关闭,从油箱中逸出的燃油蒸气被蒸气回收罐中的活性炭吸收。当发动机以中高速运转时,微机使电磁阀开启,储存在蒸气回收罐内的汽油蒸气经过真空软管后被吸入发动机。此时,因为发动机的进气量较大,少量的燃油蒸气不会影响混合气的成分。

4.4.2 废气再循环系统

废气再循环系统(exhaust gas recirculation)简称 EGR,是指把发动机排出的部分废气回送到进气歧管,并与新鲜混合气一起再次进入汽缸,如图 4-18 所示。由于废气中含有大量的 CO_2,而 CO_2 不能燃烧却吸收大量的热,使汽缸中混合气的燃烧温度降低,从而减少了 NO_x 的生成量。

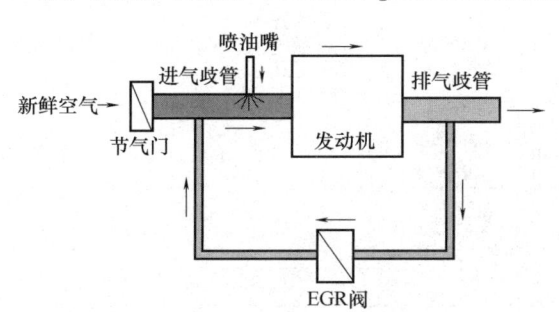

图 4-18 废气再循环系统图

当发动机在负荷下运转时,EGR 阀开启,使少量的废气进入进气歧管,与可燃混合气一起进入燃烧室。怠速时 EGR 阀关闭,几乎没有废气再循环至发动机。

汽车废气是一种不可燃气体(不含燃料和氧化剂),在燃烧室内不参与燃烧。它通过吸收燃烧产生的部分热量来降低燃烧温度和压力,以减少氧化氮的生成量。进入燃烧室的废气量随着发动机转速和负荷的增加而增加。

EGR 的技术在 20 世纪 70 年代便被国外所使用,不过当时并不能很好地控制吸入的排气量,对发动机性能和经济性都有很大的影响。直到 20 世纪 90 年代,与目前类似的 EGR 率先在柴油机上使用,有效解决了柴油机的排放问题,目前已经在很多汽油车中普及。而近年来,EGR 再次升级,日本电装集团将 EGR 阀与节气门直接合二为一,使体积减小了一半,成本也有所降低,该产品曾配备到 2014 年欧洲上市的乘用车上。不过,虽然造车成本降低，但是由于EGR阀与节气门合二为一，如果一个部件出现故障就需要更换整套总成，维修成本势必会增加。

（1）废气再循环（EGR）系统分类及组成

1）机械控制式EGR系统。机械控制式EGR系统是最早设计使用的EGR装置，如图4-19所示，其工作原理是：通过真空度和排气背压来控制EGR阀的开闭。

机械控制式EGR系统中的主要部件是一个膜片式EGR阀，根据阀控制方式的不同，有正背压控制式EGR和负背压控制式EGR。但是，对于机械控制式EGR系统，EGR控制的范围有限（一般为5%~15%），且控制精度远不能满足发动机的实际需要，故新型汽车发动机都趋向于选择计算机控制的EGR系统，也即电子控制式EGR系统。

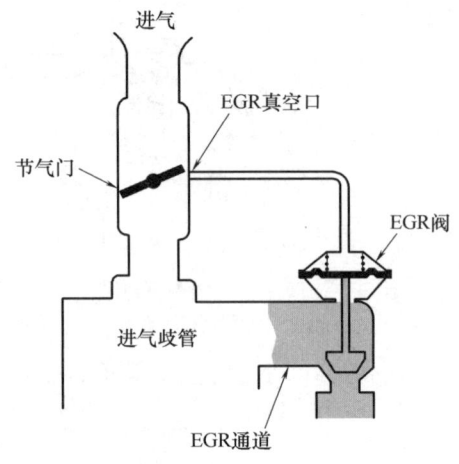

图4-19 机械式EGR系统

2）电控电磁阀EGR系统（图4-20）。随着柴油机电控系统的推行，EGR系统也已进入电控化，工作过程也受ECU控制。ECU根据发动机的冷却液温度、进气量、转速、启动等信息，间接（EGR电磁阀）或直接（电机）控制EGR阀的开度，通过检测占空比信号和EGR阀开度等反馈信号结合发动机工况对EGR阀做出微调，从而形成高精度的闭环控制。

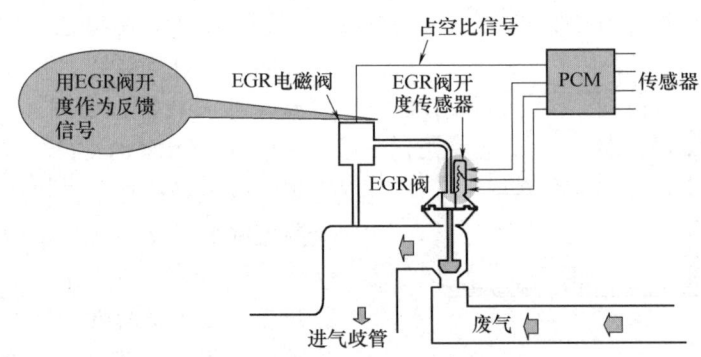

图4-20 电控电磁阀EGR系统

电控电磁阀EGR系统的部件组成主要有EGR电磁阀、EGR阀、EGR阀开度传感器和ECU。

① EGR电磁阀。作用：ECU通过占空比信号控制EGR电磁阀，降低EGR阀背压，从而打开EGR阀。

结构（图4-21）：EGR电磁阀有三个通气口，EGR电磁阀不通电时，弹簧将阀体向上压紧，通大气阀口被关闭。

这时EGR电磁阀使进气歧管与EGR阀真空室相通；当EGR电磁阀线圈通电时，产生的电磁力使阀体下移，阀体下端将通进气歧管的真空通道关闭，而上端的通大气阀口打开，于是就使 EGR 阀的真空室与大气相通。

② EGR 阀。EGR 阀的作用主要是控制废气进入进气管路的阀门，其结构如图 4-22 所示。

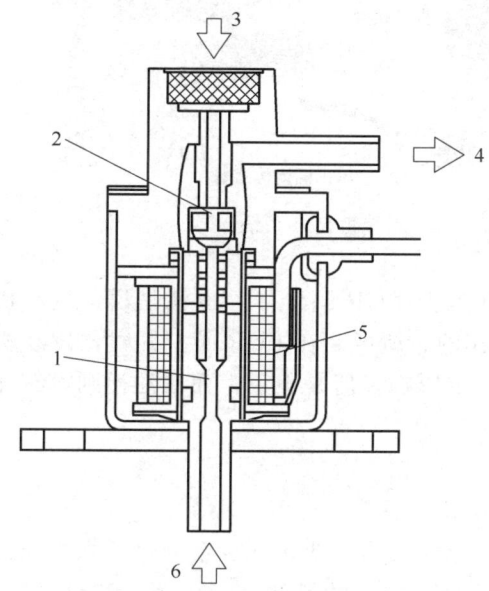

图 4-21　EGR 电磁阀
1—空气空道　2—阀体　3—通大气　4—EGR 阀
5—电磁阀线圈　6—通进气歧管

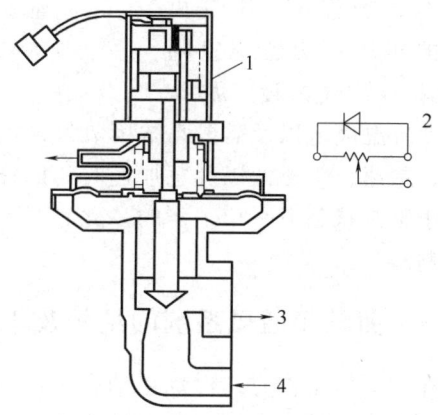

图 4-22　装有 EGR 阀开度传感器的 EGR 阀
1—EGR 阀开度传感器　2—EGR 阀开度传感器电路原理　3—废气出　4—废气入

EGR 阀膜片的一边（下部）通大气，装有弹簧的另一边为真空室，其真空度由 EGR 电磁阀控制。增大真空室的真空度，使膜片克服弹簧力上拱，阀的开度就增大，废气再循环流量也就增加。当上部失去真空度时，膜片在弹簧力的作用下向下拱而使阀关闭，阻断废气再循环。

③ EGR 阀开度传感器。EGR 位置传感器监测 EGR 开度位置，并传递给 ECU，用于 EGR 废气再循环控制（图 4-23）。

图 4-23　EGR 阀开度传感器

(2) EGR 阀的工作原理

EGR 阀是通过与排气歧管和进气歧管相连，将一部分尾气重新引入到进气歧管中，再次参与燃烧从而减少氮氧化物（NO_x）的排放，如图 4-24 所示。NO_x 主要是在高温富氧的条件下产生的，因此，EGR 的主要目的也就是为燃烧室降温和减小氧气浓度。废气中的水蒸气和二氧化碳比热容大，可以降低汽缸内的燃烧温度，氮和二氧化碳这些惰性气体也可以稀释混合气中的氧含量。

废气再循环量大，发动机的燃烧温度低，抑制 NO_x 产生的作用就更加有效。但是废气再循环量过多，会导致混合气着火性变差，造成发动机的油耗上升，动力性下降，碳氢化合物排放量上升。因此，必须对废气的引入量进行控制，废气再循环量的控制就是要保证发动机在正常工作的前提下，最大限度地抑制 NO_x。而当发动机在燃烧温度较低的

（启动、怠速和低负荷等工况下）的情况下，不引入废气 NO_x 也不会超量，因此，在这种情况下，控制废气再循环量为零，以确保发动机的可靠运行。

EGR 阀对燃油经济性和性能影响很小。废气再循环的实质是为燃烧室降温和减小氧气浓度，那么在发动机温度低以及需要高浓度氧气的时候，就不需要 EGR 阀工作，也就是说，发动机启动、怠速、水温低以及急加速时，EGR 是不工作的。所以，在 EGR 阀打开时，发动机是处于暖机状态下平稳工作的，此时对动力会有一定影响，但是很小，而对油耗则没有任何影响。

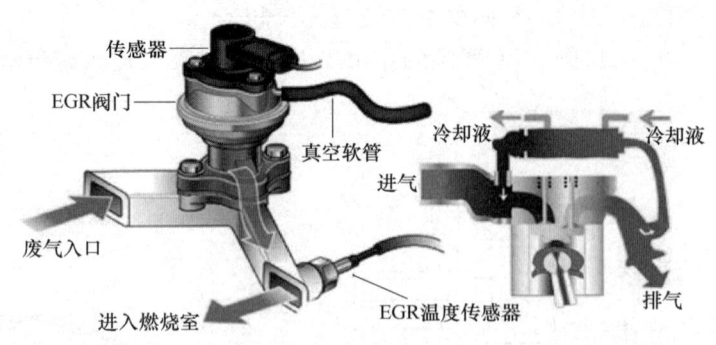

图 4-24 废气再循环系统

4.4.3 曲轴箱通风系统的结构及工作原理

在发动机工作时，燃烧室的高压可燃混合气和已燃气体，或多或少会通过活塞组与汽缸之间的间隙漏入曲轴箱内，造成窜气。窜气的成分为未燃的燃油气、水蒸气和废气等，这会稀释机油，降低机油的使用性能，加速机油的氧化、变质。水汽凝结在机油中，会形成油泥，阻塞油路；废气中的酸性气体混入润滑系统，会导致发动机零件的腐蚀和加速磨损；窜气还会使曲轴箱的压力过高而破坏曲轴箱的密封，使机油渗漏流失。为此，一般汽车发动机都有曲轴箱通风装置，其中，曲轴箱强制通风系统又称 PCV（positive crankcase ventilation），其作用就是把混入到曲轴箱内的"混合油气"进行分离后，机油回油底壳、汽油蒸气重返燃烧室参与再次燃烧。

(1) 曲轴箱通风系统的分类

曲轴箱通风方式一般有两种：一种是自然通风；另一种是强制通风。

1) 自然通风。从曲轴箱抽出的气体直接导入大气中的通风方式称为自然通风。柴油机多采用这种通风方式。在曲轴箱连通的气门室盖或润滑油加注口接出一根下垂的出气管，管口处切成斜口，切口的方向与汽车行驶的方向相反。利用汽车行驶和冷却风扇的气流，在出气口处形成一定真空度，将气体从曲轴箱抽出。

2) 强制通风。从曲轴箱抽出的气体导入发动机的进气管，吸入汽缸再燃烧，这种通风方式称为强制通风，汽油机一般都采用这种通风方式，这样，可以将窜入曲轴箱内的混合气回收使用，有利于提高发动机的经济性。

(2) 曲轴箱强制通风的结构及工作原理

随着国家对环保的要求越来越高，而汽车的各项排放是国家重点管控对象，同时，也为了节约资源，提高汽车的经济性能，曲轴箱通风系统也就越来越受到各车企的重视。目前大多数的曲轴箱强制通风（PCV）系统主要由油气分离装置、PCV 阀及连接管路等组成。其中，油气分离装置可以直接安装在气门室盖上，也可以安装在气门室外面的管路中，其作用是将曲轴箱窜气中的机油蒸气分离出来，流回油底壳，以防止机油消耗过大。

项目 4 电控发动机辅助控制系统的结构和工作原理

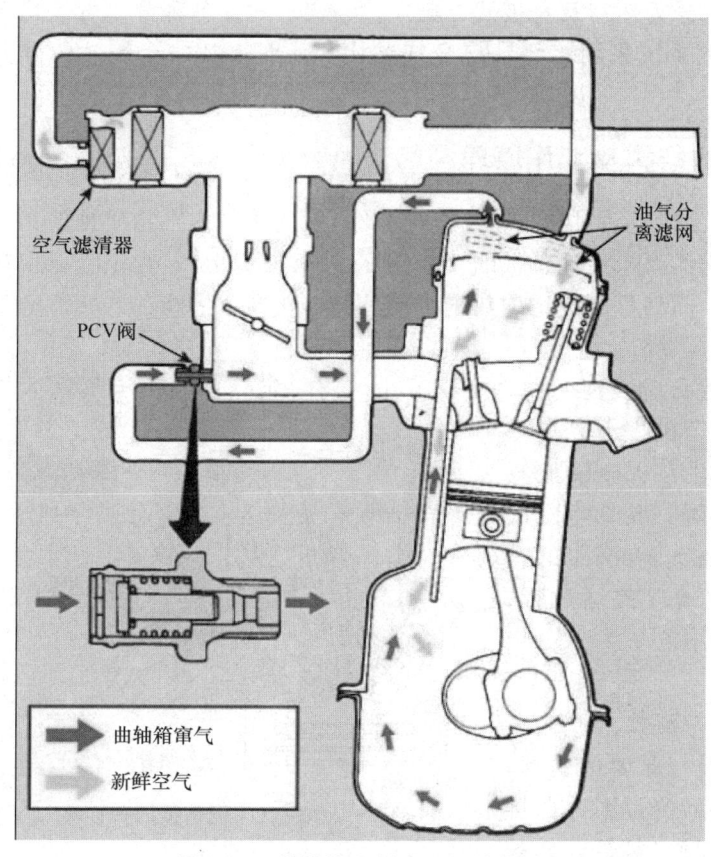

图 4-25 曲轴箱强制通风的结构图

PCV 阀是一个单向阀，其工作过程是根据进气歧管真空度的大小来调节曲轴箱窜气的数量。曲轴箱强制通风（PCV）系统的管路分为两个部分：一部分是管路与空气滤清器的新鲜空气室相连，将新鲜空气导入气门室；另一部分管路将聚集在气门室内的曲轴箱窜气和新鲜空气的混合体经 PCV 阀送入进气歧管，其基本结构如图 4-25 所示。

1）PCV 阀。流量控制阀是一个单向阀，也称 PCV 阀，可以调节发动机怠速、中小负荷和大负荷时的通风强度，如图 4-26 所示。

① 怠速时，进气管内真空度最大，单向阀被吸压在阀座上，曲轴箱中气体只能从阀的小孔通过，流量较小，保持怠速稳定。

② 中等负荷时，进气管内真空度下降，阀在弹簧张力作用下离开阀座，使通风量适当加大，保证曲轴箱内气体及时抽出和新鲜冷空气的进入。

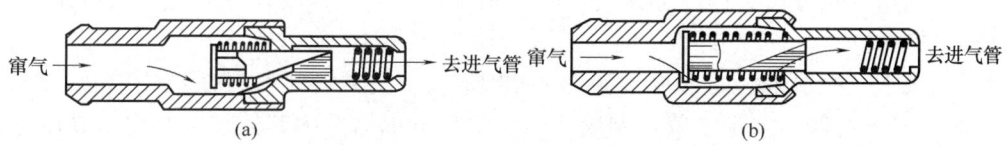

图 4-26 PCV 阀结构及工作过程

③ 大负荷时，进气管内真空度很小，阀门完全打开，通风量最大，曲轴箱内新旧气体大量对流。

流量控制阀还有止回功能，一旦"回火"即被气体关闭，防止曲轴箱内废气被点燃。曲轴箱通风装置必须定期检查，若单向阀失效、管接头漏气，都会影响通风效果和空燃比失准，造成怠速不稳，甚至熄火。

2）油气分离装置。在曲轴箱强制通风系统中，经通风腔导入的窜气含有大量的机油油滴，这部分机油如果不加以处理直接进入燃烧系统会导致燃烧及排放恶化，为了提高经济性，改善排放，必须将窜气中的机油油滴进行分离，油滴颗粒在 0.1～15μm 均有分布。按照油气分离方法的原理，可以分为惯性碰撞式分离器、物理沉降式分离器及电磁式分离器，其中惯性碰撞式分离器又可分为迷宫及孔板式、旋风式、离心式。各种分离方法均有优缺点，目前新设计的油气分离系统采用多级油气分离结构，从而得到一个高效的分离系统。

4.4.4 二次空气喷射系统的结构及工作原理

发动机冷启动阶段混合气较浓，未燃烧的碳氢化合物及一氧化碳等有害物质排放相对较高，并且此时，三元催化转化器尚未达到正常的工作温度（300℃以上），为了降低发动机冷启动阶段有害物质的排放，同时再次燃烧的热量也使三元催化器很快能达到所需的工作温度，普遍采用二次空气喷射系统。

喷射（air injection，AI）系统的功能：在一定工况下，将一定量的新鲜空气送入排气管，如图4-27所示，促使发动机排出废气中的CO和碳氢化合物进一步氧化，从而降低汽车废气中有害物的排放量。启动工况下，二次空气喷射系统还可以加快三元催化转换器的升温，使发动机尽快进入空燃比闭环控制过程，从而改善发动机的工作性能。

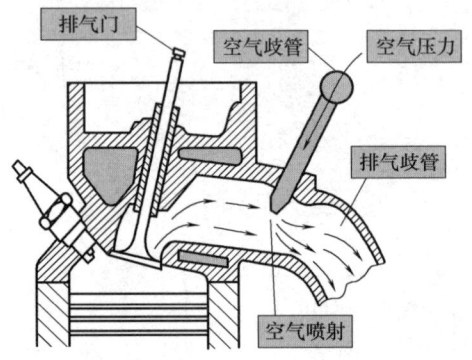

图4-27 二次空气喷射系统的布置形式

（1）系统分类

1）按空气喷入的部位可分为两类。

第一类，新鲜空气被喷入排气歧管的基部，即排气歧管与汽缸体相连接的部位，因此，排气中的碳氢化合物、CO只能从排气歧管开始被氧化。

第二类，新鲜空气通过汽缸盖上的专设管道喷入排气门后汽缸盖内的排气通道内，排气中碳氢化合物、CO的氧化更早进行。

2）按控制方式分类。按照空气喷入的控制方式不同，可以分为空气泵型和脉冲型。

（2）系统组成

1）二次空气喷射系统的组成。如图4-28所示，二次空气喷射系统主要由二次空气泵、二次空气组合阀、二次空气控制阀、二次空气继电器及和其他系统共用的氧传感器和发动机电控单元组成。

① 二次空气泵（图4-29）用来吸入新鲜空气并将其通过二次空气组合阀送入排气管道。二次空气泵一般为电动机驱动，其电动机由二次空气继电器供电。

② 二次空气组合阀用来控制二次空气泵到排气管路间气路的通断。二次空气组合阀的动作由二次空气控制阀来控制。当二次空气控制阀送来真空时，在真空作用下，组合阀的膜片下移，使阀门打开，这时从二次空气泵到排气管路的气路便被连通，如图4-30所示。

当二次空气控制阀切断真空气路而将二次空气组合阀膜片下方与大气连通时，在复位弹簧及排气压力作用下，二次空气组合阀关闭，切断二次空气泵到排气管路的气路，防止热的废气进入并损坏二次空气泵，如图4-31所示。

③ 二次空气控制阀（图4-32）用于控制二次空气组合阀，是一种电控气动阀，该阀

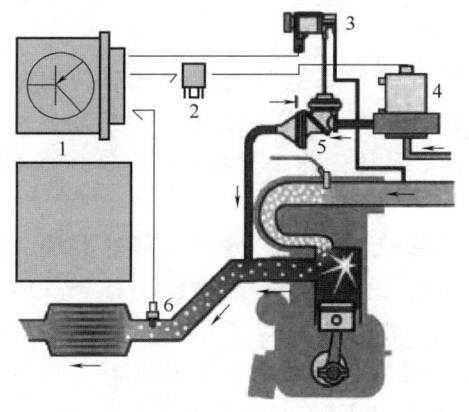

图 4-28 二次空气喷射系统的组成
1—发动机控制单元 2—二次空气泵继电器
3—二次空气控制阀 4—二次空气泵
5—二次空气组合阀 6—氧传感器

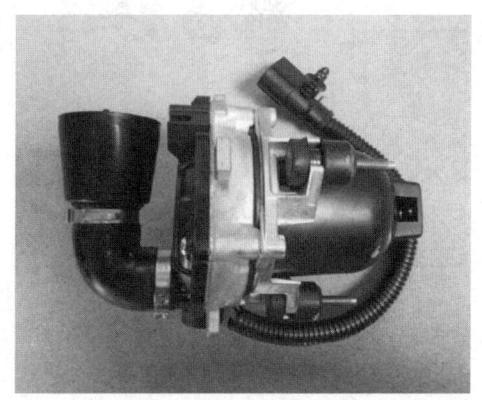

图 4-29 二次空气泵

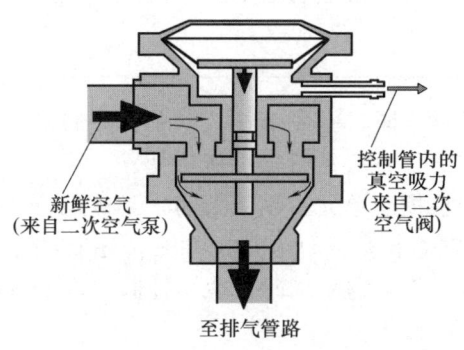

图 4-30 二次空气组合阀阀门打开的情况

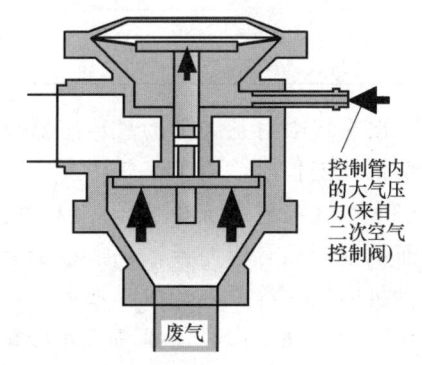

图 4-31 二次空气组合阀阀门关闭的情况

由发动机控制单元来控制其电路接通与否。当二次空气控制阀通电时,便将二次空气组合阀膜片下方与真空连通,二次组合阀处于打开状态;当二次空气控制阀断电时,便将二次空气组合阀膜片下方与大气连通,二次组合阀处于关闭状态。

④ 二次空气继电器。二次空气继电器为 4 端子常开型继电器,用来给二次空气泵供电,其接通与否由发动机电控单元控制。以下两种工况下工作:冷启动后和热启动后怠速。

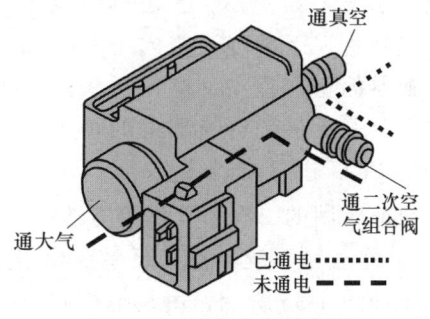

图 4-32 二次空气控制阀

2) 二次空气喷射系统的工作。二次空气喷射系统的控制是发动机管理系统的一部分,如图 4-33 所示,发动机控制单元根据空气流量传感器、发动机转速传感器、冷却液温度传感器等输入信息,通过控制二次空气喷射系统中的二次空气泵(通过二次空气继电器控制）和二次空气控制阀来控制二次空气喷射系统的工作。

二次空气喷射系统只是在部分时间内起作用，具体在以下两种工况下工作：冷启动后和热启动后怠速。具体工作条件见表4-1所列（不同车型工作条件可能不同）。

当发动机控制单元根据相关传感器输入的信息判断具备二次空气喷射系统工作条件时便通过二次空气继电器启动二次空气泵，与此同时给二次空气控制阀通电，使其接通二次空气组合阀与真空的连接，由真空驱动二次空气组合阀连通二次空气泵与排气管，将新鲜空气送入排气管路。

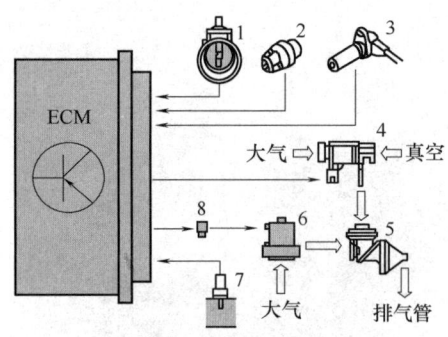

图4-33 二次空气喷射系统控制原理
1—空气流量传感器 2—冷却液温度传感器
3—发动机转速传感器 4—二次空气控制阀
5—二次空气组合阀 6—二次空气泵
7—氧传感器 8—二次空气继电器

表4-1 二次空气喷射系统的工作条件

状态	冷却液温度	工作时间
冷启动后	0~55℃	100s
热启动后怠速	直到最高96℃	10s

二次空气喷射系统借助氧传感器反馈信息进行自诊断，在发动机控制单元控制二次空气喷射系统工作时，由于废气中所含氧气量的增加会导致氧传感器电压降低。

二次空气喷射系统在工作一定时间后便在发动机控制单元控制下关闭，具体运行时间会因车型不同而有所差异，一般冷启动后在100s左右，热启动在10s左右，还有些车型在发动机因失火等原因造成排放废气中的CO和碳氢化合物超标时，也会控制二次空气喷射系统再次启动工作，以提高三元催化转化器的工作效率。

（3）系统的工作原理

二次空气分为上游气流和下游气流，如图4-34所示。上游气流流进排气歧管，下游气流进入三元催化转换器的空气室中。空气进入排气歧管及三元催化转换器的时机由发动机ECU进行控制。

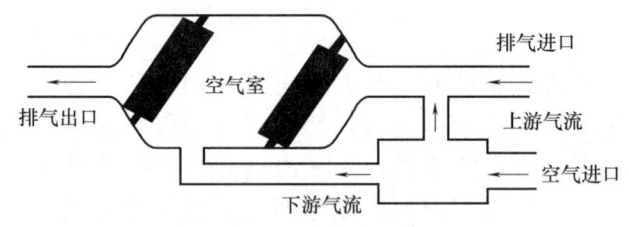

图4-34 二次空气喷射系统的组成

目前所用的二次空气供给方法有空气泵系统和脉冲空气系统两种方式。

1）空气泵系统。空气泵系统利用空气泵将压缩空气导入排气口和催化转换器。空气泵系统如图4-35所示，由真空控制空气旁通阀和空气分流阀组成，它们又控制从空气泵到排气口或催化转换器的空气量。空气分流阀到排气口和催化转换器之间各有一个单向阀，以防止在减速等工况时，排气管中的废气倒流至二次空气喷射系统。发动机控制模块控制两个电磁线圈，分别给旁通阀和分流阀供应真空。

空气泵是一种旋转叶片式容积泵（图4-36），其原理是利用离心方式将干净的空气泵入系统中。由于转子带动翼板旋转，使空气泵内的压力低于进气口外的压力，所以空气被吸入空气泵。转子继续带动翼板旋转，使空气被压缩并流动到排气口，此时由于排气口外的压力比排气口内的小，而且还有翼板的推动作用，最终使空气从排气口排出。空气泵工作时，这一过程周而复始，将空气连续不断地泵入排气系统。

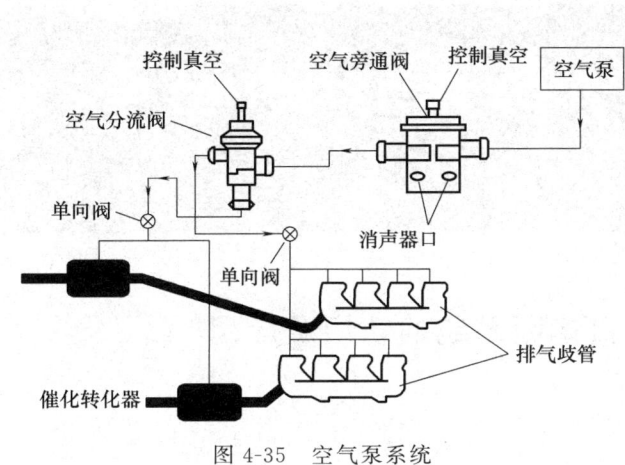

图 4-35　空气泵系统

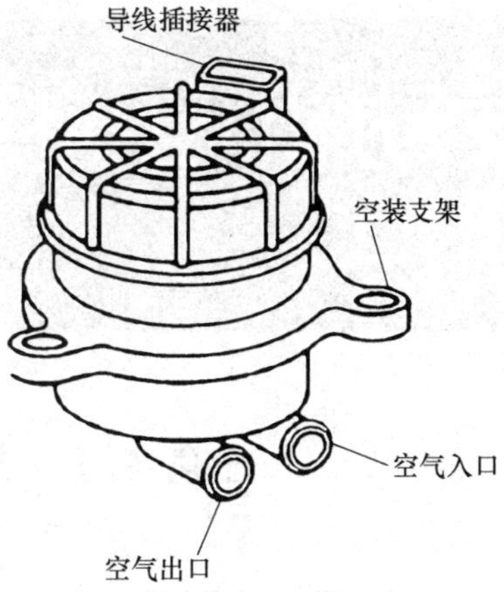

图 4-36　空气泵

2) 脉冲空气系统。同空气泵系统相比，脉冲空气系统不需动力源注入空气，而是依靠大气压力与废气真空脉冲之间的压力差使空气进入排气管，因此减少了成本及功率消耗，其工作原理如图 4-37 所示。

空气来自空气滤清器，发动机 ECU 控制电磁阀的打开及关闭，电磁阀与单向阀相连。由于排气中压力是正负交替的脉冲压力波，当发动机以较低转速运转时，排气压力为负，空气由滤清器通过电磁阀和单向阀进入排气口。

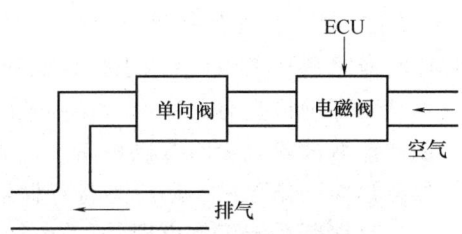

图 4-37　脉冲空气喷射系统原理图

当排气压力为正时，因有单向阀，所以空气不能反向流动，但此时也没有新鲜空气进入排气口，即不能降低碳氢化合物的排放量。脉冲空气系统的上、下游空气道各有一个电磁阀和一个单向阀。因为排气口的低压脉冲持续时间随发动机转速的提高而缩短，所以脉冲式二次空气喷射系统在发动机转速较低时，降低排放的效果更加明显。

项目 5

发动机电控系统故障诊断基本认识

任务 5.1 故障自诊断系统的认识及应用

5.1.1 故障自诊断系统概述

现代汽车微机控制系统都具有故障自诊断功能。当各系统出现故障时,"CHECK""ENGINE"灯(检查发动机警告灯)点亮,同时 ECU 将故障信息存入存储器,通过一定的程序将故障码从 ECU 中调出,根据故障码所显示的内容,准确地确定故障的性质和部位,有针对性地检查有关部位、元件及线路,将故障排除。

因此调取故障码诊断微机控制系统故障是检修现代汽车的基本方法。

故障诊断并排除后,还应当将存储器内所存储的故障码清除。

(1) 自诊断系统工作原理

故障自诊断系统的作用是监测、诊断电子控制系统各传感器、执行器以及 ECU 的工作是否正常。

故障自诊断系统对故障的判断方法有三种判别模式:数值及特征比较判别模式、反馈信号监测判别模式和状态判别模式。

1) 数值及特征比较判别模式。大多数传感器采用数值及特征比较判别模式,对输入信号值或输入信号特征与标准值或标准特征进行比较。

2) 反馈信号监测判别模式。反馈信号监测判别模式主要用于执行器的故障判别。重要执行器每工作一次都向自诊断系统的监测回路输出一个反馈信号,若监测回路多次重复没有接收到该执行器的反馈信号,则系统判断为执行器故障。

3) 状态判别模式。状态判别模式主要用于微机故障的判断。如计算机出现内存溢出,或计算机不能定时对内存进行清除,则系统判断为计算机故障,同时启动备用系统,以三种固定状态控制发动机运转。

(2) 自诊断模式的分类

1) 自诊断测试:利用自诊断系统对电控系统的故障进行诊断。

2) 自诊断模式分类。

① 静态检测模式:只打开点火开关,不启动。

② 动态检测模式:打开点火开关并启动发动机。

(3) 故障信息的显示方式

ECU 故障自诊断系统检测到故障信号经判断为故障后，即将故障信息以故障码的形式存储到 ECU 存储器中。通过一定操作程序将故障码或故障资料按特定的方式显示出来。不同车型故障信息的显示方式也不同，主要有以下几种：

1）由 CHECK（检查发动机）灯闪烁故障码。当发动机工作正常无故障时，接通点火开关至"ON"位置，"CHECK"灯点亮。发动机启动后转速高于 500r/min 时此灯应熄灭。否则为有故障发生，用专用跨接线跨接诊断座或通过其他操作可将故障码以"CHECK"灯一定的闪烁方式显示出来。故障排除后，"CHECK"灯在发动机转速高于 500r/min 时熄灭。

2）用 LED（故障显示）灯跨接诊断座上故障诊断输出端子，或跨接专用检测仪器，如百分率表、闭角表、电脑检测仪等直接读取故障码或故障信息资料。

3）由主电脑 ECU 壳体侧面显示灯显示故障码。

4）由仪表盘上显示屏直接显示故障码、信息资料及数据。

(4) 故障信息的清除

在对发动机进行维修和排除各种故障后，存储在控制单元中的故障码必须加以清除，以便记录和存储新故障码。如果不清除旧的故障码，当发动机再次出现故障后，微机把新旧故障码一并输出，使得维修人员不知道哪些是发动机真正存在的故障，哪些是以前已经排除的故障。

故障码清除的方法随车型而异。有的车型故障码可以一次清除，有的则只能一个一个清除。故障码清除可以手工进行，也可用仪器进行。一般清除方法是将保险盒中的"EFI"保险丝拔下数秒钟以上，但也有例外。

5.1.2 第二代车载诊断系统

第二代车载诊断系统的英文全称为 ON-BOARD DIAGNOSITICS-Ⅱ，简称 OBD-Ⅱ。按照 OBD-Ⅱ标准设计的故障自诊断系统，采用了统一的诊断模式和统一的诊断插座、相同的数据信息和故障码及含义。

OBD-Ⅱ与它之前的所有车载自诊断系统不同之处在于其严格的排放针对性。OBD-Ⅱ的主要目的是不间断地监控、测试车辆的排放系统。当车辆排放的尾气超过规定标准的 1.5 倍时，故障指示灯（MIL）就会闪亮，并储存相应的故障码。这包括发动机随机缺火时引起的 HC 排放量的整体上升；催化转换器的净化效率下降到某个限值之下；系统探测出密封的燃油系统有空气泄漏；EGR 系统的故障引起 NO_x 排放量上升；某个关键传感器或其他排放控制装置失效等情况。

(1) OBD-Ⅱ的主要特点

1）统一诊断座形状为 16pin（针），装在驾驶室内驾驶侧仪表板下方。

2）具有数值分析资料传输功能。

3）统一故障码及意义。

4）具有行车记录器功能，能记录车辆行驶过程的有关数据资料。

5）具有重新显示记忆故障码功能。

6）具有可由仪器直接清除故障码功能。

(2) 基本组成及作用

1) OBD-Ⅱ系统在功能上由软件和硬件共同实现。

① 软件方面：故障诊断控制策略代码和标定；与发动机系统控制部分一起构成整个发动机控制系统的软件包。在一个典型的发动机控制系统软件包中，OBD部分的代码占整个软件内容的一半，有超过150个可能的故障码，典型的EOBD软件包括6万个标定代码和1.5万个标定。

② 硬件方面：主要由各传感器、ECU、OBD连接器插口、故障显示灯、执行器、线路等与发动机废气控制相关的子系统组成。

2) 工作原理。汽车在正常运转时，汽车的电子部件控制系统输入信号和输出信号（电流或电压）会在一定的范围内有一定的规律性变化，当电子控制系统的信号出现异常且超出了正常的变化范围，并且这一现象在一定时间（3个连续行程）内不会消失，则ECU判断为这一部分出现故障，故障警报灯点亮。同时监测器把这一故障以代码的形式存入内部的故障存储器中，被存储的故障码在检修的时候可以通过故障指示灯或OBD检测仪读取，如果故障不再存在，监控器连续3次未收到相关信号后，将指令故障显示灯熄灭，故障指示灯熄灭后发动机暖机循环约40次后故障码会自动被清除。

(3) OBD-Ⅱ诊断系统的功能

1) OBD-Ⅱ诊断座与故障码定义。第二代随车电脑自诊断系统，汽车制造厂均采用标准16针的诊断座及相同的故障码与共通的传输标准（SAE或ISO格式），可采用相同的诊断系统。

诊断座统一位置：驾驶室仪表台的左下方，如图5-1所示。

图5-1 OBD-Ⅱ诊断插座

针脚分布：

2#、10#	SAE资料传输
7#、15#	ISO资料传输
4#	直接搭铁
5#	信息反馈接地
16#	电源
其他	制造商设定

2) 故障码的组成。OBD-Ⅱ系统采用了5位代码组成的故障码系统。

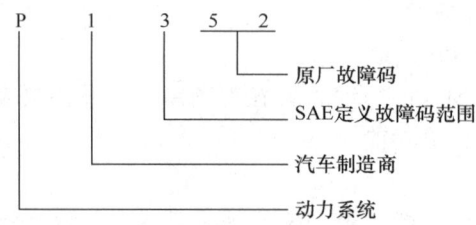

第一位英文代码，用于表示故障所在的系统。B表示车身系统，C表示底盘系统，P表示动力系统。

第二位表示的是故障码定义的提供方，为 0～3 的数字，"0"代表的是由 SAE 所定义的故障码，而 1～3 则代表汽车制造商提供。

第三位代表的是 SAE 定义的故障范围（查表）。

第四、五位则表示故障码序号，在标准故障码序列囊中查询。

特点：统一的 16 针诊断座；相同故障码的含义相同；5 位代码组成。

3）生成故障码的条件。

① 输入信号不在限定的范围内。如 THW 正常工作时，其输出电压信号一般在 0.1～4.8V。如果输入电压低于 0.1V 或高于 4.8V 时，电控单元即判断为故障信号，并设定故障码。

② 一段时间内收不到其传感器的输入信号或不发生变化。如当发动机在正常工作温度下运转时，而水温传感器的数值不变，电控单元即判断为故障信号，并设定故障码。

③ 故障信号的出现不仅与传感器或执行器本身出现的故障有关，而且还与相应的配线电路和相应系统中的部件出现故障有关。

如燃油压力，配气正时，汽缸压缩压力，喷油器漏油、堵塞等影响混合气浓度，它们的故障可能与氧传感器有关。所以当某一故障出现时，当检测到相应系统的部件，配线等并无故障时，则应转入可能产生此故障码的故障的检查。

4）故障码与故障的关系。

① 有故障码不一定有故障。

历史故障码：过去存在的故障码，当前故障并不存在。

当前故障码：当前系统中存在的故障码。

② 无故障码但控制系统不一定正常。如果读故障码时发现无故障码，不能肯定控制系统一定正常，这主要指没有故障码但传感器信号或开关信号不一定正常，有时发动机运行不正常，但启动后"检查发动机"警告灯熄灭，这时应该用仪器读取数据进行检查。

③ 故障码不一定反映具体故障部位。如果存在当前故障码，启动后"检查发动机"警告灯常亮，读取的故障码仅指一个故障范围，而不是一个具体的故障部位。

任务 5.2 发动机电控系统故障诊断方法及流程

电控系统的构造和工作原理往往十分复杂，不同车型的电子控制系统又有很大差异，其故障形式可能是多方面的，给故障的诊断与排除带来一定困难。因此在诊断与排除电子控制系统的故障时，必须了解各种电控系统的工作原理和构造特点，参考故障车型的详细技术资料，充分并合理地利用各种检测工具和手段。除此之外，掌握分析各种故障原因的方法，遵循合理的诊断程序和步骤，也是十分重要的。

（1）使用注意事项

电控汽油喷射式发动机出现故障多数是由于使用不当所造成的。

1）驾驶员应了解电控系统各主要元件所在位置，以便对其实行保护。

2）驾驶员应掌握仪表盘上各开关、显示灯、仪表等的作用和功能，弄清仪表盘上英文缩写含义。

3) 熟练掌握操作要领，避免误操作。

4) 加装电器设备应远离 ECU，防止干扰或加装防干扰屏蔽设施。

5) 检查线束连接器是否有油污、潮湿、松动，要保持线束连接器清洁、连接可靠。

6) 蓄电池的极性不许接反，禁止用外接电源启动发动机，以免因电压过高损坏电控系统元件。

7) 必须使用无铅汽油，定期更换燃油滤清器。

8) 驾驶员必须知道"故障指示灯"工作情况。

(2) 检修注意事项

1) 接通点火开关时，不允许拆开任何 12V 电器装置的连接线路，以防止电器装置中的线圈自感作用产生的瞬时电压损坏 ECU 或传感器。

2) 发动机发生故障时，切忌盲目拆检。确定机械部分无故障后再检查电控系统。

3) 故障诊断时，先根据"故障指示灯"工作情况进行相应检查。

4) 注意检查线束连接器是否清洁、连线是否可靠。

5) 对燃油系统进行维修前，应拆开蓄电池负极电缆线，以免损坏电控系统元件。

6) 在维修中，注意各车型线束连接器的锁扣形式，不可盲目用力硬拉。安装时要插接到位，并将锁扣锁住。

7) 对电控系统电路或元件进行检查时，必须使用高阻抗数字万用表检查电压、电阻或电流。

8) 发动机熄火后，燃油供给系统残余压力仍较高，对该系统进行拆卸前，必须释放燃油系统的残余压力。

(3) 故障诊断的基本原则

1) 先外后内。先查机械系统，后查微机控制系统。发动机微机控制系统的故障比较复杂，机械系统是微机控制系统正常工作的前提，机械系统工作不良，也会引起控制系统出现故障信息，所以在故障诊断时，应先检查发动机微机控制系统以外的机械系统可能故障部位，通过测缸压、进气真空，判断发动机机械系统是否良好。

2) 先简后繁。先用简单方法，后用复杂方法。即采用先直观后仪器、先故障码后数据流、先线路后元件、最后 ECU 的步骤进行。直观方法最简单，先通过看、听、触、闻等的方法检查显露故障。借助仪器的诊断先进行容易检查的故障，读取故障码比较简单，应先读取故障码，再进行数据流分析，最后使用万用表或示波器进行定点检查，确定故障部位。在用万用表进行定点检查时，应按照检查动态信号、检查线路、检查元件、检查 ECU 的步骤进行，检查线路时，应按照保险丝、继电器、开关、线路的顺序检查。

3) 先熟后生。发动机出现某一故障现象的故障原因很多，但是不同故障原因的概率不同。根据汽车自身性能特点和环境因素特点，利用经验先查常见故障部位，在很多情况下可以快速确定故障部位，省时省力。

4) 先思后行。先思考后行动。不同的故障现象都有特定的故障原因，故障诊断重在思考，要先根据故障现象分析故障原因，按照维修手册的要求，确定诊断程序和方法，有指导地实施，从而避免检查了无关部位，漏查了相关部位，避免了盲目性。简单概括来说就是先资讯、决策、计划再实施的工作方法。

(4) 故障诊断基本流程 (图 5-2)

项目 5　发动机电控系统故障诊断基本认识

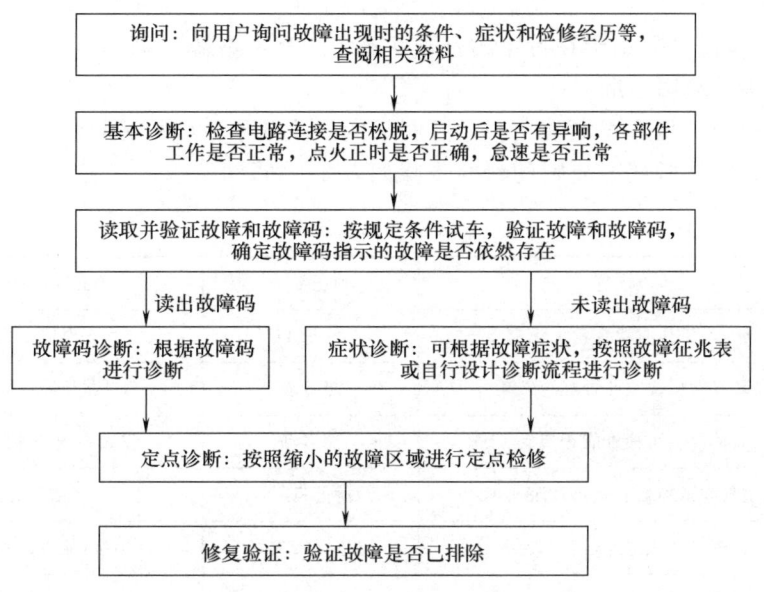

图 5-2　故障诊断流程

（5）故障码调取方法

1）利用随车自诊断系统调取故障码。

2）使用故障诊断仪调取故障码。

（6）间歇性故障诊断

间歇性故障：指受外界因素（如温度、受潮、振动等）影响而有时存在、有时又自动消失的故障。

1）振动法。用于线路接触不良或元件安装不牢引发的故障诊断。

当振动可能是故障的主要原因时，可使用振动法。振动法主要检查连接器（线束接插件）、配线、零部件和传感器，在检查过程中，观察是否再现故障征兆。

① 检查连接器。在垂直和水平方向轻轻摇动各个连接器。

② 检查配线。在垂直和水平方向轻轻摇动配线和连接器的接头。振动支架和穿过开口的连接器体都是应仔细检查的部位。

③ 检查零部件和传感器。用手指轻轻拍打装有传感器的零件，检查是否失灵。在检查时要注意不要用力拍打继电器，否则可能会使继电器开路，产生新的故障。

2）加热法。只用于在发动机温度高时出现的故障诊断。

当怀疑某一部位是因为受热而引起的故障时，可用电吹风或类似工具加热可能引起故障的零件或传感器，检查是否出现故障。在使用加热法时应注意：

① 加热温度不能高于 60℃（温度限制在不致损坏电子器件的范围内）。

② 不可直接加热 ECU 中的零件。

3）水淋法。只用于在雨天、洗车后或高湿度时出现的故障诊断。可用水淋在车上看故障是否出现，注意不要直接把水喷在电器元件上。

4）电器全部接通法。当怀疑故障可能是用电负荷过大引起时，可使用此方法。接通所有电气负载，包括加热器鼓风机、前照灯、后窗除雾器、空调以及音响等，检查是否出

85

现故障。

5) 道路试验法。只用于在特定的行驶状态下出现的故障诊断。

(7) 无故障码故障诊断

无故障码故障：指在车辆使用中，有明显的故障现象，但故障灯不亮，按规定程序调取故障码时，显示正常码。故障的诊断步骤如表 5-1 所示。

表 5-1　　　　　　　　　　无故障码诊断流程

步骤	检查内容	正常	不正常时的处理方法
1	发动机不工作时检查蓄电池电压	不低于 11V	充电或更换蓄电池
2	盘转发动机检查曲轴能否转动	能转动	按《故障诊断表》诊断
3	启动发动机检查能否启动	能启动	直接转到步骤 7 进行检查
4	检查空气滤清器滤芯是否过脏或损坏	滤芯良好	清洁或更换滤芯
5	检查发动机怠速运转情况	怠速运转良好	按《故障诊断表》诊断
6	检查发动机点火正时	点火正时准确	调整
7	检查燃油系统压力	压力正常	检查排除燃油系统故障
8	检查火花塞和高压线跳火情况	火花正常	检查排除点火系统故障
9	上述检查是否查明故障原因	查明故障原因	按《故障诊断表》诊断

(8) 故障诊断流程

在对电控系统进行故障诊断时，若有故障码则按故障码提示进行检测，无故障码时，如果通过基本检查不能查明故障原因，则可查阅维修手册，根据故障现象按故障诊断流程进行检查。

任务 5.3　发动机电控系统电路基本原理及分析

5.3.1　汽车电路信号的类型

(1) 直流电压信号

汽车中的直流电压信号主要是指直流电源的信号和传感器产生的模拟信号。直流电源信号有蓄电池电压（12V）和 ECU 输出给传感器的参考电压（5V），如图 5-3 所示。产生模拟信号的传感器有叶片式进气流量传感器、热线式（热膜式）进气流量传感器、进气压力传感器、节气门位置传感器、发动机冷却液温度传感器、进气温度传感器、燃油量传感器、废气循环阀位置传感器等。控制模块根据直流电压信号的大小识别传感器信息。

(2) 交流电压信号

汽车中的交流电压信号主要是指传感器产生的交流电压信号，如图 5-4 所示，包括电磁感应式曲轴（凸轮轴）位置传感器、爆震传感器、电磁感应式车速传感器、电磁感应式轮速传感器等。控制模块根据交流电压信号的频率和幅值识别传感器信息。

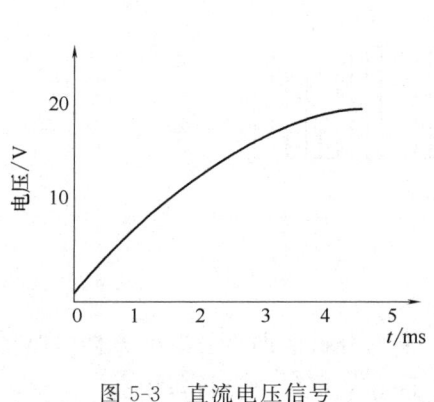

图 5-3 直流电压信号

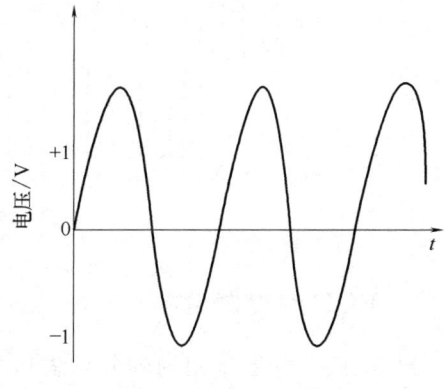

图 5-4 交流电压信号

（3）频率调制信号

汽车中的频率调制信号主要是指传感器产生的频率可变信号，如图 5-5 所示，包括数字式进气流量传感器、数字式进气压力传感器、光电式和霍尔式车速传感器、光电式和霍尔式曲轴（凸轮轴）位置传感器等。控制模块根据频率调制信号的频率变化识别传感器信息。

（4）脉宽调制信号

汽车中的脉宽调制信号主要是指由控制模块产生的控制执行器工作的脉宽可调的输出信号，如图 5-6 所示，包括喷油器、怠速控制电机、点火器、初级点火线圈、废气循环电磁阀、油箱蒸气排放电磁阀等。控制模块通过改变脉宽调制信号的脉宽控制执行器的工作。

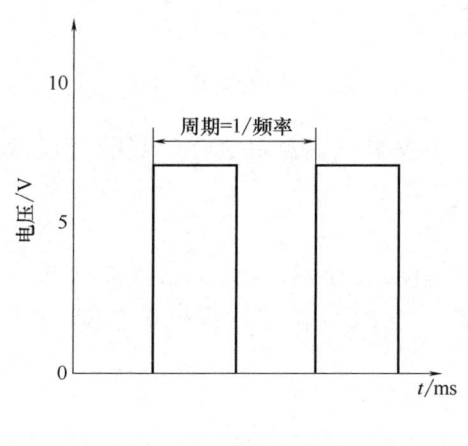

图 5-5 频率调制信号

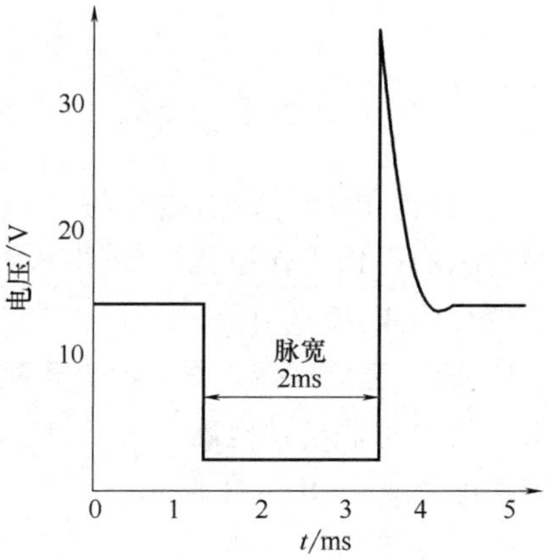

图 5-6 脉宽调制信号

（5）串行数据信号

串行数据信号是指汽车电路各控制模块之间、控制模块与故障诊断仪之间的相互通信的信号，如图 5-7 所示。

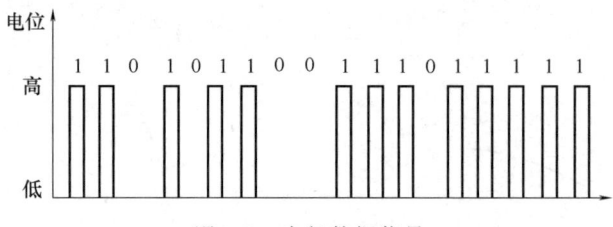

图 5-7　串行数据信号

5.3.2　ECU 的电路分析

分析电路，一般采用局部分析法和全局分析法。局部分析法即将复杂的整体电路划分为单个系统电路或单个元件电路，化整为零，将复杂问题简单化，分析每个系统电路或每个元件电路，汇总即得到整体发动机微机控制系统电路的分析结果。全局分析法即根据元件和线路功能将发动机微机控制系统电路分为五类电路，如图 5-8 所示。

（1）ECU 电源电路

1）ECU 外部电源电路是指为 ECU 提供电源的电路，即 ECU 与电源相连的电路，包括常火线和点火开关控制火线，如图 5-9 所示。

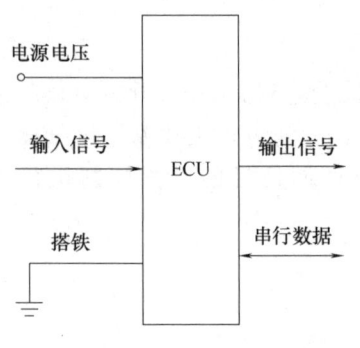

图 5-8　ECU 控制电路

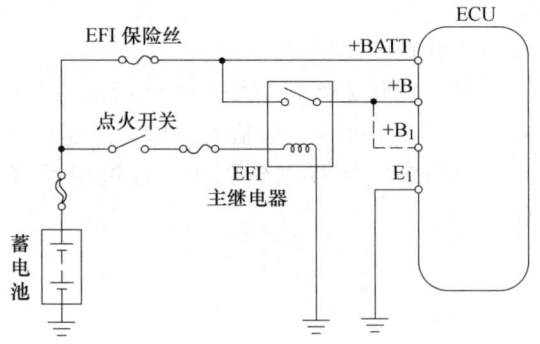

图 5-9　ECU 外部电源电路

2）ECU 内部电源电路是将外部电源电压 12～14V 转变为恒定的 5V 电压，为微处理器和传感器提供工作电压，如图 5-10 所示。

（2）ECU 搭铁电路

E_1 端子直接搭铁，是 ECU 搭铁电路；E_2 端子连接传感器，经 ECU 内部与 E_1 端子连接，是传感器搭铁电路；E_{01}、E_{02} 端子直接搭铁，经 ECU 内部与执行器连接，是执行器搭铁电路，如图 5-11 所示。

（3）输出信号电路

ECU 输出信号电路是指连接执行器控制执行器工作的电路，控制执行器的信号一般是脉宽调制的数字信号，ECU 采用内部的固态开关进行控制。控制方式有两种：一种是 ECU 控制接通或断开执行器的电源端，称电源控制，其缺点是若执行器电路搭铁短路，可能会损坏 ECU，所以应用较少；另一种是 ECU 控制接通或断开执行器的搭铁端，称搭铁控制，若执行器电路搭铁短路，不会损坏 ECU，所以应用较多，如图 5-12 所示。

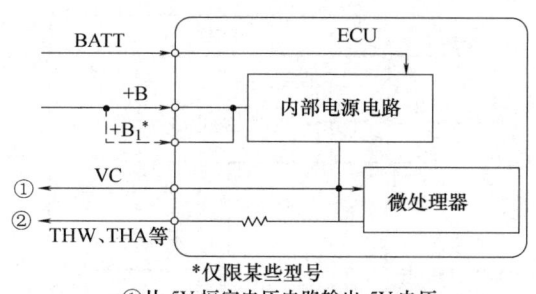

图 5-10 ECU 内部电源电路

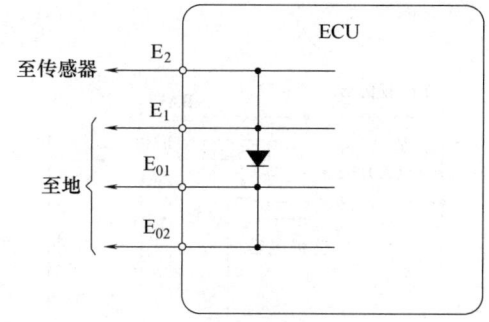

图 5-11 ECU 搭铁电路

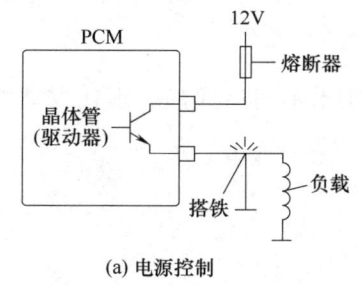

(a) 电源控制

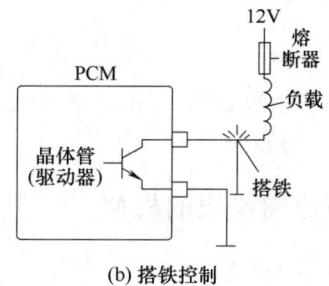

(b) 搭铁控制

图 5-12 ECU 输出信号电路

5.3.3 动力控制模块的故障

（1）常火线故障

常火线出现的故障是断路、短路、接触不良等，引起 ECU 不供电或供电不足，导致 ECU 不工作，丢失一部分信息。

（2）点火开关控制火线故障

点火开关控制火线出现的故障是断路、短路、接触不良等，引起 ECU 不供电或供电不足，导致 ECU 不工作，所有传感器无供电电压，如图 5-13 所示。

（3）ECU 内部电源电路故障

ECU 内部电源电路故障，会引起 ECU 大部分传感器无工作电压，导致 ECU 不工作，传感器不工作，如图 5-14 所示。

（4）ECU 搭铁电路故障

ECU 搭铁电路 E_1 断路或短路，ECU 和传感器不搭铁，导致 ECU 不工作、传感器无信号；ECU 搭铁电路 E_1 接触不良，ECU 和传感器搭铁不良，导致 ECU 工作不正常、所有传感器信号失准。

传感器搭铁电路 E_2 断路、短路或接触不良，传感器不搭铁或搭铁不良，传感器信号失准或失效。

执行器搭铁电路 E_{01}、E_{02} 断路、短路或接触不良，执行器不搭铁或搭铁不良，执行器不工作或工作不正常，ECU 搭铁电路故障如图 5-15 所示。

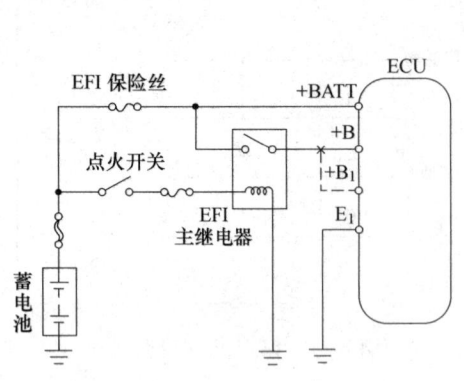

图 5-13 点火开关控制火线故障

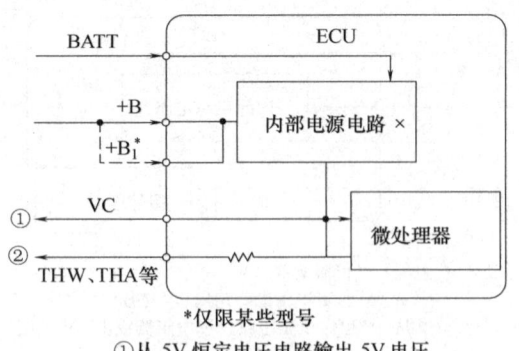

*仅限某些型号
①从 5V 恒定电压电路输出 5V 电压
②从 5V 恒定电压电路经过电阻器输出 5V 电压

图 5-14 ECU 内部电源电路故障

(5) ECU 故障

ECU 故障率很低，ECU 的故障一般是由于使用不当造成的。现代发动机的 ECU 一般不可维修，只能更换。

5.3.4 动力控制模块的检修

(1) 常火线的检修

步骤 1：用万用表测量端子 BATT 与搭铁间的电压，应为蓄电池电压，如图 5-16 所示，否则进行步骤 2 检查。

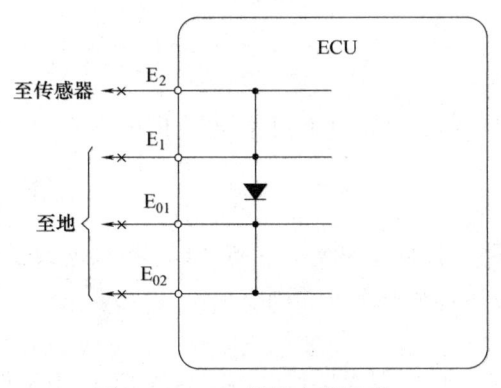

图 5-15 ECU 搭铁电路故障

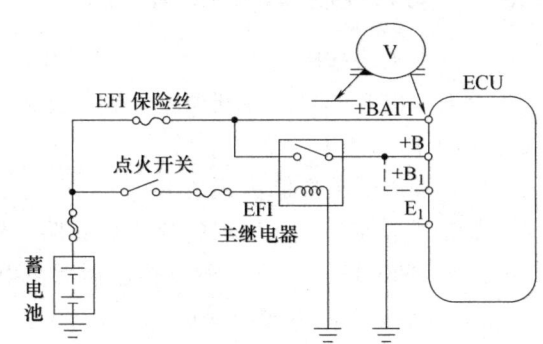

图 5-16 ECU 常火线故障

步骤 2：断开 ECU 连接器，用万用表测量连接器插头端子 BATT 与搭铁间的电压，应为蓄电池电压。若是则用替换法检查 ECU 是否良好，否则检查蓄电池与连接器端子 BATT 间线路中的保险丝、连接器和导线。

(2) 点火开关控制火线检修

步骤 1：用万用表测量端子 +B、$+B_1$ 与搭铁间的电压，点火开关 ON，应为蓄电池电压，如图 5-17 所示，否则进行步骤 2 检查。

步骤 2：应为蓄电池电压。若是则用替换法检查 ECU 是否良好。否则检查蓄电池与连接器端子 +B、$+B_1$ 间线路中的继电器、保险丝、点火开关、连接器、导线。

（3）ECU 内部电源电路检修

步骤 1：用万用表测量端子 VC 与搭铁间的电压，点火开关 ON，应为 5V 左右，如图 5-18 所示，否则进行步骤 2 检查。

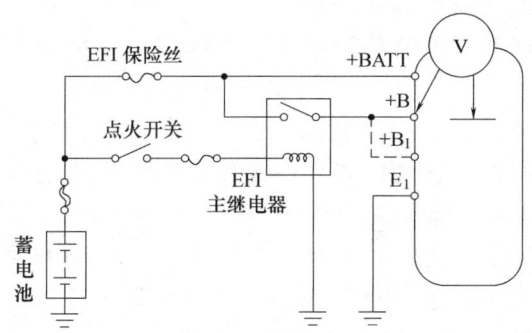

图 5-17　点火开关控制火线电压检测

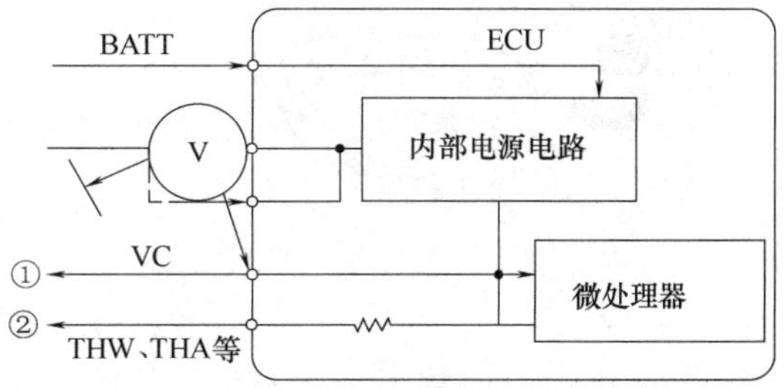

图 5-18　ECU 内部电源电压检测

步骤 2：BATT、+B、+B_1 与搭铁间的电压，应为蓄电池电压。若是则说明 ECU 内部电源电路故障，应更换 ECU，否则检查 BATT、+B、+B_1 与蓄电池间的线路。

（4）ECU 搭铁电路检修

步骤 1：断开传感器连接器，用万用表测量端子传感器搭铁端子与搭铁间的电阻，应约为 0Ω，否则进行步骤 2 检查。

步骤 2：传感器搭铁端子与 E_2 之间的电阻，应约为 0Ω。若是则说明该线路良好，进行步骤 3 检查。

步骤 3：E_1 端子与搭铁之间的电阻，应约为 0Ω。若是则说明 ECU 故障，否则说明该线路故障，测量如图 5-19 所示。

（5）动力控制模块性能的检测

按照维修手册的要求检查控制模块端子的参考值，确认 ECU 功能是否正常，或用替换法确认 ECU 功能是否正常，如果 ECU 故障应更换 ECU。

（6）动力控制模块的更换

按照维修手册的要求或根据在用 ECU 的零

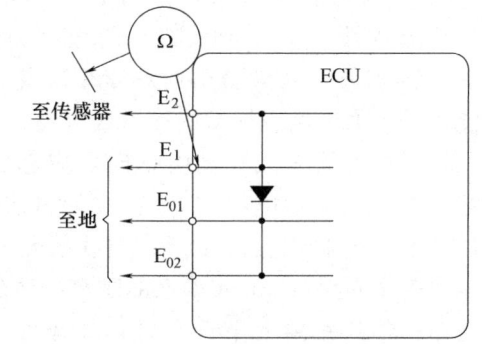

图 5-19　ECU 搭铁电路检测

件号选择 ECU。点火开关断开，断开蓄电池负极线，拆卸动力控制模块，安装 ECU，接通电源，使用故障诊断仪检修有关的匹配，有些控制模块还需要进行设定或编程；在更换后的一段时间内，控制模块会自动学习调整。

5.3.5　发动机微机控制系统使用和检修注意事项

使用和检修中注意 ECU 要防机械撞击、防振、防水、防热、防过电压、防磁。

ECU 故障率低，价格较贵，不要轻易怀疑并更换 ECU。非专业人员请勿解体 ECU。在一般维修中使用替换法检查 ECU，不必解体。

怀疑 ECU 有故障，应先检查外部电路，主要是电源电路和搭铁电路；如果 ECU 电源电压小于 10V，ECU 无法工作。

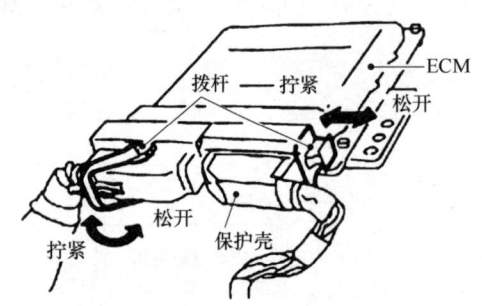

图 5-20　ECU 插接器示意图

连接或断开 ECU 连接器之前，将点火开关转到 OFF 位置，并断开蓄电池的接地电缆，否则可能会损坏 ECU。

断开蓄电池负极或拔下电源线路中的保险丝，导致 ECU 常火线断电，可能会使 ECU 丢失故障码、冻结帧数据、设定参数、自适应参数、时钟信息或锁死音响系统，执行操作前应先读取有关参数。

当蓄电池断开又重新连接时，ECU 将开始根据初始值进行自我控制。发动机的运转将会有轻微变化，但这并不表示发生了故障，不要因为有轻微变化而更换零部件。

连接 ECU 连接器时，将拨杆推到底，以便可靠地锁紧。连接不良会产生过电压导致集成电路芯片的损坏，如图 5-20 所示。

连接或断开 ECU 连接器时，注意不要损坏插针端口。连接插针接头时，确保 ECM 插针端口没有弯曲或折断。使用电压表测量 ECU 电路时，绝对不要使两测试笔搭接。测试笔的意外搭接将会导致短路，损坏 ECU 内部电路。

由于 ECU 内阻较大，检测 ECU 电路，必须使用高内阻（大于 10MΩ）的数字万用表，如图 5-21 所示。否则会引起测量不准确，还有可能因引入大电流损坏某些元件或电路。

当安装无线电或移动电话时，应避免由于安装位置不当而影响控制系统。尽可能地使天线远离电子控制装置；使天线馈线线路与电子控制线束之间保持 20cm 以上的距离；请勿使两种电路在较长距离上平行布置；收音机务必通过车身接地。

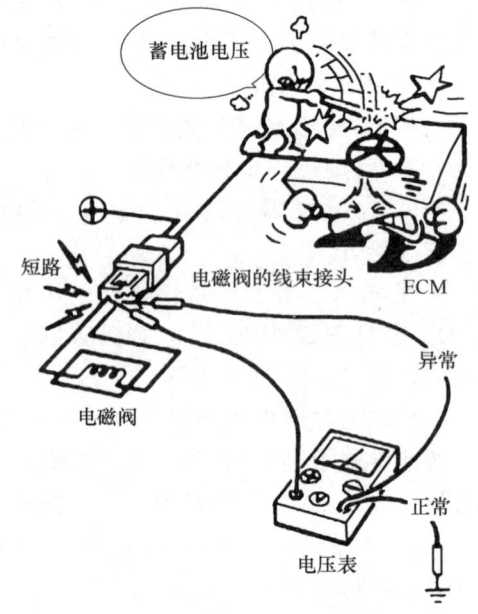

图 5-21　ECU 电路检测

项目 6
电控燃油喷射系统检修及故障诊断

电子控制燃油喷射系统（electronic fuel injection，EFI）是发动机电子控制的核心。它是以电控单元（ECU）为控制中心，利用安装在发动机不同部位上的各种传感器，测出发动机在各种不同工况下的工作参数。按照汽车制造厂在电控单元存储器中设定的控制程序，通过控制喷油器，精确地控制喷油量，使发动机在各种工况下都能获得最佳浓度的混合气，从而使发动机获得良好的燃料经济性和排放性，同时也提高了汽车的使用性能。典型的电控燃油喷射系统主要由空气供给系统、燃油供给系统和控制系统三部分组成，其结构如图 6-1 所示。

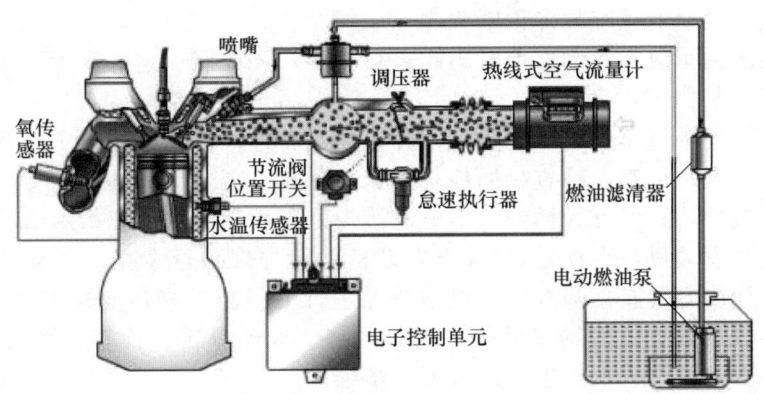

图 6-1　典型电控燃油喷射系统结构图

电控汽油喷射系统的发动机在燃油供给方面，和传统化油器式发动机相比，更为复杂。在诊断、分析和排除故障的手段和方法上有所不同，其主要的检测手段主要有经验分析判断法、仪器诊断法和诊断灯诊断法等。

（1）经验分析判断法

在全面掌握发动机电控燃油喷射系统的工作原理以及各元件结构的情况下，通过对汽车运行所表现出来的各种现象，通过技术人员大量维修实践的经验，进行综合分析。包括模拟车辆出现故障时相同或相似的条件和环境，如振动、高温、潮湿等，去伪存真地抓住故障的实质，从而进一步做出判断，最终达到排除故障的目的。

经验分析判断法是在任何情况下都必不可少的一种方法。虽然有先进的仪器，但仪器只能从一个宏观的角度提出一个总的方向，但对具体故障的排除最终还是要靠人的因素来解决。因此掌握电控燃油喷射系统的结构类型、工作原理等都是非常必要的。

技术人员进行故障诊断时要注意，要诊断排除一个可能涉及电控系统的发动机故障，首先要判断是否和电控系统有关。若故障指示灯亮，则应按厂家规定的程序调取故障码，进行检查。若发动机有故障，而故障指示灯并未点亮，则应该先考虑可能是和电控系统无关的故障，先按照基本诊断程序进行检查，再使用诊断仪器进行数值分析查找故障。

（2）仪器诊断法

仪器诊断法，顾名思义就是使用各种形式的诊断仪器，通过对汽车电控单元的自诊断系统，从诊断座调取故障码，并读取发动机以及各元件在各工况下的运行参数。

V.A.G1552诊断仪是大众汽车公司生产的奥迪、帕萨特和桑塔纳的主要诊断设备。这些仪器具有很快地启动车内的自诊断系统、读取故障码和数据等特点，并且还有数据双向传递功能，即不但能把控制单元内的数据读出来，而且能通过诊断仪器将各种指令和数据传给控制单元，对控制单元参数进行诊断。

（3）诊断灯诊断法

诊断灯诊断法就是通过汽车电控系统的自诊断功能，利用仪表板上的故障诊断灯或利用LED灯（用发光二极管串联的330Ω电阻做成）从诊断座调取故障码，并用各种仪表，如万用表、示波仪等来检测各元件的动态和静态参数，判断故障的具体部位。

丰田车检查连接器（或TDCL连接器）、TE_1和E_1端子接上后，如果传感器及有关电路的信号有故障，ECU通过CHECK指示灯的不同闪烁频率来输出故障代码。技术人员可根据各种车系的故障代码来确定代码所指示的故障位置或内容。

（4）电控燃油喷射系统故障诊断程序

一辆有故障的车放在我们面前时不能盲目下手，要按照一定的步骤程序才能让排故更加准确。一般步骤如下：

首先要询问用户汽车的故障现象和条件，是否有过维修和检测历史以及具体部位。

然后再进行直观检查，检查接插件是否未接松动，导线是否断路；真空管有无接错，高压导线是否接好，缸线有无插错，蓄电池接头是否松动，燃油表指示值等。

紧接着启动发动机，启动后，"检查发动机"警告灯是否常亮。如果是，就读取故障码，根据故障码内容检查排除故障，根据情况进行下一步维修；如果不是，就用诊断仪、示波仪、万用表读取有关发动机数据，进行数值、波形分析。检查有关部件进行维修更换，看故障是否消失，再根据情况进行下一步维修。

在电控燃油喷射系统中，电脑主要根据空气流量计测得空气流量信号或进气管压力传感器测得的进气歧管压力信号来控制喷油量，因此进气系统密封不严而漏气将对发动机工作带来严重的影响。在检修时要注意以下几点：

1）发动机量油尺、机油加油口盖、连接软管等的脱落均会引起发动机工作失常。

2）当空气流量计以后的进气系统零件、管件松脱、裂开均将吸入空气，导致发动机工作失调。

3）喷油器应安装完好，密封圈完好，如果安装不舒贴或密封圈损坏，上部安装密封不良会漏油造成严重事故，下部密封不良会造成漏气使发动机真空度下降，运行不良，还会使进气压力传感器信号增加，喷油量增加让混合气偏浓。

任务6.1　空气供给系的主要元件的检修

进气系统，又称空气供给系统，其功能是提供、测量和控制燃油燃烧时所需要的空气量，空气经空气过滤器过滤后，由空气流量计（在D-Jetronic系统中为进气歧管绝对压力传感器）计量，通过节气门体进入进气总管，经节气门体总成再分配到各进气歧管。在进气歧管内，从喷油器喷出的燃油与空气混合后被吸入汽缸内燃烧。

一般行驶时，空气的流量由进气系统中的节气门来控制。踩下加速踏板时，节气门打开，进入的空气量多。怠速时，节气门关闭，空气由旁通气道通过。怠速转速的控制是由怠速调整螺钉和怠速空气调整器调整流经旁通气道的空气量来实现的。

怠速控制阀一般由电控单元（ECU）控制，在气温较低发动机暖机时，怠速控制阀的通路打开，以供给暖机时必须给进气歧管的空气量，此时发动机转速较正常怠速高，称为快怠速。随着发动机冷却水温升高，怠速控制阀使旁通气道开度逐渐减小，旁通空气量亦逐渐减小，发动机转速逐渐降低至正常怠速。

6.1.1 空气滤清器检修

通常建议客户每行驶15000km更换一次。经常在恶劣环境中工作的车辆应当不超过10000km更换一次（沙漠，建筑工地等）。空气滤清器的使用寿命，轿车为30000km，商务车为80000km。

检查空气滤清器滤芯是否脏污，必要时用压缩空气吹净或更换。空气滤清器清洗方法：打开前车盖，里面有一个黑色的正方形或者长方形的盒子，有一条大的通气管连接到节气门的就是。上面有的是螺丝，有的是压扣，很容易打开取出的。一般清洁的话，都是把灰尘吹掉，如果太黑或者用久了就建议在安装的时候更换，也先将里面吹一下。

定期清洗空气滤清器或更换滤芯。汽车发动机是非常精密的机件，极小的杂质都会损伤发动机。因此，空气在进入汽缸之前，必须先经过空气滤清器细密的过滤。空气滤清器是发动机的守护神，空气滤清器状态的好坏关系着发动机的寿命。在一般道路情况下，汽车行驶7500～8000km必须对空气滤清器进行清洁维护。在沙尘程度较大的地区维护的间隔应相应缩短。

现在新型轿车上广泛使用干式空气滤清器，干式空气滤清器的滤芯是由经过树脂处理的微孔滤纸制成的，具有滤清效果好、维护方便等特点。因车型不同，其结构形状有所区别，但其维护方法是基本相同的。在对其进行维护时，应遵照汽车制造厂方规定。

6.1.2 节气门体的检修

(1) 节气门体的检修

包括两部分：电子控制部分和机械部分，其中节气门位置传感器的检修见电子控制系统检修部分。

1) 检查节气门拉索运动情况。检查节气门动作是否卡滞，如果加速踏板沉重，则先将节气门拉索拆下，若加速踏板仍沉重，说明节气门拉索卡滞，否则为节气门卡滞。

2) 检查节气门止动螺钉和止动杆间的间隙。脱开节气门位置传感器插头，在节气门止动螺钉和止动杆之间插入塞尺。

3) 节气门体维修。将节气门体拆下，用软刷和化油器清洗剂清洗节气门体各孔道和铸件，然后用压缩空气吹通各孔道。注意不要清洗节气门位置传感器和怠速控制阀，以免损坏或油污电控元件。

(2) 清洗节气门体

1) 先将节气门拆下，在清洗工作进行前，最好先拆掉节气门体上的节气门位置传感器，以防节气门位置传感器被清洗剂腐蚀而损坏。不过，在拆节气门位置传感器时千万注意，它的紧固螺钉螺纹上涂有防松胶，不易拧动，拧时不可用力过猛，以防止螺纹损坏，造成传感器报废，给用户带来不必要的损失。如果不拆节气门位置传感器也可以，只需清洗时注意，不要将清洗剂喷到其上就可以了。清洗时，重点清洗节气门腔体、节气门及节气门轴等部位，直至没有污物为止。清洗后反复扳动节气门操纵机构，检查节气门开关是否自如。另外，还要清洗进气道和节气门体的接合面，清洗前先拆下密封胶圈，以防被腐蚀。

2) 在清洗、检查完后，安装节气门体，安装的过程和拆卸相反。如果节气门位置传感器已拆下，则先将其装于节气门体上。注意，传感器上的安装标记应和节气门体上的标记对正。将进气管上的密封胶圈复位，将节气门体安装到进气管上。紧固螺栓的拧紧力矩为5N·m。

任务6.2 燃油供给系的主要元件检修

汽油机燃油供给系的主要作用是向汽缸内供给燃烧所需要的汽油。其中电动燃油泵是该系统构建零部件之一，电动燃油泵的控制和油压是否正常，都会影响到该系统的正常工作。当油泵控制或者油压出现问题时，会使发动机出现启动困难、怠速不稳等故障。本任务在研究各种类型的电动燃油泵结构和工作原理的基础上，让大家熟悉其控制方式，能通过查阅相关手册资料，对其进行检测并判断排除故障。

6.2.1 检修事项的注意

1) 在拆卸油管前首先应卸压，以防止较高压力的燃油喷洒出来引起火灾。

2) 安装油管接头时，对于螺栓型管接头，安装时必须使用新垫片，先用手将接头螺栓拧紧，再用工具拧紧到规定力矩。对于螺母型管接头，应注意先在喇叭口上涂一薄层润滑油，同样先用手拧紧，再用工具把接头拧紧到规定力矩。

3) 喷油器拆下后O形圈不可重复使用，安装喷油器前先用汽油润滑O形圈。注意不可用发动机机油、齿轮油或制动液。安装时要边左右转动边安装，要对正，不能歪斜。上部安装不良或O形圈损坏会造成漏油；下部密封不良会引起漏气。

4) 燃油系统维修后应仔细检查有无漏油处，打开点火开关，发动机不启动，用跨接线连接诊断座FP和+B端子（丰田车系），使燃油泵强行工作运转，夹住回油管，系统油压将上升至400kPa，检查燃油系统有无漏油之处，确认无部位漏油后才能正式启动。启动后使发动机怠速运转，再仔细检查有无部位漏油，此后才能关上发动机罩正常运行。

6.2.2 燃油箱泄漏检查

燃油箱由镀铅锡合金钢板或高密度模制聚乙烯制成。燃油箱有泄漏哪怕是渗漏也非常危险，当怀疑燃油箱有泄漏时必须仔细检查（检查前，应准备好干粉灭火器）。

首先释放燃油系统的压力，然后拆下燃油箱，在燃油箱上安装一个短油管，并堵住燃油箱上其他所有出口,通过短油管给燃油箱充入7~10kPa的压缩空气。用肥皂水或浸入法检查怀疑泄漏的部位,若观察到泄漏,应更换燃油箱。

6.2.3 汽油滤清器检修

燃油滤清器是滤去混入油中杂质的部件,一旦杂质完全堵塞了燃油滤清器,会造成燃油不能畅流贯通和供油不足,检修方法:

1) 拆下燃油滤清器,试用嘴吹一下靠油箱侧的进油管接头口,确认其是否通气。
2) 有两种情况可证明燃油滤清器是否被堵塞:一是彻底堵塞不通气,二是用力吹才通气。现在汽车上装的燃油滤清器大多是不可分解的,一旦堵塞最好整体更换。
3) 通常燃油滤清器的更换期为一年半或行驶40000km。
4) 燃油滤清器四周常有渗漏现象,所以紧固是十分重要的工作。

6.2.4 电动汽油泵及控制电路的检修

(1) 油泵拆装与检测

如果线路连接正常,而燃油泵就是不工作,则应从车上拆下燃油泵,对燃油泵单独进行检查。首先检查燃油泵电机线圈电阻。测量燃油泵连接器两端子之间的电阻值(注意测试时间不可过长,以免烧坏线圈),一般为0.5~3Ω。如果电阻值不符,说明电机线圈有短路、断路或炭刷接触不良的故障,此时应更换燃油泵。

当确认燃油泵线圈电阻没有问题后,可将燃油泵直接接在蓄电池上进行运转试验,如果燃油泵不能转动或转动缓慢,不均匀,说明燃油泵有故障,应更换。注意在运转试验时,通电时间不可超过10s,防止在没有燃油对油泵电机进行润滑的情况下,长时间运转造成油泵电机的过热损坏。

(2) 燃油系统油压的检测

电控燃油喷射式发动机为了便于再次启动,在发动机熄火后,燃油管路中仍保持着较高的燃油压力。在拆卸燃油管道、进行检修或更换燃油滤清器、电动燃油泵、喷油器等部件时,应先释放掉燃油管道内的油压,其方法如下:

1) 启动发动机。
2) 在发动机运转中拔下电动燃油泵继电器(或拔下电动燃油泵电源插头)。
3) 待发动机自行熄火后,再转动启动开关,启动发动机2~3次,燃油压力即可完全释放。
4) 关闭点火开关,装上燃油泵继电器(或插上电动燃油泵电源接线)。

在拆卸燃油管道进行检修之后,为避免首次启动发动机时因油路内尚未建立起燃油压力而使启动时间过长,应将点火开关反复打开、关闭数次,来预置燃油系统的油压。

1) 燃油系统压力的检测。检测发动机运转时燃油管路内的油压可以判断油路有无故障。检测燃油压力时,应准备一个量程为1MPa左右的油压表及专用的油管接头,按下列步骤检测燃油压力:

① 将燃油系统卸压,拆下蓄电池负极电缆线。
② 拆除冷启动喷油器油管接头螺栓,将油压表和油管一起安装在冷启动发动机喷油器油管接头上,如图6-2(a)所示;油压表也可以安装在燃油滤清器油管接头、分配油管

进油接头，或用三通接头在燃油管道上便于安装和观察的任何部位，如图 6-2（b）所示。

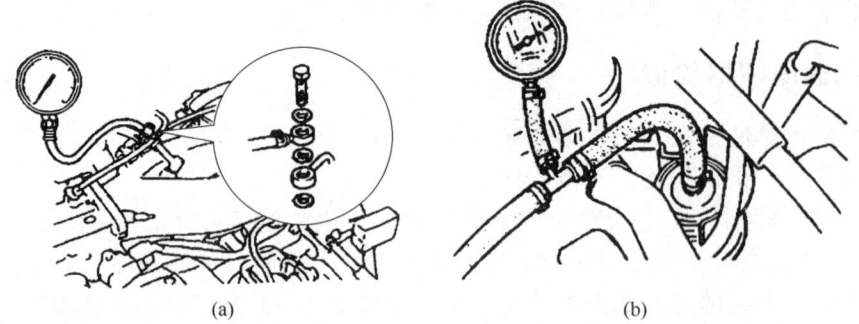

图 6-2　油压表的安装

③ 重新装上蓄电池负极电缆线。

④ 测量燃油系统的静态油压。

启动发动机，使之怠速运转，或用一根跨接导线将电动燃油泵的两个检测插孔短接，打开点火开关（不要启动发动机），让燃油泵运转。观察表上的油压值，应符合规定值，若油压过高，应检查油压调节器，若油压过低，应检查电动燃油泵、燃油滤清器和油压调节器。

⑤ 测量燃油系统的保持压力。测量静态油压结束后，过 5min 再观察油压表指示的油压（此时的压力称为燃油系统保持压力），其值应不低于规定值（如 147kPa）。若油压过低，应进一步检查电动燃油泵保持压力、油压调节器保持压力及喷油器有无泄漏。

⑥ 发动机运转时燃油压力的测量。启动发动机，让发动机怠速运转，测量此时的燃油压力，如图 6-3（a）所示；缓慢开大节气门，测量在节气门接近全开时的燃油压力；拔下油压调节器上的真空软管，并用手堵住，如图 6-3（b）所示，让发动机怠速运转，测量此时的燃油压力。该压力和节气门全开时的燃油压力基本相等，若测得的油压过高，应检查油压调节器及其真空软管；若测得的油压过低，则应检查电动燃油泵、燃油滤清器及油压调节器。

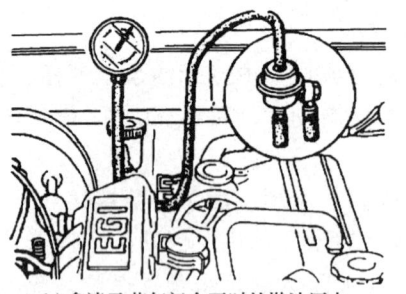 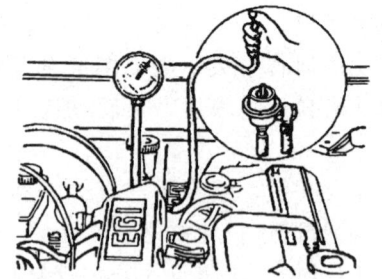

(a) 怠速及节气门全开时的燃油压力　　(b) 拔下油压调节器真空软管后的燃油压力

图 6-3　燃油压力的测量

⑦ 电动燃油泵最大压力和保持压力的测量。将油压表接在燃油管路上，并将出油口堵住，如图 6-4 所示。用一根跨接导线将电动燃油泵的两个检测插孔短接，打开点火开关，持续 10s 左右（不要启动发动机），使电动燃油泵工作，同时读出油压表的压力，该压力称为电动燃油泵的最大压力，它应当比发动机运转时燃油压力高 200～300kPa，通常

可达490～640kPa。如不符合标准值，应更换电动燃油泵。关闭点火开关5min后再观察油压表压力，此时的压力称为电动燃油泵的保持压力，其值应大于340kPa，如不符合标准值，应更换电动燃油泵。

⑧ 油压调节器工作状况的检查。如前述方法，测量发动机运转时的燃油压力，然后拔下油压调节器上的真空软管，并检查燃油压力，此时的燃油压力应比发动机怠速运转时的燃油压力高50kPa左右，如果压力变化不符合要求，即说明油压调节器工作不良，应更换。

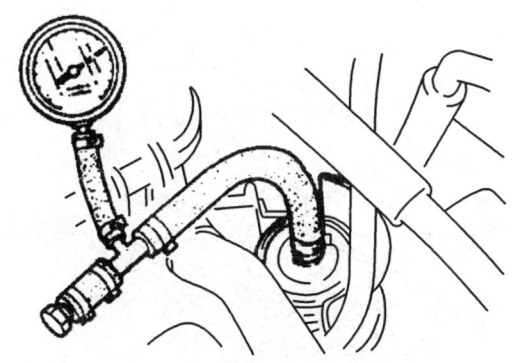

图6-4 电动燃油泵最大压力的测量

⑨ 油压调节器保持压力的测量。当燃油系统保持压力不符合标准值时，应做此项检查，以便找出故障原因，其检查方法是：

将油压表接入燃油管路，用一根短导线将电动燃油泵的两个检测插孔短接，打开点火开关，并保持10s，让电动燃油泵运转，然后关闭点火开关，拔去检测插孔上的短接导线，用包上软布的钳子将油压调节器的回油管夹紧，使回路停止回油，5min后观察燃油压力，该压力称为油压调节器保持压力。如果该压力仍然低于燃油系统保持压力的标准值，说明燃油系统保持压力过低的故障不在油压调节器；相反，若此时压力大于标准值，则说明油压调节器有泄漏，应更换。

⑩ 在测量燃油系统在怠速运转时的压力时，夹住油压调节器回油管，使回路停止回油，此时油压表的指示压力应比没有夹住回油管时高2～3倍，否则说明燃油泵泵油不足。将各缸喷油器电线插头拔下，接通点火开关并连续启动15s，观察油压表指示压力，待30s后，再次观察油压表的指示压力，其值不应回落；若油压值明显回落，则重新启动15s，然后夹住油压调节器的回油管；若30s后油压不回落，则为油压调节器泄漏。如果夹住油压调节器回油管，油压仍然下降，则夹住油压调节器的进油口，如此时油压不再回落，则为燃油泵单向阀不良，应更换燃油泵。

2) 桑塔纳2000GSI型轿车油压测试。

① 测量汽油供给系统压力和保持压力的测试条件：汽油泵继电器正常；汽油泵工作正常；汽油滤清器正常；蓄电池电压正常。

② 汽油供给系统的压力和保持压力的测量。

a. 如图6-5所示，将压力表安装在汽油分配管的供油管上，打开汽油压力表开关，启动发动机怠速运转。系统压力标准为：怠速时拔下真空管为（300±20）kPa；不拔真空管为（250±20）kPa。

b. 接上真空管，轰一下油门，汽油压力表指针应在280～300kPa跳动。

c. 关闭点火开关，10min后，汽油保持压力应大于150kPa。

d. 如果汽油保持压力小于150kPa，启动发动机，怠速运转。当汽油压力建立起来后，关闭点火开关，同时关闭汽油压力表开关，继续观察压力表指针是否会下降。

e. 系统油压不足原因：油管接头或管子渗漏；汽油滤清器过脏；汽油泵不良或蓄电

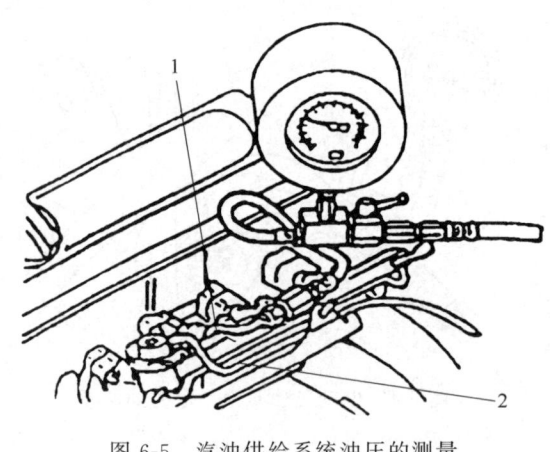

图 6-5　汽油供给系统油压的测量
1—供油管　2—回油管

池电压不足；汽油压力调节器损坏。

f. 系统油压过高原因：汽油压力调节器损坏。

（3）燃油泵控制电路的检测

燃油泵控制电路的故障将直接影响发动机的启动性能和工作性能，因此对燃油泵及控制电路检修是十分重要的，燃油泵的就车检查：

1）用专用导线将诊断座上的燃油泵测试端子跨接到12V电源上。

2）将点火开关转至"ON"位置，但不要启动发动机。

3）旋开油箱盖能听到燃油泵工作的声音，或用手捏进油软管应感觉有压力。

4）若听不到燃油泵的工作声音或进油管无压力，应检修或更换燃油泵。

5）若有燃油泵不工作故障，且上述检查正常，应检查燃油泵电路导线、继电器、易熔线各熔丝有无断路。

检修前应熟悉该车型的燃油泵控制电路，不同车系油泵控制电路各有差异，因此检查的方法、步骤各不相同，但检查的方法和思路基本相同。

1）ECU控制的燃油泵控制电路。燃油泵ECU控制电路如图6-6所示，此控制方式应用于D型EFI系统及使用热线式或热膜式空气流量计和卡门旋涡式空气流量计的L型EFI系统中。

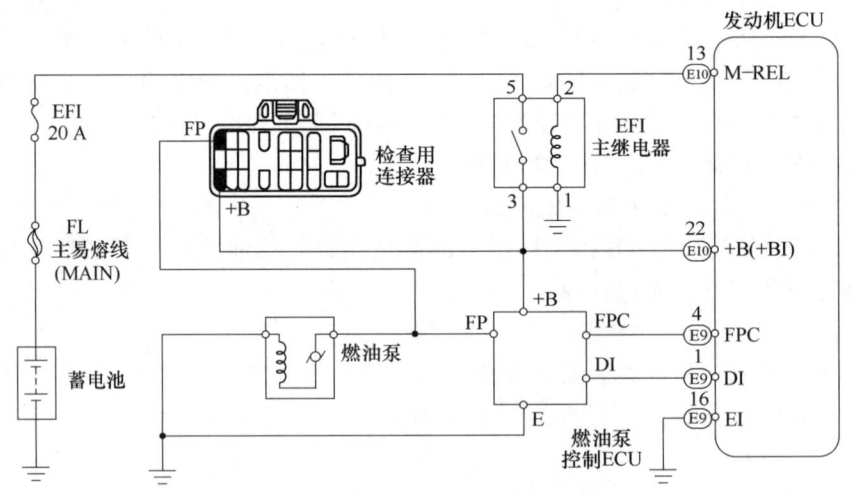

图 6-6　燃油泵ECU控制电路

工作原理：启动或重负荷时，发动机ECU通过FPC端子向燃油泵ECU发出高电平信号，燃油泵ECU向燃油泵输出高电压（约12V），燃油泵高速运转。怠速或轻负荷时，发动机ECU通过FPC端子向燃油泵ECU发出低电平信号，燃油泵ECU向燃油泵输出低电压（约9V），燃油泵低速运转。

2）燃油泵开关控制的燃油泵控制电路。主要用于装有翼片式空气流量计的 L 型 EFI 系统中，如图 6-7 所示。

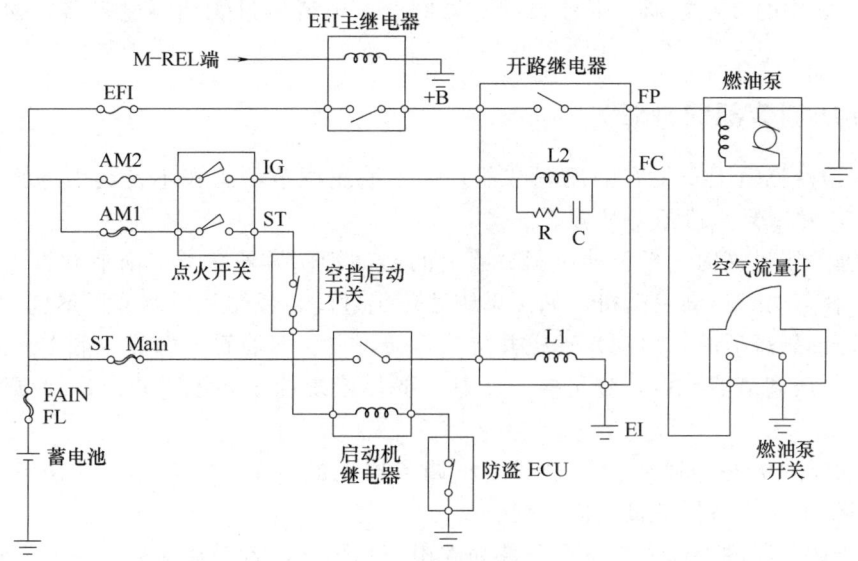

图 6-7 开关控制的燃油泵电路

工作原理：启动时，启动机继电器闭合，开路继电器线圈 L1 通电，开路继电器触点闭合，燃油泵运转；启动后正常运转，翼片式空气流量计中的翼片因进气气流转动，使燃油泵开关闭合，开路继电器线圈 L2 通电，开路继电器触点闭合，燃油泵运转；发动机停转时，L1 和 L2 线圈不通电，燃油泵停止工作。

3）采用转速控制的燃油泵控制电路。如图 6-8 所示，此控制电路根据发动机转速和负荷的变化，通过燃油泵继电器改变油泵的供电线路，从而控制油泵的工作转速。

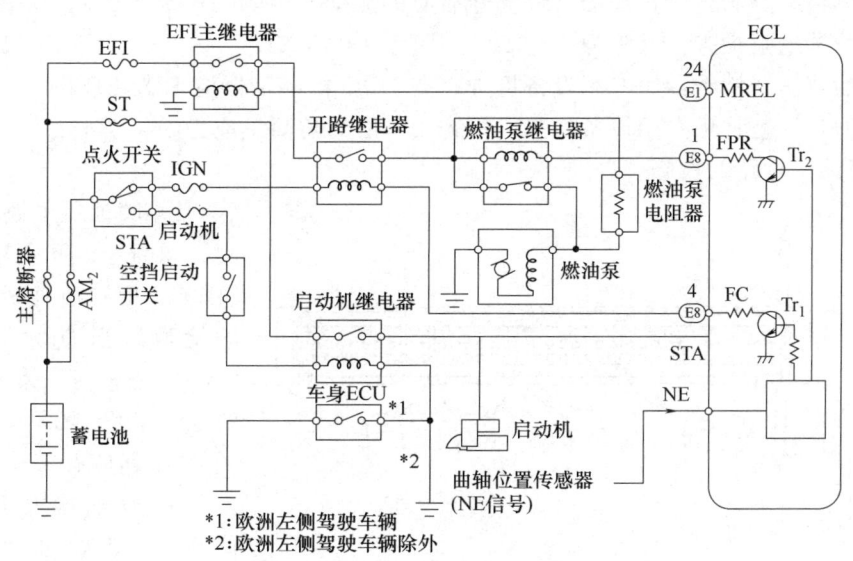

图 6-8 转速控制的燃油泵控制电路

工作原理：将点火开关打到 STA，启动机继电器闭合，同时 ECU 有 STA 信号，启动机启动；STA 信号和 Ne 信号输入 ECU：Tr_1 接通，开路继电器闭合，燃油泵运转。启动或重负荷时：ECU 中的 Tr_2 断开，燃油泵继电器闭合，燃油泵高速运转；急速或轻负荷时：ECU 中的 Tr_2 接通，燃油泵继电器断开，电流流过燃油泵电阻器，燃油泵低速运转。

6.2.5 油压调节器的检修

个别车型在油轨上安装有油压调节器，如果油压调节器工作不良会引起系统油压过高、过低、不稳或残压降低等故障。

1) 系统油压过高时，拆下油压调节器上的回油管，另外套上一回油软管，回油软管另一端置于容器内。启动发动机，如果系统油压仍过高，说明油压调节器不良，应更换。

2) 系统油压过低时，启动发动机并急速运转，夹住回油管，如油压能上升至 400kPa 以上，说明油压调节器不良，应更换。注意不要使系统油压高于 450kPa，否则会损坏油压调节器。

3) 启动发动机并急速运行，脱开油压调节器上的真空管，油压应上升至 50kPa 左右。否则说明油压调节器不良，应更换。

4) 油压调节器的上部真空室和下部油腔由膜片隔开，若膜片损坏，则上下腔室相通，检查节气门体内将都是燃油，此时应更换油压调节器。

6.2.6 喷油器的检修

喷油器是电控汽油机的关键执行器之一，其主要作用是在 ECU 控制下，把一定量的汽油以一定压力在适当时刻喷入进气道，为了使发动机获得良好的工作性能，喷油器喷油的时刻和喷油量非常重要。当喷油器本身或者控制电路出现问题时，都会导致空燃比或者混合气形成质量受到影响，从而出现发动机运转不平稳、排放超标等故障现象。

1) 简单检查方法：检查喷油器针阀开启时的振动和声响。

2) 喷油器电阻检查：低阻为 2～3Ω，高阻为 13～16Ω。

3) 喷油器滴漏检查：用专用设备检查，在 1min 内喷油器应无滴油现象。

4) 喷油量检查：用专用设备检查，检查 15s 内的喷油量应为 50～70mL。

(1) 喷油器电路的检修

1) 喷油器电路电压的检测。如图 6-9 所示为皇冠 3.0 2JZ-GE 型发动机喷油器电压的检测。当点火开关置于"ON"位置时，发动机 ECU 的端子 10#、20#、30# 与端子 EO1 间应有 9～12V 电压。

2) 喷油器电阻的检查。低电阻型喷油器阻值为 2～3Ω，高电阻型喷油器阻

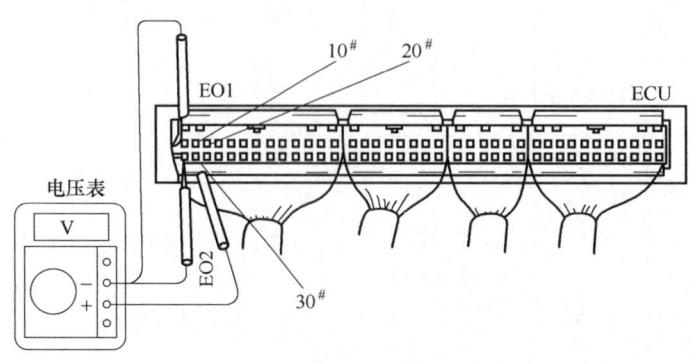

图 6-9 检查喷油器电路的电压

值为 3～16Ω，如图 6-10 所示。如果电阻值不符合要求，应更换喷油器。

3）喷油器控制电路的检修。

① 拔下喷油器连接器插头。

② 接通点火开关，不要启动发动机。

③ 测量喷油器控制线连接器插头上的电源线的电压，应为 12V。若无电压，检查点火开关及熔断器或主继电器及线路。

④ 检查 ECU 的喷油器搭铁线，搭铁是否良好。

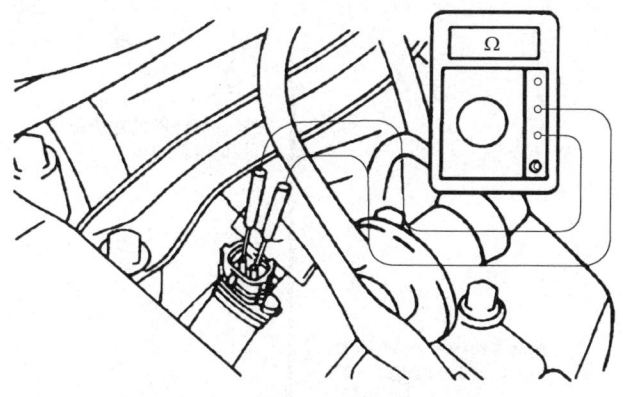

图 6-10 喷油器电磁线圈电阻的测量

⑤ 将专用检查试灯串接到喷油器连接器两插头上，启动发动机，试灯应闪烁，不亮或不闪烁则控制回路有故障，可检查喷油器至 ECU 的线路和 ECU 是否有故障，也可以用示波器检测喷油器脉冲波形，对控制电路进行检查。

(2) 喷油器的测试

1）喷油器泄露情况的检查。将喷油器装在分配油管上，用一根导线将诊断座上燃油泵的检测插孔短接（丰田车系），并打开点火开关。燃油泵开始运转，注意观察喷油器有无漏油。如果漏油，其漏油量在 1min 内应少于一滴，否则应予以更换。

2）动作测试。拔下喷油器的导线连接器，用导线把蓄电池的正负极与喷油器的正负极对应地连接起来，应听见喷油器动作的声音。低阻值的喷油器不可直接与蓄电池连接，应串联一个适当阻值的分压电阻（3～5Ω），以免烧坏电磁线圈。

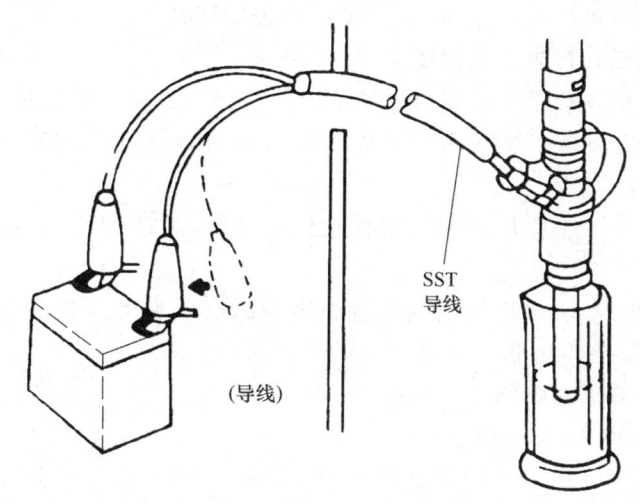

图 6-11 喷油器喷油量的检查

3）喷油量的检查。用跨接线连接检查连接器的端子 +B 与 FP，并按图 6-11 将蓄电池与喷油器连接好；通电 15s，用量筒测出喷油器的喷油量，并观察燃油雾化情况。每个喷油器测试 2～3 次。标准喷油量为 70～80mL（15s），各喷油器间的喷油量允差为 9mL。如果喷油量不合标准，则应清洗或更换喷油器。也可以在超声波清洗机上测量喷油量。

(3) 喷油器的波形检测

饱和开关型喷油器主要在多点燃油喷射系统中使用，在节气门体燃油喷射（TBI）系统上应用不多。当发动机电控单元接地电路接通时，喷油器开始喷油，当发动机 ECU 断开控制电路时，电磁场会发生突变，这个线圈突变的电磁场产生了峰值。汽车示波器可以用数字的方式在显示屏上与波形一起显示喷油持续时间。

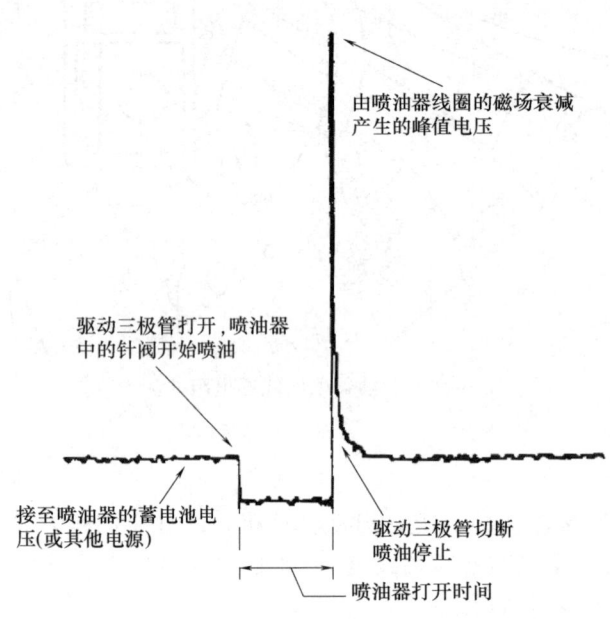

图 6-12　饱和开关型（PFI/SFI）喷油器波形

1) 按照波形测试设备操作使用说明书的要求连接好波形测试设备。

2) 启动发动机，以 2500r/min 的转速保持油门 2～3min，直至发动机完全热机。同时使燃油反馈控制系统进入闭环控制状态（可以通过观察波形测试设备上氧传感器的信号确定这一点）。

3) 关掉空调和所有附属电器设备。

4) 将换挡操纵手柄置于停车挡或空挡。

5) 缓慢加速并观察在加速时喷油器的喷油持续时间的相应增加状况。饱和开关型（PFI/SFI）喷油器波形及分析如图 6-12 所示。

任务 6.3　控制系统的主要元件检修

6.3.1　电控系统检修注意事项

1) 安装蓄电池时特别注意正负极不可接反，以防损坏 ECU 和控制部件。

2) 在车身上使用电弧焊时，应先断开蓄电池负极线。

3) 点火开关接通后，不可断开任何正在工作的带有电感的电气装置，如怠速控制阀、喷油器等。因为断开这些装置时，其线圈会产生很高的感应电压（有的会超过 7000V），易使 ECU 和控制部件损坏。

4) 检修时，除在程序中特殊指明外，不要用低阻抗指针型仪表测试 ECU 和传感器，必须使用高阻抗（10MΩ 以上）的仪表。

5) 不要用普通试灯去测试任何和 ECU 相连的电气装置。因为试灯功率大，额定电流大，容易损坏电子元器件，可用 33Ω 电阻串联一个发光二极管自制一个试灯。

6) 禁止用搭铁试火或拆线刮火的方法对电路进行检查。

7) 汽车上的扬声器不要安装在离 ECU 太近的地方。

8) 车上不宜安装功率超过 8W 的无线电台。如必须安装时，天线应尽量远离发动机控制电脑，否则会对发动机控制电脑产生不良影响。

9) 在晴天拆装发动机控制电脑或检测控制电路时，应注意防止静电，人体产生的静电电压较高，可能损坏 ECU 控制电路，故操作前应先使自己接触车身以释放静电。

10) 雨天检修及清洗发动机时，应防止将水溅到电子设备及线路上。

11) 一般情况下,不要拆开电控单元盖板。因为电控单元的故障较少,即使有故障,在没有检测手段的情况下,打开电控单元盖板也不能解决任何问题,反而可能因为操作不当而导致新的故障。

6.3.2 空气流量计的检测

空气流量计是测量发动机进气量的装置,是电控发动机的重要传感器之一,它将吸入的空气量转换成电信号送给发动机电控单元(ECU),把空气流量信号和发动机转速信号一起作为喷油时间和点火时刻的基准信号。如果空气流量计或其线路出现了故障,发动机电脑接收不到正确的进气量信号,就不能进行喷油量的正确控制,从而造成混合气过浓或过稀,使发动机运转不正常。空气流量计根据工作原理主要有热线/热膜式、卡门涡流式等,下面以2015款大众迈腾B7L的1.8T为例介绍空气流量计的检修方法。

(1) 2015款大众迈腾B7L的1.8T发动机热膜式空气流量计电路

2015款大众迈腾B7L的1.8T发动机的热膜式空气流量计电路原理如图6-13所示,空气流量计的针脚1为信号,针脚2为搭铁,针脚3为电源。在急速时针脚1电压为1.5V左右,急加速时电压为2.8V左右。

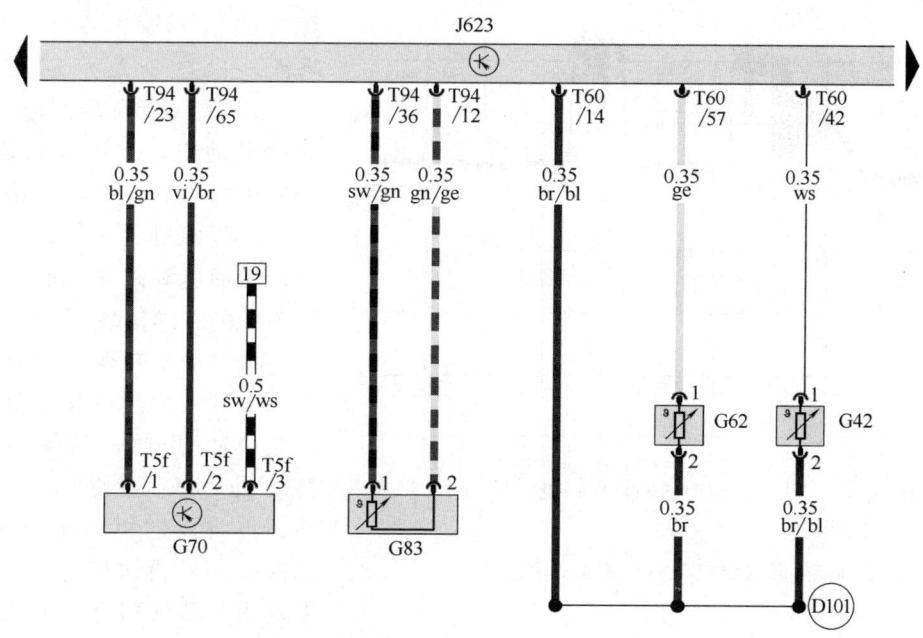

图6-13 热膜式空气流量计与ECU的接线图

(2) 热膜式空气流量计电阻的检测

线束导通性测试:将数字万用表旋转到电阻挡,按电路图找到空气流量计图形下面的针脚号与ECU信号测试端口图相应的针脚号,分别测试空气流量计针脚1、2对应至电控单元针脚23、65的电阻,所有电阻都应低于0.5Ω。

(3) 热膜式空气流量计电压的检测

电源电压检测:打开点火开关,将数字万用表设置在直流电压20V挡,红色表针置于空气流量计针脚3,黑色表针置于电瓶负极或发动机进气歧管壳体,启动发动机时应显示 12V。

信号电压检测：

1) 单件检测：取一空气流量计总成部件，将 12V/5V 变压器 12V 电压或蓄电池电压施加在空气流量计电器插座针脚 3 上，将数字万用表设置在直流电压 20V 挡，测量空气流量计电器插座针脚 1 和针脚 2，应有 1.5V 左右电压；使用吹风机从空气流量计隔栅一端向空气流量计吹入冷空气或加热的空气，测量空气流量计电器插座针脚 1 和针脚 2，电压应瞬时上升至 2.8V 回落。不能满足上述条件，可以判定空气流量计有故障。

2) 就车测试：启动发动机至工作温度，将数字万用表设置在直流电压 20V 挡，测量空气流量计针脚 1 的反馈信号，红色表针置于空气流量计针脚 1，黑色表针置于空气流量计针脚 2、蓄电池负极或进气歧管壳体，怠速时应显示电压约 1.5V；急踩加速踏板时应显示 2.8V 变化。若不符合上述变化，或电压反而下降，则在电源电压与参考电压完好的前提下，可以断定空气流量计损坏，必须进行更换。

(4) 发动机热膜式空气流量计波形检测与分析

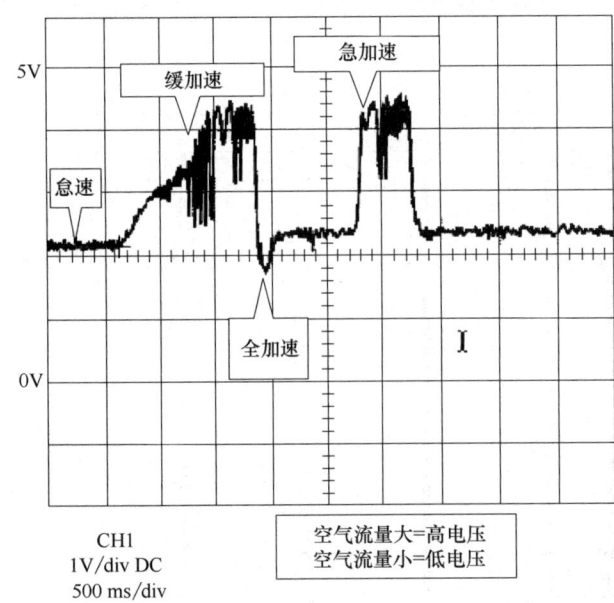

图 6-14　热膜式空气流量传感器信号实测波形

波形检测方法：

1) 连接好波形测试设备，探针接信号输出端子，鳄鱼夹搭铁。

2) 关闭所有附属电气设备，启动发动机，并使其怠速运转。当怠速稳定后，检查怠速时输出信号电压如图 6-14 所示中左侧波形。做加速和减速试验，应有类似图中的波形出现。

将发动机转速从怠速加至节气门全开（加速过程中节气门应以缓中速打开），节气门全开后持续 2s，但不要使发动机超速运转；再将发动机降至怠速运转，并保持 2s；再从怠速工况急加速发动机至节气门全开，然后再关小节气门使发动机回至怠速；稳定住波形，仔细观察空气流量传感器波形。

波形的含义及相关说明如图 6-15 所示。

① 从维修资料中找出输出信号电压参考值进行比较，通常热线（热膜）式空气流量传感器输出信号电压范围是从怠速时超过 0.2V 变至节气门全开时超过 4V，当急减速时输出信号电压应比怠速时的电压稍低。

② 发动机运转时，波形的幅值看上去在不断地波动，这是正常的，因为热线式空气流量传感器没有任何运动部件，因此没有惯性，所以它能快速地对空气流量的变化做出反应。在加速时波形所看到的杂波实际是在低进气真空之下各缸进气口上的空气气流脉动，发动机 ECU 中的超级处理电路读入后会清除这些信号，所以这些脉冲没有关系。

③ 不同的车型输出电压将有很大差异,在急速时信号电压是否为 0.25V 也是判断空气流量传感器好坏的办法,另外,从燃油混合气是否正常或冒黑烟也可以判断空气流量传感的好坏。

④ 如果信号波形与上述情况不符,或空气流量传感器在急速时输出信号电压太高,而节气门全开时输出信号电压又达不到 4V,则说明空气流量传感器已经损坏。如果在车辆急加速时空气流量传感器输出信号电压波形上升缓慢,而在车辆急减速时空气流量传感器输出信号电压波形下降缓慢,则说明空气流量传感器的热线(热膜)脏污。出现这些情况,均应清洁或更换热线(热膜)式空气流量传感器。

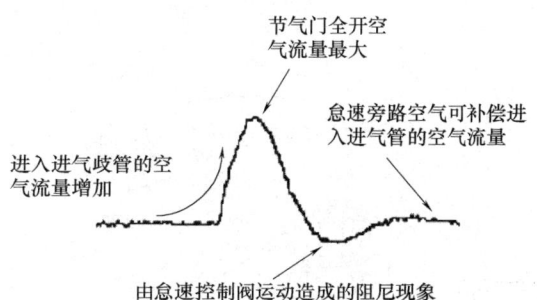

图 6-15 热膜式空气流量传感器信号波形

6.3.3 进气歧管绝对压力传感器的检测

半导体压敏电阻式进气歧管绝对压力传感器检修

半导体压敏电阻式进气歧管绝对压力传感器有三线式和四线式两种,其中四线式集成了进气压力传感器和进气温度传感器。

1)三线式进气歧管压力传感器检测。

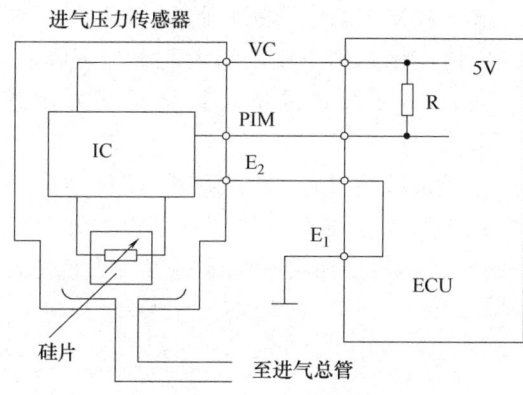

图 6-16 丰田皇冠 3.2 轿车 2JZ-GE 发动机进气歧管绝对压力传感器电路
PIM—信号输出端子,即进气压力信号电压
VC—5V 电源端子　E_2—传感器通过 ECU 搭铁

① 半导体压敏电阻式进气歧管绝对压力传感器的电路,以丰田皇冠 3.2 轿车 2JZ-GE 为例,发动机进气歧管绝对压力传感器电路如图 6-16 所示。

② 半导体压敏电阻式进气歧管绝对压力传感器的检测,以丰田皇冠 3.2 轿车 2JZ-GE 发动机为例。

电源电压的检测:点火开关置于 "OFF" 位置,拔下进气歧管绝对压力传感器的导线连接器;将点火开关置于 "ON" 位置(不启动发动机),用万用表电压挡测量导线连接器中电源端 VC 和接地端 E_2 之间的电压,如图 6-17 所示,其电压值应为 4.5~5.5V。如果测量的电压值不符合要求,应检查进气歧管绝对压力传感器与 ECU 之间的线路是否导通。

输出电压的检测:

将点火开关置于 "ON" 位置(不启动发动机),拆下连接进气歧管绝对压力传感器与进气歧管的真空软管,使之与大气相通,如图 6-18 所示。

在 ECU 导线连接器侧用万用表电压挡测量进气歧管绝对压力传感器 PIM 与 E_2 端子

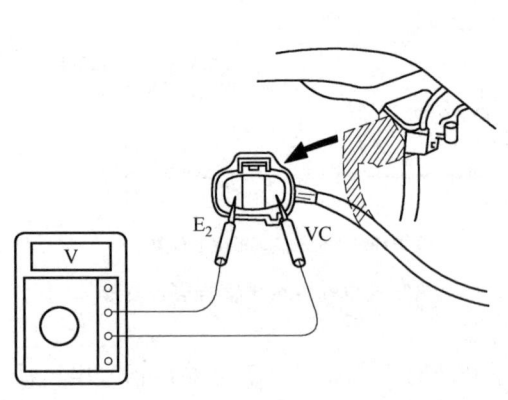

图 6-17 传感器电源电压的测量

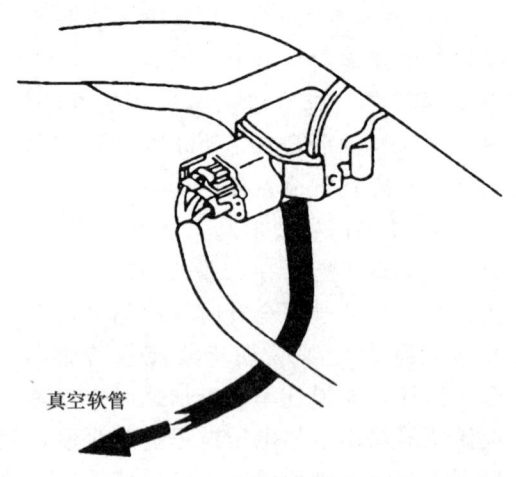

图 6-18 真空软管与大气相通

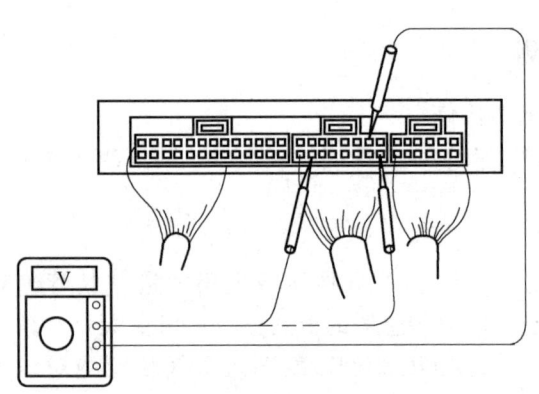

图 6-19 测量在大气压力下的输出电压

在大气压力状态下的输出电压,如图 6-19 所示,PIM 与 E_2 之间的电压为 3.3~3.9V。

再用真空泵向进气歧管绝对压力传感器内施加真空,从 13.3kPa(100mmHg)起,每次递增 13.3kPa(100mmHg),一直增加到 66.7kPa(500mmHg)为止,然后测量在不同真空度下进气歧管压力传感器(PIM-E_2 端子间)的输出电压。该电压值应该随真空度的增大而不断下降。

2) 四线式进气歧管绝对压力传感器检修。

桑塔纳 2000GLI 轿车 AFE 型发动机进气压力温度传感器为四线式,其电路图如图 6-20 所示。该类型传感器可以看作是三线式进气压力传感器与进气温度传感器组合在一起,其检修方法与三线式进气压力传感器相同,此外该类型传感器还可以检测进气温度传感器的热敏电阻。桑塔纳 2000GLI 轿车,AFE 型发动机电子控制系统电路如图 6-21 所示。

3) 半导体压敏电阻式进气歧管绝对压力传感器的波形检测与分析。

波形检测方法:

① 连接好波形测试设备,探针接传感器信号输出端子,鳄鱼夹搭铁。

② 关闭所有附属电气设备,启

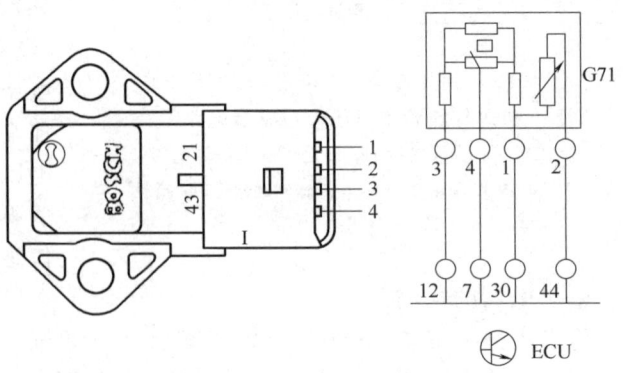

图 6-20 AFE 型发动机进气压力温度传感器电路

项目 6 电控燃油喷射系统检修及故障诊断

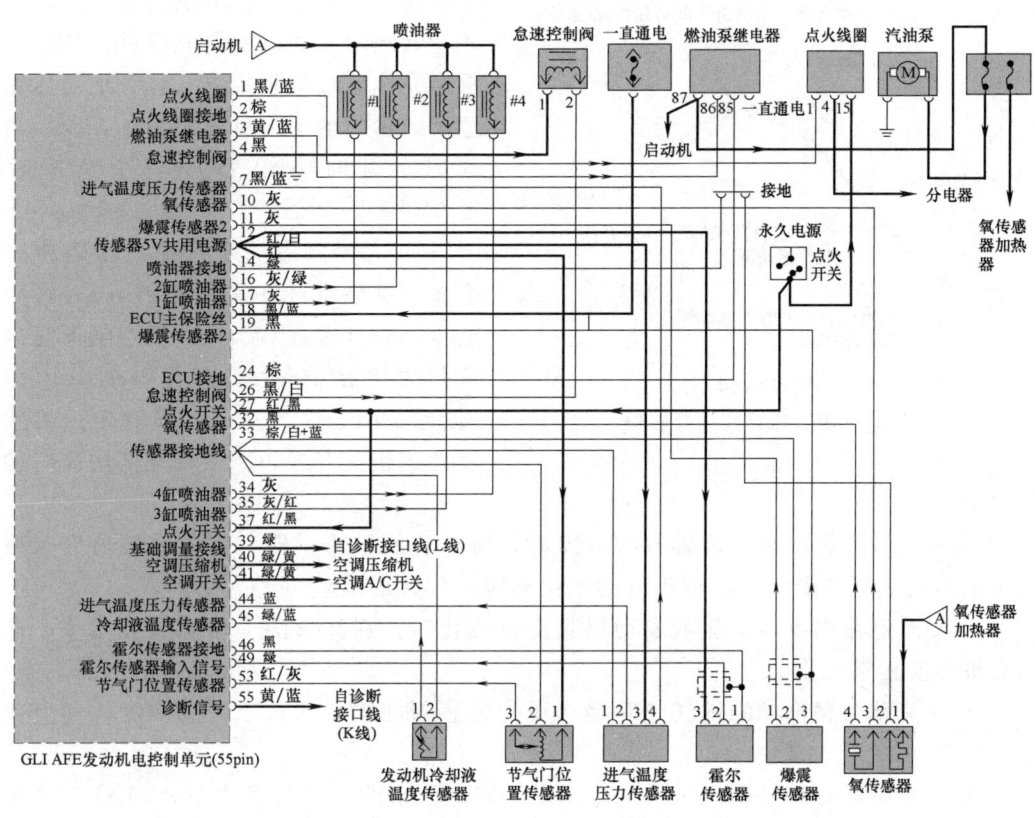

图 6-21 桑塔纳 2000GLi 轿车 AFE 型发动机电子控制系统电路图

动发动机,并使其怠速运转,怠速稳定后,检查怠速输出信号电压,如图 6-22 所示左侧波形。做加速和减速试验,应有类似图 6-22 所示中的波形出现。

③ 将发动机转速从怠速加到油门全开(加速过程中油门应缓中速打开),并持续约 2s,不宜超速。

④ 再减速回到怠速状况,持续约 2s。

⑤ 再急加速至油门全开,然后再回到怠速。将波形定位,观察波形。也可以用手动真空泵对其进行抽真空测试,观察真空表读数值与输出电压信号的对应关系。

4) 半导体压敏电阻式进气歧管绝对压力传感器信号波形分析。传感器信号波形说明如图 6-23 所示。

① 从车型技术资料中查到各种不同

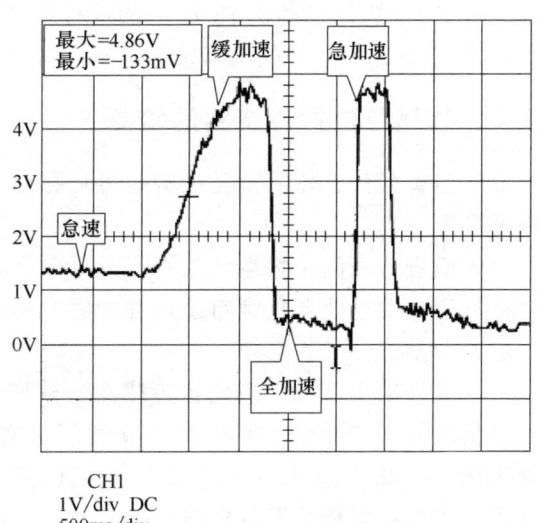

图 6-22 半导体压敏电阻式进气歧管绝对压力传感器波形

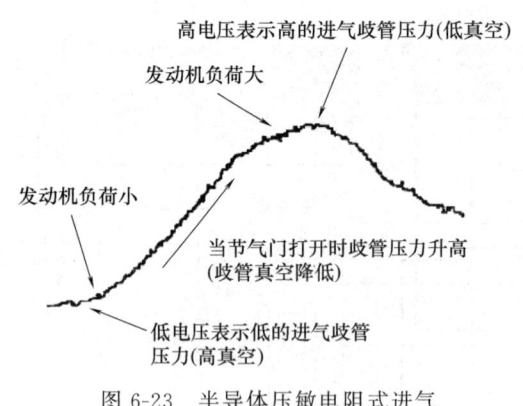

图 6-23 半导体压敏电阻式进气歧管绝对压力传感器信号波形

车型在不同真空度下的输出电压值,将这些参数与示波器显示的波形进行比较。通常半导体压敏电阻式进气歧管绝对压力传感器的输出电压在怠速时为1.25V,当节气门全开时略低于5V,全减速时接近0V。

② 大多数进气歧管绝对压力传感器在真空度高时(急减速是81kPa)产生的电压信号(接近0V),而真空值低时(全负荷时接近10kPa)产生高的电压信号(接近5V),也有些进气歧管压力传感器设计成相反方式,即当真空度增高时输出电压也增高。

③ 当进气歧管绝对压力传感器有故障时,可以查阅维修手册,波形的幅值应保持在接近特定的真空度范围内,波形幅值的变化不应有较大的偏差。

④ 当传感器输出电压不能随发动机真空值变化时,在波形图上可明显看出来,同时发动机将不能正常工作。

⑤ 有些克莱斯勒汽车的进气歧管绝对压力传感器在损坏时,不论真空度如何变化输出电压不变。

⑥ 有些系统像克莱斯勒汽车通常显示出许多电子杂波,甚至用"NORMAL"采集方式采集波形,在波形上还有许多杂波(通常四缸发动机有杂波),因为在两个进气行程间真空度波动比较大。

⑦ 通用汽车进气歧管绝对压力传感器杂波最少,但是波形杂乱或干扰太大,在传送到发动机ECU后,发动机ECU中的信号处理电路会清除杂波干扰。

⑧ 如果出现不正常的信号波形,应更换半导体压敏电阻式进气歧管绝对压力传感器。

6.3.4 节气门位置传感器的检测

节气门位置传感器的常见故障有触点接触不良、电位计阻值不准确、电位计活动触电接触不良等。

首先检查节气门拉索运动是否有发卡,回位过于迟缓等现象,如怠速不能调低,可将怠速空气道中的怠速调整螺钉旋入并观察怠速转度;若怠速不降则应检查节气门是否能全闭,怠速调整螺钉是否有效。

(1) 线性输出型节气门位置传感器的检测

以富康轿车 TU3JP-Ⅱ 发动机节气门位置传感器为例,如图 6-24 所示为富康轿车 TU3JP-Ⅱ 发动机节气门位置传感器的电路。

1) 节气门位置传感器电阻检查。点火开关置于 OFF 位置,拔下节气门位置传感器的导线连接器,用万用表电阻挡测量信号端子与搭铁端子之

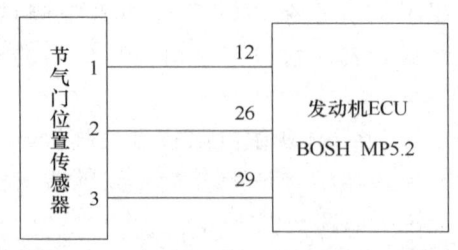

图 6-24 富康轿车节气门位置传感器电路

项目 6 电控燃油喷射系统检修及故障诊断

间的电阻，该电阻应随节气门开度增大而呈线性增大；电源端子与搭铁之间的电阻不随节气门开度变化，如图 6-25 所示。

2) 节气门位置传感器电压检查。插好节气门位置传感器的导线连接器，当点火开关置于"ON"位置时，用万用表电压挡检测节气门位置传感器连接器上 1、2 和 3 三个端子处与蓄电池负极之间的电压，根据电路连接图判断电源端子、信号端子和搭铁端子，如无电压应根据节气门位置传感器的电路查找故障。

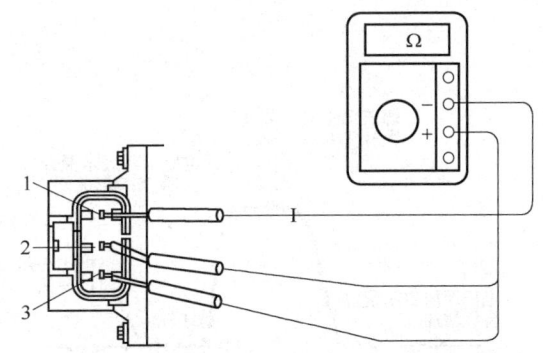

图 6-25 线性节气门位置传感器电阻检测

3) 线路检查。关闭点火开关，拆下蓄电池负极线，拆下电脑的连接器，再拆下节气门位置传感器的连接器，用万用表测量节气门一侧和电脑一侧连接器对应端子之间是否导通，如果不导通应更换电线。一般电线阻值小于 0.5Ω。

4) 更换节气门位置传感器。如果检查电阻正常，电压正常，线路正常，但是数据流不正常，应考虑更换节气门位置传感器。如果更换的是电子式节气门组件，必须要做基本设定。

5) 线性输出型节气门位置传感器信号波形检测。

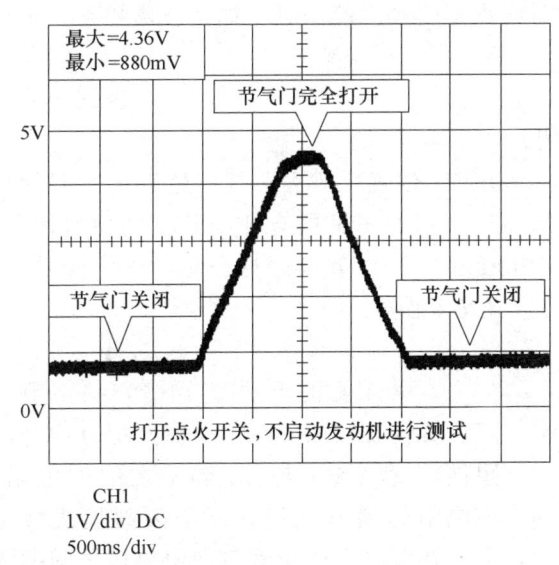

① 连接好波形测试设备，探针接传感器信号输出端子，鳄鱼夹搭铁。

② 打开点火开关，发动机不运转，慢慢地让节气门从关闭位置到全开位置，并重新返回至节气门关闭位置。慢慢地反复这个过程几次。这时波形应如图 6-26 所示铺开在显示屏上。

6) 线性输出型节气门位置传感器信号波形分析。如图 6-27 为线性输出型节气门位置传感器的波形对比分析。

① 查阅车型规范手册，以得到精确的电压范围，通常传感器的电压应从怠速时的低于 1V 到节气门全开时的低于 5V。

② 波形上不应有任何断裂、对地尖峰或大跌落。

图 6-26 线性输出型节气门位置传感器信号波形

③ 应特别注意在前 1/4 节气门开度中的波形，这是在发动机在运行中最常用到传感器碳膜的部分。传感器的前 1/8~1/3 的碳膜通常首先磨损。

④ 有些车辆有两个节气门位置传感器。一个用于发动机控制，另一个用于变速器控制。

⑤ 发动机节气门位置传感器传来的信号与变速器节气门位置传感器操作相对应。

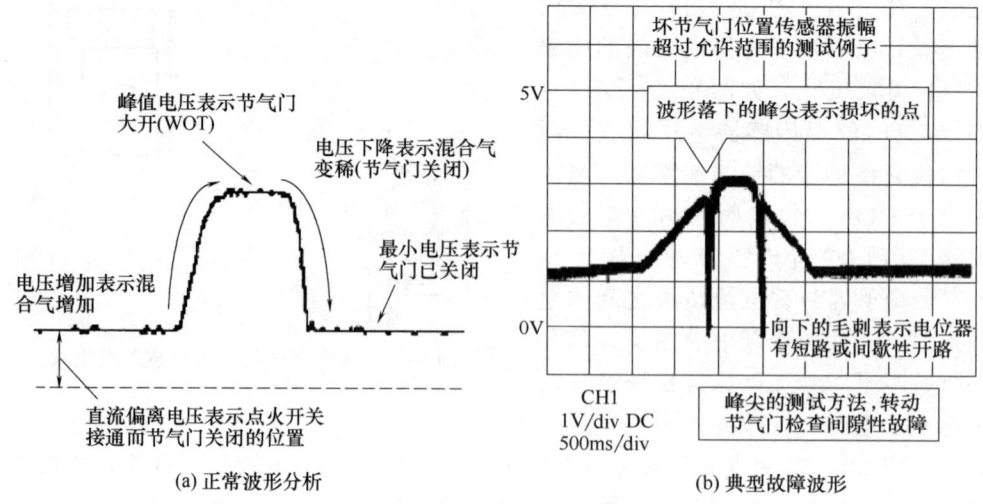

图 6-27 线性输出型节气门位置传感器波形分析

⑥ 变速器节气门位置传感器在怠速运转时产生低于5V电压，在节气门全开时变到低于1V。

特别应注意达到2.8V处的波形，这是传感器的碳膜容易损坏或断裂的部分。在传感器中磨损或断裂的碳膜不能向发动机ECU提供正确的节气门位置信息，所以发动机ECU不能为发动机计算正确的混合气命令，从而引起汽车驾驶性能问题。如果波形异常，则更换线性输出型节气门位置传感器。

(2) 综合式节气门位置传感器的检测

以丰田皇冠3.0轿车2JZ-GE发动机为例。

1) 怠速触点导通性检测。点火开关置于"OFF"位置，拔去节气门位置传感器的导线连接器，用万用表电阻挡在节气门位置传感器连接器上测量怠速触点IDL的导通情况。当节气门全闭时，IDL与E_2端子间应导通（电阻为0）；当节气门打开时，IDL与E_2端子间应不导通（电阻为∞）。否则应更换节气门位置传感器。

2) 节气门位置传感器电阻检查。

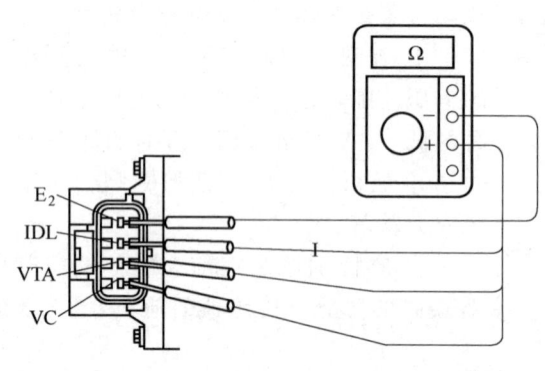

图 6-28 节气门位置传感器电阻的检测

点火开关置于OFF位置，拔下节气门位置传感器的导线连接器，用万用表电阻挡测量VTA与E_2端子之间的电阻，该电阻应随节气门开度增大而呈线性增大。在节气门限位螺钉和限位杆之间插入适当厚度的厚薄规，用万用表电阻挡测量此传感器连接器上各端子间的电阻，如图6-28所示。

3) 电压检查。插好节气门位置传感器的导线连接器，当点火开关置于"ON"位置时，发动机ECU连接器上IDL、VC、VTA三个端子处应有电压，用万用表电压挡检测IDL-E_2、VC-E_2、VTA-E_2间的电压,如无电压应根据节气门位置传感器的电路查找故障。

4) 节气门位置传感器的调整。拧松节气门位置传感器的两个固定螺钉,在节气门限位螺钉和限位杆之间插入 0.50mm 厚薄规,同时用万用表电阻挡测量 IDL 与 E_2 的导通情况。逆时针转动节气门位置传感器,使急速触点断开,然后按顺时针方向慢慢转动节气门位置传感器,直至急速触点闭合为止(万用表有读数显示),拧紧节气门位置传感器的两个固定螺钉。再先后用 0.45mm 和 0.55mm 的厚薄规插入节气门限位螺钉和限位杆之间,测量急速触点 IDL 和 E_2 之间的导通情况。当厚薄规为 0.45mm 时,IDL 和 E_2 端子间应导通;当厚薄规为 0.55mm 时,IDL 和 E_2 端子间应不导通。否则,应重新调整节气门位置传感器。

(3) 节气门控制组件的检测

测量桑塔纳 2000GSi 节气门控制组件供电电压即是测量节气门定位电位计和节气门电位计的电源电压,节气门控制组件电路如图 6-29 所示。

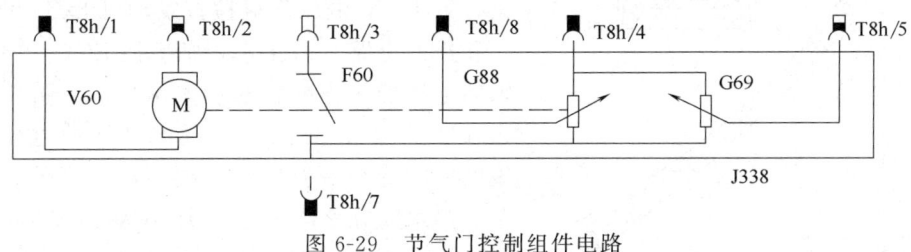

图 6-29 节气门控制组件电路

1) 检测节气门控制组件的工作电压。检测节气门(定位)电位计的工作电压:拔下节气门控制组件的插头,用汽车万用表连接插头端子 4 和 7,打开点火开关,其电压值应为 5V。节气门控制组件连接器插头如图 6-30 所示。

检测节气门控制组件急速装置的供电电压:拔下节气门控制组件的插头,用汽车万用表连接插头端子 3 和 7,打开点火开关,其电压值应大于 9V。

2) 检测节气门控制组件的电阻值。检测节气门电位计的电阻:拔下节气门控制组件的插头,用汽车万用表连接节气门控制组件插座端子 5 和 7。缓慢关闭节气门,阻值应平稳变大;缓慢打开节气门,阻值应平稳变小。

当节气门关闭时,5 和 7 电阻为 1.349kΩ,缓慢打开节气门,阻值应平稳变小。

检测急速开关:拔下节气门控制组件的插头,用汽车万用表连接节气门控制组件插座端子 3 和 7。关闭节气门,急速开关闭合,阻值应小于 1Ω;打开节气门,急速开关断开,阻值应为无穷大。

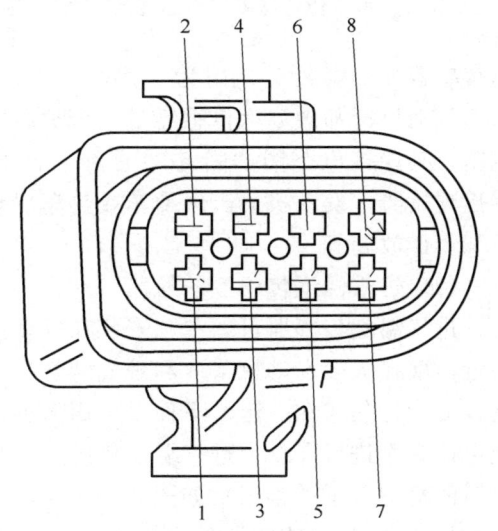

图 6-30 节气门控制组件连接器

检测节气门定位器(急速马达)电机绕组的电阻:拔下节气门控制组件的插头,用汽车万用表连接节气门控制组件插座端子1和2,阻值应为3~200Ω。

当节气门关闭时,4和8电阻为0.66kΩ,4和7电阻为0.921kΩ,8和7电阻为1.053kΩ。

6.3.5 温度传感器的检测

温度传感器的常见故障有电路断路、温度传感器损坏等。温度传感器及其线路的故障对发动机的影响有怠速不稳、无怠速、燃烧不良和油耗大等。

(1) 冷却液温度传感器的检测

1) 就车检测。脱开水温传感器插头,打开点火开关,但不要启动发动机。用万用表测量导线一侧 THW 与 E_2 端的电压,应为5V。若无电压,则应检查 ECU 连接器端子 THW 与 E_2 的电压。若无5V电压,应检查发动机 ECU 的电源电路和搭铁电路,若正常,则更换 ECU。将水温传感器连接插头连接,启动发动机,测量传感器端子 THW 与 E_2 之间在不同温度下的电压,其电压值应随冷却液温度的升高而逐渐降低。对丰田车,当水温在20℃时,电压值为1~3V;80℃时电压为0.2~1.0V,如图6-31所示。

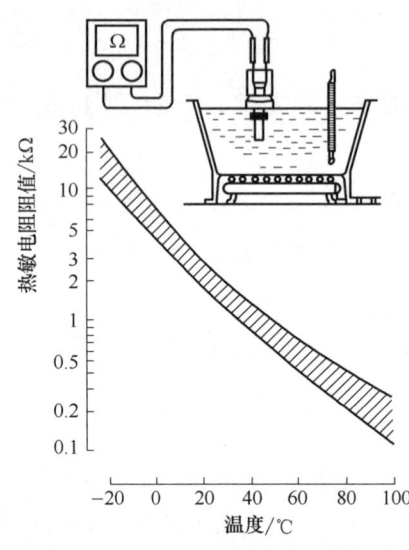

图 6-31 水温传感器阻值与温度的关系

2) 元件检测。拆下水温传感器,将水温传感器置于热水中,如图6-32所示。用万用表测量不同温度下水温传感器两端子之间的电阻值,其值应符合规定,否则应更换传感器。丰田汽车水温传感器在20℃时,电阻为2.2kΩ;80℃时为0.25kΩ。

发动机冷却液温度传感器是一个负温度系数的热敏电阻,其连接电路图如图6-33所示。冷却液温度传感器出现故障,发动机会出现冷车或热车启动困难,油耗增加,排放超标。

(2) 进气温度传感器的检测

进气温度传感器可以单独安装在发动机的节气门体附近,现在大多发动机采取和进气歧管压力传感器或者空气流量计集成在一起,下面以丰田车型的叶片式空气流量计为例进行介绍,进气温度传感器的接线及温度和电阻的对应关系(丰田)如图6-34所示。

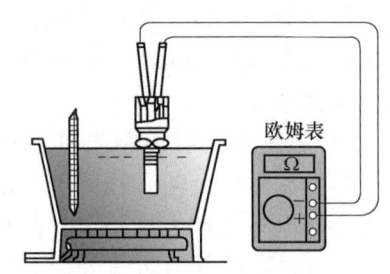

图 6-32 水温传感器的电阻检测

1) 进气温度传感器的电阻检测。点火开关置于"OFF",拔下进气温度传感器导线连接器,并将传感器拆下;用电热吹风器或热水加热进气温度传感器,用万用表电阻挡测量在不同温度下两端子间的电阻值,将测得的电阻值与标准数值进行比较。如果测量结果不符合要求,应更换传感器。当安装在空气流量计内的进气温度传感器损坏时,应更换空气流量计。

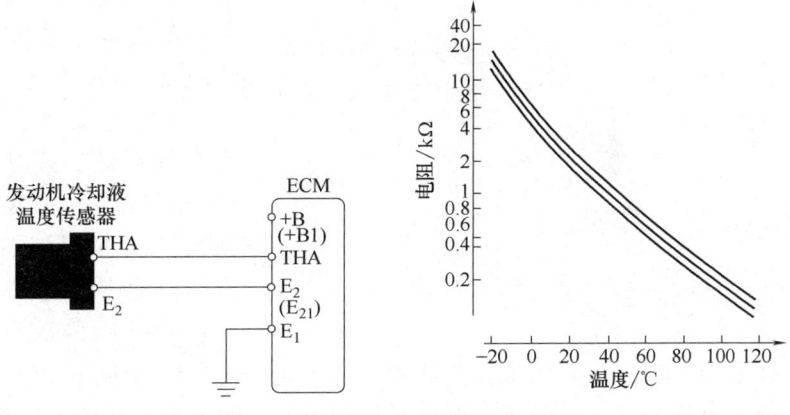

图 6-33 冷却液温度传感器电路图

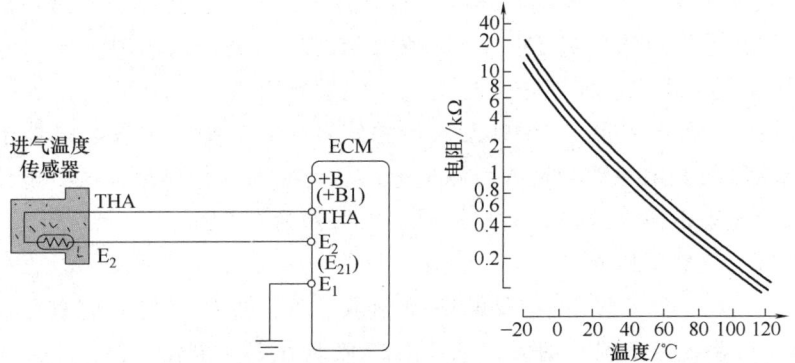

图 6-34 进气温度传感器的接线及温度和电阻的对应关系（丰田）

2）进气温度传感器的输出信号电压值检测。

当点火开关置于"ON"位置时，ECU 的 THA 端子与 E_2 端子间或进气温度传感器导线一侧连接器 THA 与 E_2 端子间的电压值在20℃时应为0.5～3.4V（丰田车系）。

和检测水温传感器的方法一样，在盛有冷水的容器中，检测进气温度传感器在不同温度下的电阻值，如果传感器没有显示出应有的电阻值，应修理或更换。

把进气温度传感器装在发动机上，在传感器两个接线端之间用电压表测量电压降。对应任一温度，传感器都应有确定的电压降。

6.3.6 氧传感器的检测

氧传感器一旦出现故障，将使电子燃油喷射系统的电脑不能得到排气管中氧浓度的信息，因而不能对空燃比进行反馈控制，会使发动机油耗和排气污染增加，发动机出现怠速不稳、缺火、喘振等故障现象。因此，必须及时地排除故障或更换。

(1) 氧化锆式氧传感器的检测

1）由电压信号诊断。测试氧传感器之前，发动机必须处在正常的工作温度范围内。必须用数字式电压表测试氧传感器，如果使用其他类型的电压表，可能损坏传感器。

测试时，将一数字式电压表连在氧传感器的信号线和接地端之间，如图 6-35 所示。

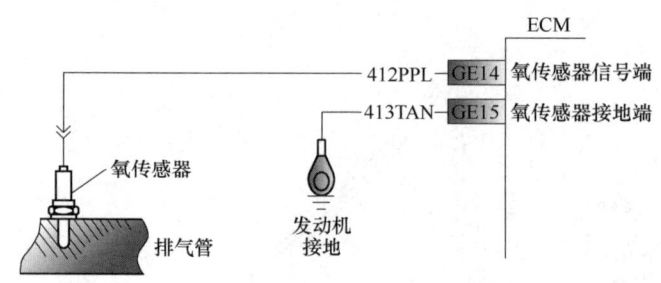

图 6-35 氧传感器和控制单元之间的连线

当发动机怠速且温度正常时，典型的氧传感器电压从 0.3V 到 0.8V 周期地变化。

若电压读数过高，可能是混合气过浓，或是传感器被污染。氧传感器可能被室温硅密封胶或防冻剂污染，也可能被含铅汽油中的铅污染。

若电压读数过低，可能是混合气过稀，或是传感器故障，或是传感器和控制单元之间导线电阻过大等。

如果电压信号保持为一个中间值，可能是控制单元回路不通或传感器损坏。

把氧传感器从发动机上拆下，将氧传感器的敏感元件放到丙烷焊枪的火焰上加热。丙烷火焰可以使敏感元件和氧气隔离，这样，将导致传感器产生电压。传感器的敏感元件处在火焰中时，输出电压应该接近 1V，而把敏感元件从火焰中拿出时，输出电压应立刻降至 0V。如果传感器输出电压没有按上述变化，应予更换。

2）由氧传感器导线诊断。如果怀疑氧传感信号线有故障，在发动机处于怠速时，在控制单元和传感器两处用探针刺破导线测量电压。传感器和控制单元两处电压差不应超出汽车制造厂家给的规定值。这两者间的标准平均压差为 0.2V。

（2）宽带氧传感器的检测

如图 6-36 所示为桑塔纳 3000 及帕萨特领驭 1.8T 轿车装用的前氧（G39）与后氧（G130）传感器线路连接情况。前氧传感器 G39 安装在三元催化器前方，采用了宽带型氧传感器，主要是对空燃比进行精确控制。后氧传感器 G130 安装在三元催化器后方，仍为普通加热型开关式氧传感器，主要是监控三元催化器的转换效率。

对前氧传感器 G39 来说，传感器侧插头的端子 2 与 6 之间串联了一个微调电阻，阻值约 125Ω。端子 3 与 4 为加热器供电，来自油泵继电器的 12V 电由端子 3 输入，端子 4 由电脑控制搭铁。加热器电阻约为 3Ω（正常值为 2～5Ω）。

1）宽带氧传感器的万用表检测。点火开关 OFF，拔下前氧传感器的插头，点火开关 ON，在线束侧插头测量各端子的电压值。端子 1 与 5 之间的电压差应为 0.45V 左右；端子 3 对地电压为 12V，2s 后为变为 0，这是因为点火开关打到 ON 位置不打车，电脑控制油泵继电器只有 2s 左右的通电时间。

2）宽带氧传感器的诊断仪检测。利用万用表在宽带氧传感器端子上直接测量传感器的输出电压是不可能的，必须通过诊断仪读取数据流，帕萨特领驭轿车宽带氧传感器动态数据流组号为 33。宽量程氧传感器的电压规定值为 1.0～2.0V。电压值大于 1.5V 时混合气过稀（氧多），电压值小于 1.5V 时混合气过浓（氧少）。

实际检测时，可人为造成混合气过浓与过稀，以此来读取相应的数据流。从帕萨特领驭轿车进气歧管上拔掉一根真空管，使混合气变稀，此时会看到宽带氧传感器的电压值大于 1.5V；从空气滤清器入口喷入化油器清洗剂，使混合气变浓，此时会看到宽带氧传感器的电压值小于 1.5V，变化非常明显。

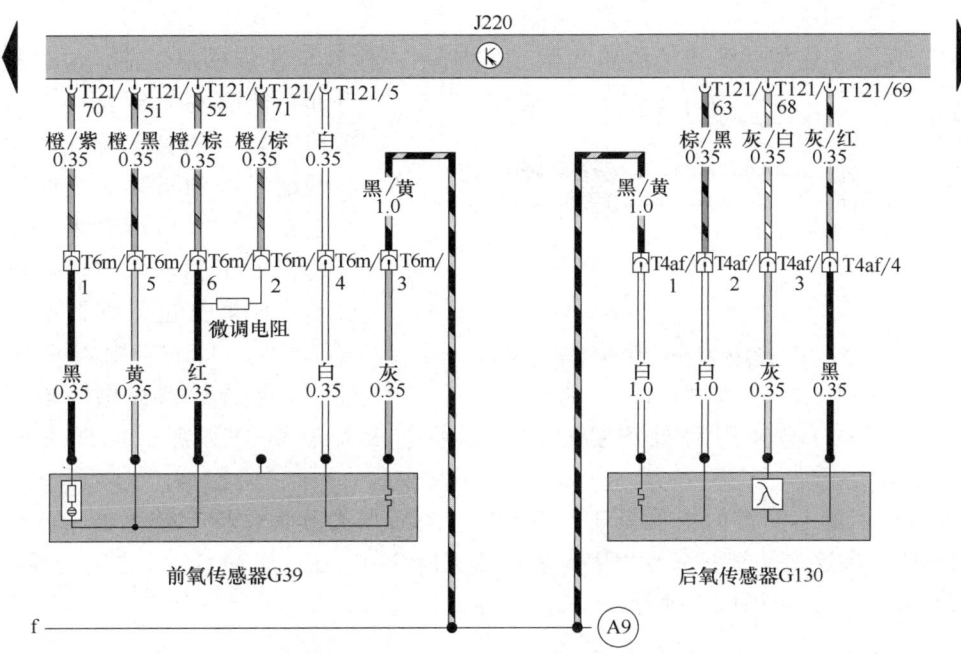

图 6-36　前氧与后氧传感器线路连接图

6.3.7　曲轴位置传感器和凸轮轴位置传感器的检测

目前使用的曲轴位置传感器和凸轮轴位置传感器大都是磁感应式和霍尔效应式两种，光电式目前使用较少，以霍尔效应式为例。

霍尔效应传感器信号是频率调制信号，其波形是方波，所以可用直流电压挡检测平均电压，以判别霍尔传感器有无信号输出。

桑塔纳时代超人车的凸轮位置传感器，克莱斯勒 2.5L 发动机上的曲轴位置传感器（CKP）和凸轮轴位置传感器（CMP）也是采用霍尔效应式传感器，其电路如图 6-37 所示，检测方法如下：

脱开传感器插头，打开点火开关，检查插头上电源端子和搭

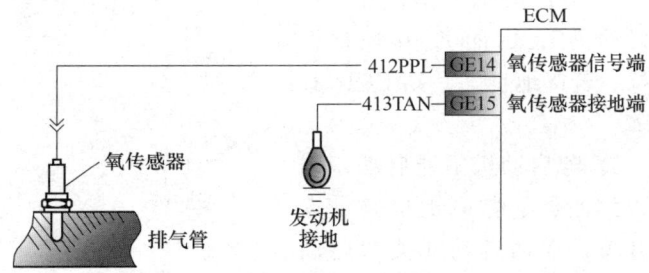

图 6-37　曲轴和凸轮轴位置传感器电路（克莱斯勒 2.5L）

铁之间的电压，应为 8V。若无电压，则应检查传感器至发动机控制电脑之间的线路，若线路正常，则应检查或更换发动机电脑。

插头电源端子和搭铁间有 8V 电压时，将插头插回，启动发动机，测量传感器输出端子信号电压，应为 3～6V，如无信号电压，则为传感器故障。

6.3.8　车速传感器的检测

当车速传感器有故障时，会引发离合器锁死、行驶时汽车不能正常换挡、测速表不准

确等。

GM 公司的车速传感器连接线路如图 6-38 所示，检测车速传感器之前，应先把汽车升起，使驱动轮能自由转动。刺破传感器上的黄色导线，在传感器的信号线和搭铁线之间连上一个电压表。然后启动发动机，让变速器处于驱动状态，使驱动轮转动。如果车速传感器的电压信号不大于 0.5V，则需更换传感器。如果传感器提供的电压符合

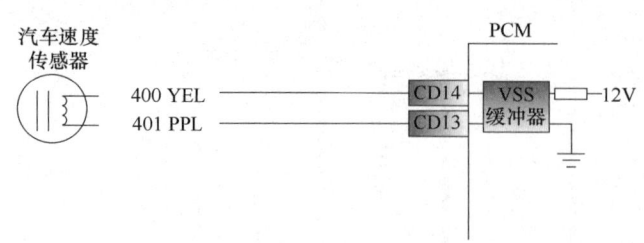

图 6-38 车速传感器接线图（GM 公司）

要求，在 ECU 的 GD14 引脚处测量电压，如果电压大于 0.5V，那么问题可能出在 ECU 上。

当在这个引脚上测得的电压低于 0.5V 时，关断点火开关，拆下传感器 400 引脚和 ECU 间导线，在这之间接一只欧姆表，表的读数应为 0；在 401 和 GD13 之间的导线上测量，电阻也应为 0，否则应更换导线。

6.3.9 开关信号检测

发动机启动时，进气流动缓慢，燃油蒸发差，为获得良好的启动性能，需要提供较浓的混合气。启动时，由启动开关向发动机 ECU 提供一个 12V 的启动信号，作为喷油量和点火提前角的修正信号。

如图 6-39 所示是丰田 5S-FE 发动机的启动电路。启动时，STA 端子和 E_1 端子的电压应为 6~14V，若无电压，可按以下步骤检测。

1）检查启动机工作状况。

2）若启动机工作正常，检查发动机 ECU 的 E_1 接地是否良好。若接地良好，则 ECU 有故障。

3）若启动机不能启动，则检查熔断器、蓄电池电路、点火开关、空挡启动开关和启动继电器是否正常。若都正常，则检查启动机 50 端子的电压，启动时应为 6~14V。若电压正

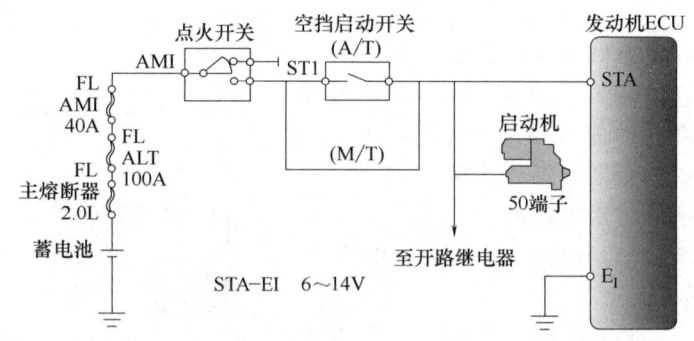

图 6-39 发动机启动电路（丰田 5S-FE）

常，则应检查启动机；若不正常，则应检查蓄电池至启动机继电器之间线路、启动机继电器至启动机 50 端子之间的线路是否正常。

6.3.10 停车/空挡开关的检测

有故障的停车/空挡开关可能会导致空挡速度偏移及启动电路故障等后果。一定要按照汽车制造商提供的维修手册上的测试程序测试。把停车/空挡开关的插头拔下，并在 B

项目 6 电控燃油喷射系统检修及故障诊断

搭铁线之间连上一只欧姆表（图 6-40）。如果欧姆表读数大于 0.5Ω，就要修理搭铁线。

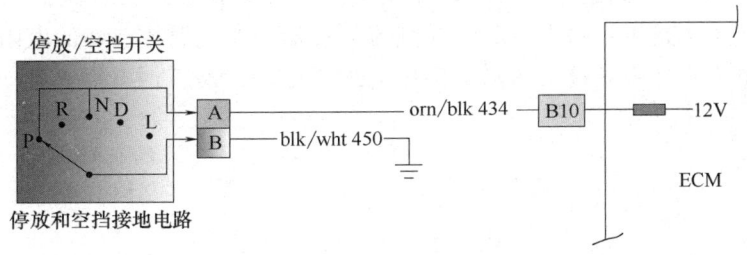

图 6-40 停车/空挡开关电路图（GM 公司）

把线束插头和开关相连，在开关的接线端 A 和搭铁线间连一个电压表。接通点火开关，变换变速杆的位置，除空挡外，在所有的位置上，电压表读数都应是 5V 以上。

如果电压表没有显示标准电压的读数，应在 ECU 的 B10 引脚和搭铁线间连一只电压表。如果这时电压表的指示超出标准值，那么应检查 ECU 到停车/空挡开关之间的导线，如果这时仍然没有标准读数显示，则应修理 ECU。

把变速杆放在空挡位置，电压表读数应该小于 0.5V。如果这时显示读数大于 0.5V，则需更换停车/空挡开关。

任务 6.4 电控制燃油喷射系统的常见故障

1）启动困难。首先检查启动加浓喷嘴是否工作，引线插头是否松脱，启动加浓阀是否卡死。若通电时能听到"嗒"的响声，说明启动加浓阀基本正常，否则为卡死。若启动加浓喷嘴无问题后还不能启动着火，则应检查电动输油泵和气流传感器，如都无问题，则可能是油泵供油量不足或压力不够，如两者经检查均无问题，则应检查节流阀开关及点火线路等。

2）发动机通过拖车可以顺利发动，但用启动机驱动却不能启动着火。出现这种情况，可先按上述"启动困难"一项进行检查，若均无问题，则应检查气温传感器和热控开关，若仍不能启动，则检查电动输油泵控制电路及输油管路。若因电动输油泵供油较迟所致，可调整杠杆的角度予以解决。

3）发动机失速。首先检查辅助空气装置是否工作不良。冷车时，阀门孔应和辅助气道相通；热车时，则应在弹簧作用下关闭。若此装置无问题，再检查电子计算机控制单元输入输出插件是否工作不良，启动加浓阀能否在热车时关闭，最后再检查温度传感器是否工作正常。

4）发动机怠速粗暴或喘振。应先检查各喷油阀的电路连接是否良好，然后检查每个油阀是否能触发，处理太靠近高压线的控制信号线。检查各进气软胶管接头及真空软管有无破损和漏气处，若有则应予以密封。

5）高速性能差。在打开节流阀时，检查节流阀开关位置是否合适对中（打开壳盖），再用压力表接在供油管道上测试供油压力（该压力应为 1471kPa）。过低时，应更换汽油压力调节器。如压力正常，再检查喷油嘴触发系统功能是否失调，检查各传感器并清查导线和插接件，若传感器有问题则应予更换。

6）耗油量过大。遇到这一问题时，应先检查各真空胶管是否有泄漏，再检查气温传感器是否失效或接头是否短路，测试装在气流传感器上的气温传感器的电阻，如不符合规定，则应予以更换。如果是接头短路，则应清理或更换。最后，再检查启动加浓阀能否关闭，若有问题，应予排除。

项目 7
电控点火系统故障诊断与检修

任务 7.1 电控点火系统控制功能与检测

7.1.1 点火提前角控制

在电控点火系统中，根据汽油机运行工况的特点，ECU 对点火提前角的控制分为汽油机启动时的点火提前角控制和启动后的点火提前角控制两种情况。

（1）汽油机启动时点火提前角的控制

汽油机启动时，在极短的时间内，发动机从转速为 0 到升高到每分钟几百转，转速的剧烈变化使电控点火系统无法实行最佳点火提前角控制。因此，对于汽油机的启动工况，ECU 不实行最佳点火提前角控制，而是根据启动开关信号和发动机的转速信号，以预先设定的点火提前角点火。当发动机转速超过一定值（一般大于 500r/min）时，则转入启动后的最佳点火提前角控制程序。

（2）启动后的最佳点火提前角控制

汽油机启动后，电控点火系对点火正时实行最佳点火提前角控制。最佳点火提前角控制的基本控制过程是：首先，ECU 根据发动机转速和负荷确定基本点火提前角。然后，根据有关传感器的信号，确定修正点火提前角。这两项点火提前角的代数和，再加上作为计算基准的初始点火提前角，得到实际的最佳点火提前角，如图 7-1 所示。实际最佳点火提前角可用公式表示为：

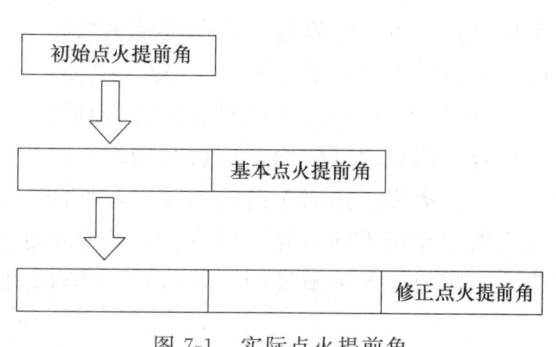

图 7-1 实际点火提前角

实际最佳点火提前角＝初始点火提前角＋基本点火提前角＋点火提前角修正值

1）初始点火提前角。初始点火提前角对最佳点火提前角计算没有实质性影响，它的作用仅是确定点火提前角计算的初始基准位置。在有些电控点火系中，ECU 把判缸信号出现后的第一个转速信号过零点定为压缩行程上止点前 10°，并以这个角度作为点火提前角计算基准点，称之为初始点火提前角。也有一些电控点火系把压缩上止点作为点火提前角计算基准点。在这类汽油机中，实际最佳点火提前角的计算公式变为：

实际最佳点火提前角＝基本点火提前角＋点火提前角修正值

2)基本点火提前角。对于基本点火提前角的确定,ECU按怠速工况和非怠速工况两种情况分别处理。

汽油机处于怠速工况运行时,ECU根据节气门位置传感器输入的怠速触点闭合信号,确认发动机处于怠速工况,然后根据转速传感器输入的转速信号、空调开关信号,从预先设定的怠速工况基本点火提前角数据表中选出相应的点火提前角,如图7-2所示。

汽油机处于非怠速工况运行时,ECU根据转速传感器输入的转速信号、节气门位置传感器输入的负荷信号,从预先设定的非怠速工况基本点火提前角数据表(也称点火提前角脉谱图)选出相应的基本点火提前角,如图7-3所示。

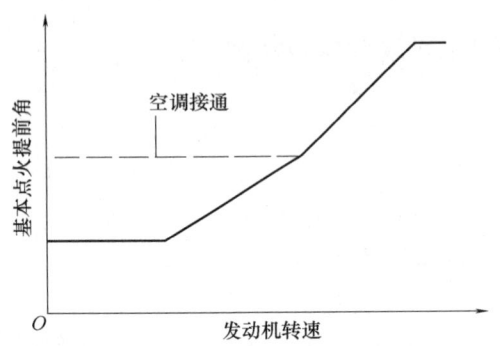

图7-2 怠速工况的基本点火提前角

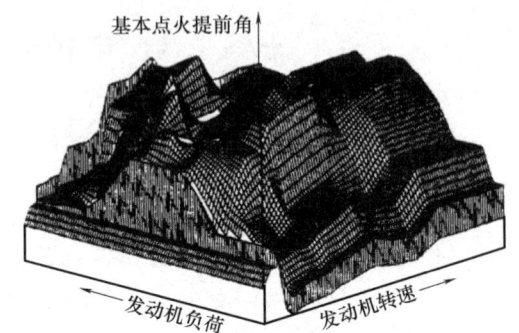

图7-3 非怠速工况的基本点火提前角

(3)点火提前角修正值

除了转速和负荷这两个主要因素外,其他对点火提前角有影响的因素均归入点火提前角修正值中。在汽油机运转中,ECU根据有关传感器的输入信号,分别求出对应的修正值,它们的代数和就是总的点火提前角修正值。在大多数电控点火系中,总的点火提前角修正值包括暖机工况修正、发动机过热修正、空燃比反馈修正、发动机怠速稳定性修正、爆燃传感器反馈修正等。

1)暖机工况修正。汽油机冷车启动后,发动机进入暖机工况,由于冷却水温度较低时,混合气燃烧速度较慢,应适当增大点火提前角。随着暖机过程的延续,冷却水温度逐渐升高,点火提前角修正值逐渐减小,如图7-4所示。暖机修正值大小与冷却水温度的对应关系随发动机不同而异,但变化规律基本相同。暖机工况修正的主要控制信号有确认发动机处于暖机工况的节气门位置信号、冷却水温度信号和空气流量信号等。

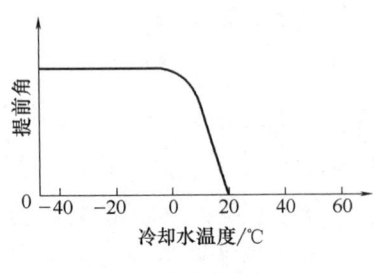

图7-4 暖机修正曲线

2)发动机过热修正。当汽油机处于怠速工况运行时,如果冷却水温度过高,应适当增大点火提前角,以防止发动机长时间过热。汽油机处于非怠速工况运行时,如果冷却水温度过高,则应适当减小点火提前角,以避免发生爆燃。发动机过热修正值的变化规律如图7-5所示。发动机过热修正的主要控制信号有ECU对怠速或非怠速进行判断的节气门位置信号、冷却水温度信号等。

3)空燃比反馈修正。由于混合气空燃比变化对混合气的燃烧速度有影响,因此ECU需要根据氧传感器的空燃比反馈信号对点火提前角

项目 7 电控点火系统故障诊断与检修

进行修正。ECU 仅在空燃比大于 14.7∶1 情况下才进行空燃比反馈修正，且与喷油量修正呈负相关，即当喷油量逐渐减少，空燃比从 14.7∶1 逐渐变大时，空燃比反馈修正值由零逐渐增大。当喷油量逐渐增加，空燃比由大于 14.7∶1 逐渐变小时，空燃比反馈修正值由大逐渐减小。在空燃比小于 14.7∶1 时，不进行空燃比反馈修正，如图 7-6 所示。采用这种修正方法，不仅考虑到混合气的燃烧速度，而且也兼顾到提高发动机怠速的稳定性。空燃比反馈修正的主要控制信号有氧传感器的空燃比反馈信号、节气门位置信号、冷却水温度信号等。

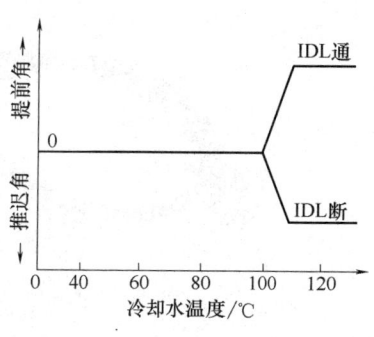

图 7-5　过热修正曲线

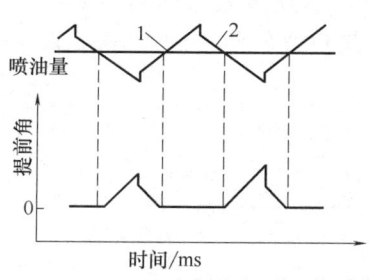

图 7-6　空燃比反馈修正
1—喷油量增加　2—喷油量减少

4）发动机怠速稳定性修正。汽油机在怠速工况运行时，由于发动机的输出扭矩和负荷之间的不平衡，发动机怠速总会在一定转速范围内波动。为了减小怠速的波动幅度，微机控制系统除了在汽油喷油系统、怠速控制系统中采取了相应的控制措施外，还通过对点火提前角的修正来提高汽油机的怠速稳定性。

汽油机处于怠速工况时，ECU 连续不断地计算发动机的平均转速，当平均转速低于设定目标怠速转速时，ECU 根据平均转速与目标转速差值的大小修正点火提前角。当发动机平均转速高于目标转速时，减小点火提前角，反之则相反，如图 7-7 所示。怠速稳定性修正的主要控制信号有发动机转速信号、节气门位置信号、空调信号等。

5）爆燃传感器反馈修正。爆燃传感器是用来检测发动机有无爆燃现象，并将信号送入发动机 ECU。爆燃与点火时刻有密切的关系，点火提前角越大，燃烧的最大压力就越高，越容易产生爆燃。爆燃传感器外形及安装位置如图 7-8 所示。爆燃传感器安装在汽缸体上，利用压电晶体的压电效应，把爆燃时传到汽缸体上的机械振动转换成电信号输入 ECU，ECU 通过爆燃传感器输入信号判别发动机有无爆燃，并依据爆燃强度推迟点火时间。爆燃越强，推迟点火角越大，直到爆燃消失为止。

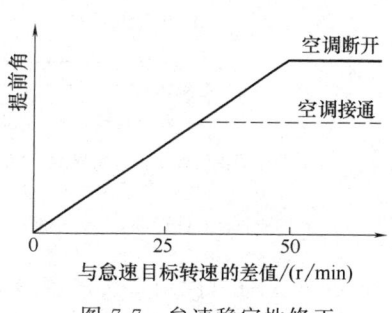

图 7-7　怠速稳定性修正

（4）最大和最小提前角控制

如果发动机的实际点火提前角（初始点火提前角＋基本点火提前角＋修正点火提前或延迟角）超出一定范围时，发动机将不能正常运转。为了防止出现这种情况，在微机控制点火系中预设限值，ECU 把计算得到的实际最佳点火提前角与预设限制值进行比较，如超出则以预设限值作为实际的最佳点火提前角。最大和最小点火提前角的一般限值范围为：

图 7-8 爆燃传感器外形及安装位置

最大提前角：35°～45°；最小提前角：-10°～0°。

点火提前角的控制方法：发动机工作中，点火时刻的控制要求用1°曲轴角的指令精度进行控制。当发动机转速为6000r/min时，若将1°曲轴转角换算成时间为36ms。为了进行这样精确的计时控制，需要具有能够准确检测曲轴转角位置的曲轴位置传感器和高速运算的微机，另外还需要有能够巧妙运用它们的控制方式。

有分电器电控点火系统点火提前角控制原理如图7-9所示。

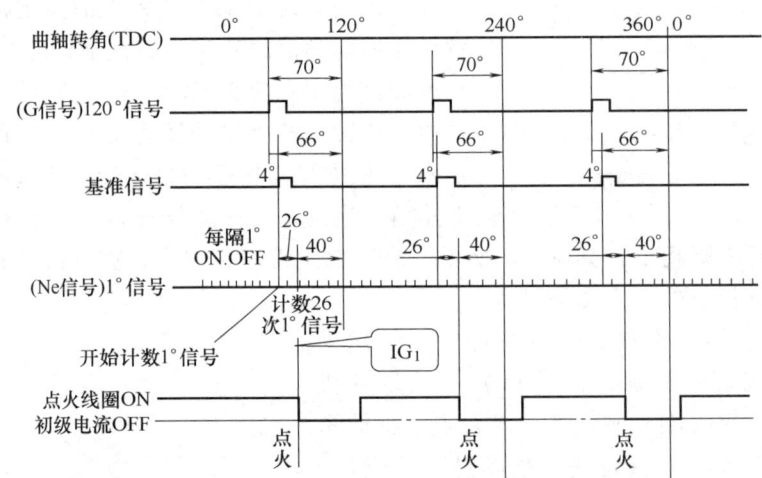

图 7-9 日产 ECCT 系统（直列六缸发动机，点火提前角为上止点前40°）

1）点火提前角控制系统的组成。电子点火提前控制系统的组成主要由监测发动机运行状态的传感器、处理信号、发出指令的 ECU、响应指令的点火器以及点火线圈等组成，如图 7-10 所示。

丰田车系计算机控制的点火系统组成如图 7-11 所示。

2）点火提前角控制系统的基本工作原理。丰田 4A-GE 发动机 TCCS 点火系统如图 7-12 所示。ECU 根据转速信号（Ne）和曲轴位置信号 G1、进气歧管压力传感器信号以及其他修正信号计算最佳点火提前角，通过 IGT 端子向点火器输出点火正时信号，控制点火器搭铁切断的时刻，与此同时在点火线圈的二次线圈产生高压跳火。再由分电器分配到各汽缸。为了产生稳定的二次侧电压和保证系统的可靠工作，在点火器中设有闭合角控制

项目 7 电控点火系统故障诊断与检修

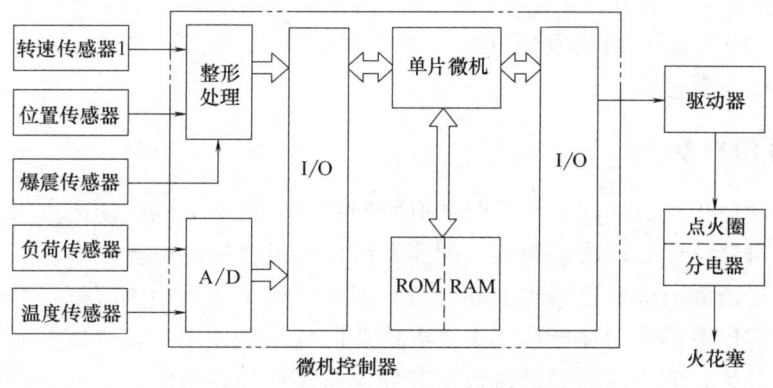

图 7-10 微机控制的电点火系统组成原理

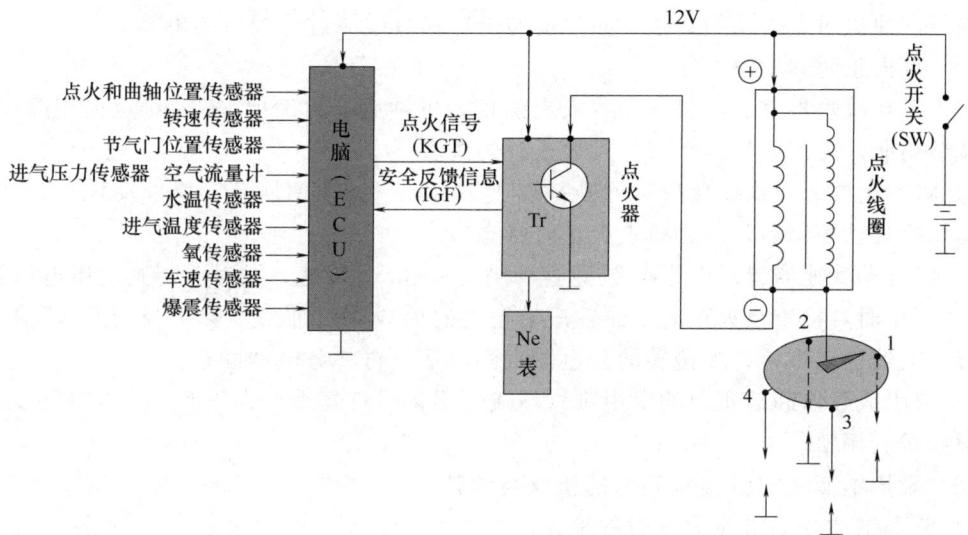

图 7-11 丰田车系计算机点火系统

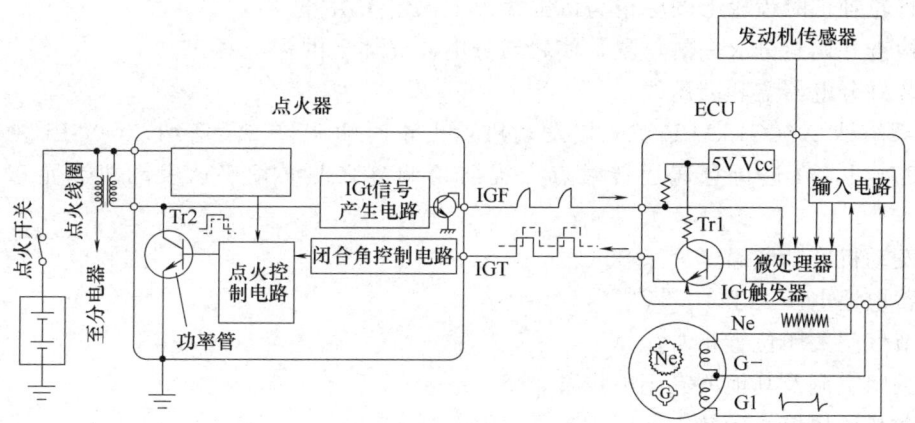

图 7-12 丰田 4A-GE 发动机 TCCS 点火系统

125

电路和点火确认信号（IGF）安全保护电路。当ECU向点火器发出8~11个点火正时信号（IGT）后，ECU还没有接收到IGF信号，则ECU将会进入失效—安全模式，切断喷油，防止催化转换器过热。

7.1.2 闭合角控制

闭合角控制也称点火线圈初级线圈通电时间控制。对于电感储能式点火系统，点火次级线圈产生的击穿电压，取决于初级线圈断开瞬间流过线圈的电流大小。如果在初级线圈断开瞬间，通过线圈的电流已达到饱和电流，即按欧姆定律得出电流值，那么在点火线圈的次级就能感应出最高的击穿电压。由于电感线圈的阻抗作用，在电压不变的条件下，从初级线圈接通开始，流过线圈的电流按指数规律由零开始逐渐增大，需要经过一定的时间后才能达到饱和电流。为了满足汽油机对点火系在击穿电压和点火能量上的要求，微机控制点火系的闭合角控制以初级线圈流过电流在断开瞬间达到饱和电流为主要目标。这样不仅能满足汽油机对点火系的要求，同时也能避免初级线圈过热及节约电能。

（1）点火正时的调整

点火系在故障检修、拆装分电器或更换相关机件后，为确保ECU对点火正时有效的自动调节功能，应按下列步骤进行点火正时的调整。

1）将专用维修导线连接故障诊断插座上的TE_1和E_1两插孔，使发动机进入初始状态（指切断自动控制后，发动机点火正时状态）。

2）将自动变速器置于N挡，使急速保持700r/min转速，同时关闭其他用电设备。

3）用正时灯检查点火正时，曲轴皮带轮上的刻线应对准刻度牌10°标记，不合适时，应松开分电器固定螺栓，缓慢转动分电器直到合适，再将分电器固定。

4）取出故障诊断插座上的专用维修导线，用正时灯复查点火正时，应在8°~10°。若不合适应重新调整。

（2）桑塔纳2000GLi点火正时的检查与调整

1）桑塔纳2000GLi点火正时的检查。

① 将飞轮和同步盘调整到与一缸活塞上止点相对应的位置。

② 将V带调整到与一缸活塞上止点相应的位置。

③ 将轮轴正时齿轮上的标记与汽缸盖罩上的箭头对齐。

④ 检查并调整分火头的位置，使之与分电器壳体上的标记对齐。

⑤ 装好分电器盖和高压线。

2）桑塔纳2000GLiAFE型电控发动机点火正时的调整。桑塔纳2000GLi装备AFE型电控发动机，在进行急速运转时点火提前角调整之前必须确认发动机满足以下6项条件：

① 发动机冷却液温度大于80℃。

② 蓄电池电压大于10.5V。

③ 节气门关闭位置正常。

④ 关闭空调及其他所有用电设备。

⑤ 散热风扇停止运转。

⑥ 发动机无故障码存储。

3) 调整方法。

方法 1：当满足上述怠速运行条件时，连接 VAG1552 进入 01-08-012 显示组，其第四区显示的是进气歧管绝对压力值，操作者可一边转动分电器外壳，一边观察进气歧管绝对压力值。当该值为 36～37kPa 时，固定分电器外壳。此时的点火提前角即为怠速最佳点火提前角。

方法 2：当满足上述怠速运行条件时，将 ECU 的端子 39 搭铁，怠速点火提前角被锁定在 12°BTDC，连接普通点火正时灯照射曲轴传动带轮上的正时记号，当该记号超前正时传动带罩上的尖头 16mm 弧长时，固定分电器外壳，此时的点火提前角就是 12°BTDC（注：曲轴传动带轮的直径为 150mm，故 16mm 弧长对应 12°曲轴转角）。

（3）丰田皇冠 2JZ-GE 型发动机点火正时的检查和调整

1) 使发动机升温至正常工作温度。
2) 接上转速表，其测试杆接到检查连接器的 IG-端子上。
3) 用专用导线跨接检查连接器 TE$_1$ 和 E$_1$ 端子，这样做的目的是使点火正时不再受 ECU 控制，此时检查的是发动机"初始（基本）点火正时"。
4) 检查怠速是否合适，如不合适，先调整。检查怠速时所有用电附件均应关闭，变速器处于空挡或停车挡。
5) 接上正时灯。
6) 检查点火正时是否符合规定值。若不符合，则松开分电器坚固螺母，慢慢转动分电器，直到曲轴带盘上的正时记号对准规定正时刻度，然后再拧紧分电器坚固螺母。
7) 拆下检查连接器上 TE$_1$ 和 E$_1$ 端子上的跨接导线，检查怠速时的点火正时是否符合规定。2JZ-GE 发动机以（700±50）r/min 的速度怠速工作时，TE$_1$ 和 E$_1$ 端子跨接时点火正时为 10°，TE$_1$ 和 E$_1$ 端子不跨拉时点火正时为 8°～12°。
8) 拆下专用导线，转速表和正时灯。

任务 7.2 电控点火系统典型故障诊断与检修

7.2.1 桑塔纳 AJR 发动机点火系统检测（点火系主要组件的检修）

（1）具有两个点火线圈的双火花点火系的测试

AJR 型发动机点火系统采用无分电盘双火花直接点火系统。点火线圈发生故障，发动机立即熄火或不能启动。ECU 不能检测到该故障信息。如果一个火花塞由于开路使这个点火回路断开，那么和它共用一个点火线圈的火花塞也因电气线路故障而不能跳火；如果一个火花塞由于短路而不能跳火，但电气回路没有断开，那么和它共用一个点火线圈的火花塞仍然能够跳火。如图 7-13 所示为 AJR 型发动机点火系电路接线图。

拔下点火线圈的 4 针插头，用发光二极管测试灯连接蓄电池正极和插头上端子 4（图 7-14），发光二极管测试灯应亮。如果测试灯不亮，检查端子 4 和接地点的线路是否有断路。

测试点火线圈的供电电压：拔下点火线圈的 4 针插头，用发光二极管测试灯连接在发动机接地点和插头上端子 2 之间，打开点火开关，发光二极管测试灯应亮。如果测试灯不

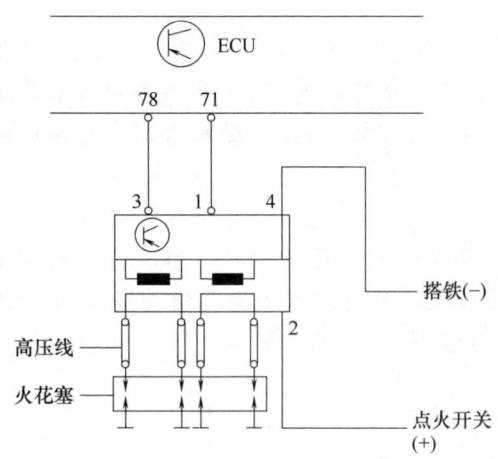

图 7-13　AJR 型发动机点火系电路接线图

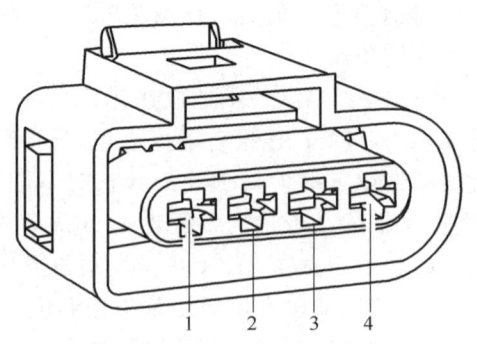

图 7-14　点火线圈的 4 针插头

亮,检查中央电器 D 插头 2、3 端子与 4 针插座端子 2 之间线路是否断路。

测试点火线圈工作:拔下 4 个喷油器的插头和点火线圈的 4 针插头,打开点火开关,用发光二极管测试灯连接发动机接地点和插头上端子 1,接通启动电动机数秒,测试灯应闪亮,然后用测试灯连接发动机接地点和端子 3,接通启动电动机数秒,测试灯应闪亮。如果测试灯不闪,检查点火线圈插头上端子和发动机控制单元线束的插头间导线是否开路或短路,如果线路正常,应更换发动机 ECU。

(2) 爆燃传感器的测试

桑塔纳 2000GSi 型发动机采用两爆燃传感器,分别安装在汽缸体进气管侧第 1、2 缸和第 3、4 缸之间。爆燃传感器发生故障时,发动机 ECU 能检测到故障信息,并能使发动机进入紧急状态下运行,此时各缸都相应推迟点火提前角约 15°,发动机输入功率明显下降。爆燃传感器的连接电路如图 7-15 所示。

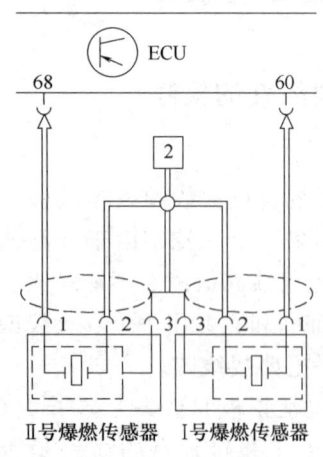

图 7-15　爆燃传感器连接电路图

为了试验爆燃传感器的工作情况,接大众专用解码器 VAG1552,可用 08 功能"读测量数据块",选择 13、14、15、16 显示组。如果在 08 功能中不能实现爆燃传感器的测试,可查询故障码。为了确保爆燃传感器功能完好,必须按规定扭紧力矩(20N·m)紧固。

爆燃传感器的三个端子之间(图 7-16)不应有短路现象,否则,更换爆燃传感器。传感器插头和发动机控制单元线束插头间的线路若有断路或短路,应排除故障。

(3) 霍尔传感器的测试

霍尔传感器发送第 1 缸点火位置,如果霍尔传感器发生故障,爆燃控制关闭,点火提前角稍微推迟,避免产生爆燃。如果没有霍尔传感器信号,发动机仍然将继续运行,并且能再次启动,这是因为在双火花点火系统中发动机每一转各缸产生 1 次火花,不是像通常情况每 2 转各缸产生 1 次火花。另外,由于没有霍尔传感器信号,只是产生一转的偏差,对喷射来说影响不大。

不拔下霍尔传感器插头，用测试灯从背面连接插头端子 1 和 2（图 7-17），接通启动电动机几秒钟，发动机每转 2 转测试灯必须闪一下，如果测试灯不闪，拔下霍尔传感器插头，打开点火开关，测量插头端子 1 和 3 的电压（量程为 20V 电压挡），标准值应为约 5V；测量插头端子 2 和 3 的电压，标准应接近蓄电池电压。如果测量值符合标准，更换霍尔传感器；如果测量值不符合标准，应按如图 7-18 所示检查霍尔传感器与控制单元的线路是否有开路或短路。

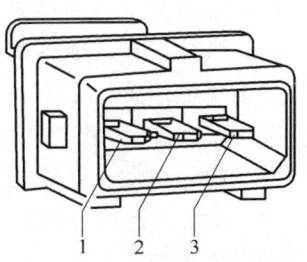

图 7-16　爆燃传感器端子图

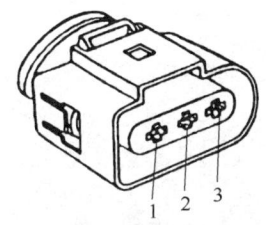

图 7-17　霍尔传感器插头端子图

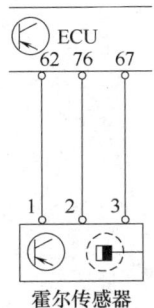

图 7-18　霍尔传感器与控制单元连接电路图

7.2.2　帕萨特独立点火系统检测（点火系主要零部件的检查）

（1）霍尔传感器的检修

检查条件：蓄电池电压至少为 11.5V。拔下霍尔传感器的三针插头。用万用表连接插座的端子 1 和 3，打开点火开关，测量其电压，其允许值为至少 4.5V。如果不在允许范围内，检查控制单元到插座之间的导通性及导线之间是否相互短接。如在导线中未发现故障，且在三针插座端子 1 和 3 之间有电压，则更换霍尔传感器 G40；如果在导线中未发现故障，且在端子 1 和 3 之间无电压，则更换发动机 ECU。

（2）带功率终极端的点火线圈的检修

检查条件：蓄电池电压 11.5V；霍尔传感器正常；发动机转速传感器正常。

1）将点火线圈的功率终端极 2 和三针插头拔下，用导线将万用表连接到中间的端子和接地点，打开点火开关，测量供电电压，其允许值至少 11.5V。如无电压，检查控制单元和三针插座之间的导线是否导通及三针插座端子 2 和继电器板间是否导通。

2）拔下喷油器插头及点火线圈终端级的三针插座，用辅助导线连接二极管灯 V.A.G1527 与端子 1 和接地点之间，启动电机，检查发动机控制单元的点火信号。二极管灯应当闪烁。如果不闪烁，检查相应的导线。如未找到导线的故障，而在端子 2 和接地点间有电压，更换发动机控制单元。如果电压和动作控制正常，更换带功率终端极的点火线圈。

(3) 爆燃传感器的检修

检查条件：自诊断系统能识别一个或两个爆燃传感器上的故障。

拔下爆燃传感器 1（G61）或爆燃传感器 2（G66）的三针插头。在爆燃传感器插头上测量端子 1 和 2、1 和 3、2 和 3 的电阻，其阻值应为无穷大。检查控制单元至三针插座之间的导线的导通性及导线之间是否有短接。如导线中无故障，松开爆燃传感器，并重新以 20N·m 旋紧。进行一次试车行驶后，然后查询故障存储器是否有故障码，若仍有故障，更换爆燃传感器。

项目 8

辅助控制系统故障诊断与检修

任务 8.1　怠速控制系统检修

怠速控制系统（ISC）是发动机辅助控制系统之一，其功能是在发动机怠速工况下，根据发动机冷却液温度、空调压缩机是否工作、变速器是否挂入挡位等实际情况，通过怠速控制阀对发动机进气量进行控制，使发动机随时以最佳怠速稳定运转。怠速是指加速踏板完全松开，节气门关闭，且发动机对外无功率输出并保持最低转速稳定运转时的工况。本任务主要研究发动机怠速的控制原理以及解决其故障检测问题。

8.1.1　步进电机式怠速控制阀的检测

（1）发动机怠速运转状况检测

在冷车状态下启动发动机后，暖机过程开始时，发动机的怠速转速应能达到规定的快怠速转速（通常为 1500r/min），在发动机达到正常工作温度后，怠速转速应能恢复正常（通常为 750r/min）。如果冷车启动后怠速不能按上述规律变化，则怠速控制系统有故障。

发动机达到正常工作温度后，在打开空调开关时，发动机怠速转速应能上升到 900r/min 左右。若打开空调开关后发动机转速下降，则怠速控制系统有故障。

在发动机怠速运转中，若微量转动怠速调节螺钉，发动机怠速转速应不会发生变化（转动后应使怠速调节螺钉恢复原来的位置）。若在转动中怠速转速发生变化，说明怠速控制系统不工作。

（2）怠速控制阀的工作状况检查

对于脉冲线性电磁阀式怠速控制阀，可在发动机怠速运转中拔下怠速控制阀线束连接器，观察发动机的转速是否有变化。如此时发动机转速有变化，则怠速控制阀工作正常。对于步进电动机式怠速控制阀，可在发动机熄火后的一瞬间倾听怠速控制阀是否有"嗡嗡"的工作声音（此时步进电动机应工作，直到怠速控制阀完全开启，以利于发动机再启动）。如怠速控制阀发出"嗡嗡"声，则怠速控制阀良好。为了检查步进电动机式怠速控制阀的工作状况，也可以在发动机启动前拔下怠速控制阀线束连接器，待发动机启动后再插上，观察发动机转速是否有变化。如果此时发动机转速发生变化，则怠速控制阀工作正常，否则，怠速控制阀或控制电路有故障。

（3）ECU 控制电压的检测

对于脉冲线性电磁阀式怠速控制阀，应拔下怠速控制阀线束连接器，用万用表电压挡测量其端子电压。如果在发动机运转过程中，怠速控制阀线束连接器端子有脉冲电压输出，ECU和怠速控制系统线路无故障。若无脉冲电压输出，可打开空调开关后再测试。若仍无脉冲电压输出，则怠速控制系统不工作，应检查ECU与怠速控制阀之间的线路（是否有接触不良或断路故障）；如怠速系统的线路无故障，则ECU有故障，应更换ECU。

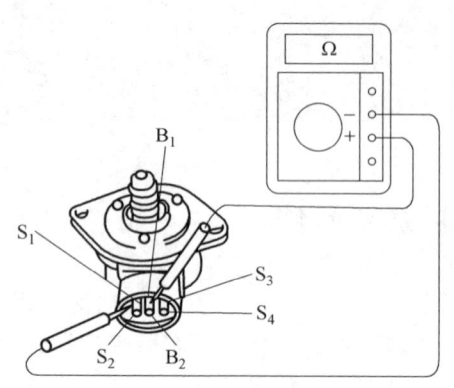

图8-1 皇冠3.0轿车2JZ-GE发动机怠速控制阀的测量原理

皇冠3.0轿车2JZ-GE发动机怠速控制阀的测量原理如图8-1所示，对于步进电动机式怠速控制阀，将点火开关置于"ON"位置，然后测量ECU的端子ICS_1、ICS_2、ICS_3、ICS_4与端子E_1间的电压值（应为9～14V），如无电压，则ECU有故障。

（4）怠速控制阀的阻值

B_1与S_1或S_3之间，B_2与S_2或S_4之间的电阻应为10～30Ω，哈飞路宝车的电阻为：47.5Ω。若有短路或断路，应更换ISC阀。

（5）控制线路检查

关闭点火开关，拔下连接器，用万用表20V（DC）电压挡，测B_1、B_2导线连接端子应该有12V电压。再关闭点火开关，用发光二极管把怠速控制阀与导线连接器依次跨接，然后启动发动机，该发光二极管会按照工作顺序S_4-S_3-S_2-S_1的顺序连到其余端子上，阀应向开启方向移动。如发现有一个发光二极管没有闪亮，则检查该线路或者ECU内的三极管是否损坏。若是没有线路断路或三极管损坏，则检查电脑供电或发动机故障指示灯。

8.1.2 旋转电磁阀型怠速控制阀的检修

旋转电磁阀实物及电路原理如图8-2所示。

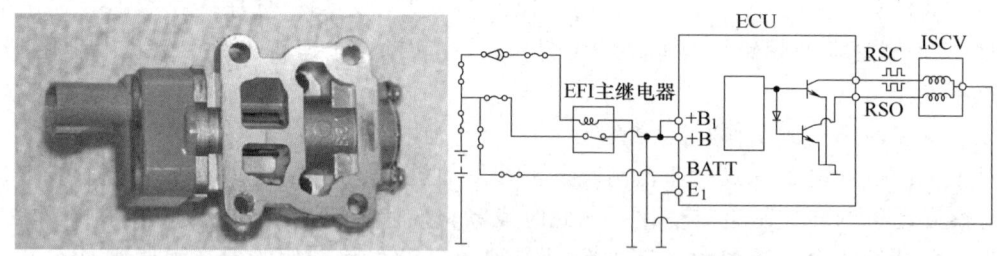

图8-2 旋转电磁阀实物及电路原理图

1) 拆下控制阀线束连接器，点火开关打开但不启动发动机，分别检测电源端子与搭铁间的电压，应为蓄电池电压。

2) 发动机达到正常的工作温度、变速器处于空挡位置时，使发动机维持怠速运转，用专用短接线接故障诊断座上的TE_1与E_1端子，发动机转速应保持在1000～1200r/min，5s后转速下降约200r/min。

3) 拆下怠速控制阀上的三端子线束连接器，在控制阀侧分别测量中间端子（+B）与两侧端子（ISC_1和ISC_2）的电阻应为18.8～22.8Ω。

8.1.3 占空比控制型怠速阀检修

① 拆下控制阀线束连接器,点火开关置"ON",不启动发动机,分别检测电源端子与搭铁间的电压,应为蓄电池电压。

② 拆下怠速控制阀上的两端子线束连接器,在控制阀侧分别测量两端子之间电阻应为 10~15Ω。

8.1.4 节气门直动式怠速控制系统检修

以大众车系为例介绍节气门直动式怠速控制系统的故障诊断及检修,其实物和电路原理如图 8-3 所示。

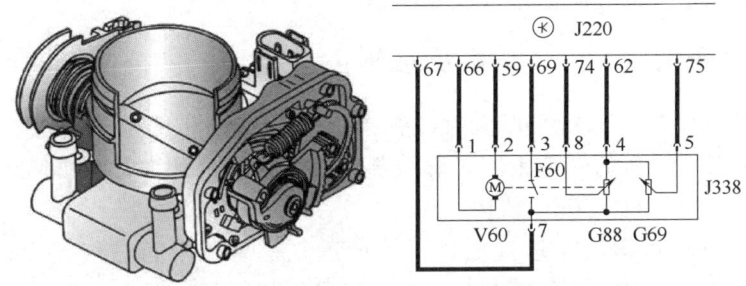

图 8-3 大众节气门直动式怠速控制系统实物及电路原理图

1)检查供电电压应为 5V,搭铁线要良好,信号电压随踏板位置改变而改变;检查导线连接(短/断路检测);检测传感器的阻值,电阻应接近线性变化。

2)用 V.A.G1551 进入读取数据流功能,输入数据号 062,读取数据流,应符合表 8-1 数据标准,如不符合,根据图 8-4 的端子标定对节气门控制单元进行检修。

表 8-1 062 组数据流

显示组 62 电子节气门电位计	显示区			
	1	2	3	4
显示屏	××%	××%	××%	××%
表示	节气门角度 角度传感器 1	节气门角度 角度传感器 2	加速踏板位置 传感器 1	节气门角度 角度传感器 2
工作范围	最小:0% 最大:100%	最小:0% 最大:100%	最小:0% 最大:100%	最小:0% 最大:100%
规定值	3%~93% 怠速值:8%~18%	3%~97% 怠速值:80%~90%	12%~97%	4%~49%

```
2   4   6
1   3   5
```

图 8-4 节气门控制单元插接器

1—TPS_1 2—5V 3—电动机 M+ 4—TPS_2 5—电动机 M 6—ECM

任务8.2 可变气门正时系统检修

可变气门正时系统是发动机辅助控制系统之一，为了保护环境以及为了人类可持续发展，实现低能源消耗和低排放污染已成为汽车发动机的发展方向。这就要求发动机在保证良好动力性的同时，又要降低燃油消耗量，需要某种可变配气相位机构能使气门正时、气门开启持续时间及气门升程等参数中的一个或多个随发动机的工况变化实时进行调节，即配气相位角也应该随之改变。最佳的配气相位能使发动机在很短的换气时间内充入最多的新鲜空气（可燃混合气），并使排气阻力减小，废气残留量最少，从而获得更好的燃油经济性、更高的扭矩和功率特性，提高汽车怠速稳定性和降低排放污染。本任务主要研究发动机可变气门正时系统的控制原理与检修问题。

8.2.1 本田可变气门 VTEC 结构及原理

本田汽车运用 VTEC 系统可以大大改善怠速的稳定性和低速的平稳性，提高发动机功率和扭矩，扩大发动机的转速范围，降低部分负荷燃油消耗率，改善废气排放。

（1）本田汽车发动机 VTEC 结构

本田汽车 VTEC 机构由主进气摇臂、辅助进气摇臂、中间进气摇臂以及正时活塞、同步活塞 A、同步活塞 B、油压控制电磁阀等组成，如图 8-5 所示。

VTEC 发动机的每个汽缸，都有与普通气门一样动作的 4 个气门（1 个主进气门，1 个副进气门，2 个排气门），凸轮轴除原有控制 2 个气门的一对凸轮外，还增设了 1 个高位凸轮，3 个凸轮的轮廓各不相同。气门摇臂也因此分成并列排在一起的主摇臂、中间摇臂和辅助摇臂。

主摇臂内有一油道与摇臂轴的油道相通，主摇臂腔内有一正时活塞，辅助摇臂腔内有同步活塞 A 和 B。正时活塞和同步活塞之间有一正时弹簧，主摇臂设有一个正时板。气门摇臂组结构如图 8-6 所示。

（2）VTEC 的工作原理

VTEC 的控制系统主要由电控单元 ECM、VTEC 电磁阀总成（控制电磁阀、液压执行阀）和压力开关等组成，结构如图 8-7 所示。

控制单元将发动机的转速、负荷、车速、冷却水温度、VTEC 压力开关等信号进行分析处理后，控制系统的动作。控制过程如图 8-8 所示，只有当出现下列情况时系统才会动作：

① 由进气歧管压力传感器检测的数据得到发动机转速高于 2300～3200r/min 或发动机进入中等负荷以上时。

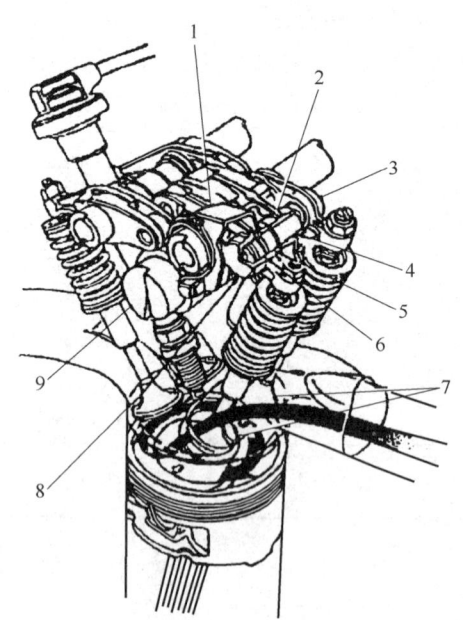

图 8-5 VTEC 系统结构图
1—正时板 2—中间进气摇臂 3—辅助进气摇臂
4—同步活塞 B 5—同步活塞 A 6—正时活塞
7—进气门 8—主进气摇臂 9—凸轮轴

项目 8 辅助控制系统故障诊断与检修

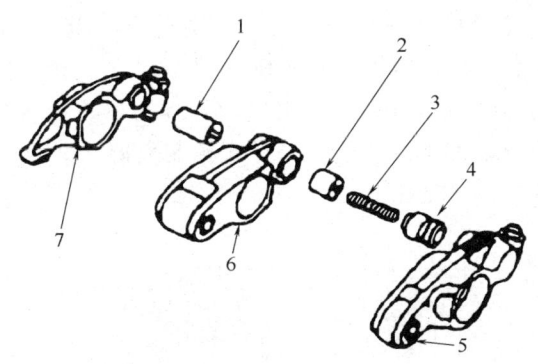

图 8-6 气门摇臂组结构
1—同步活塞 B　2—同步活塞 A　3—正
时弹簧　4—正时活塞　5—主摇臂
6—中间摇臂　7—辅助摇臂

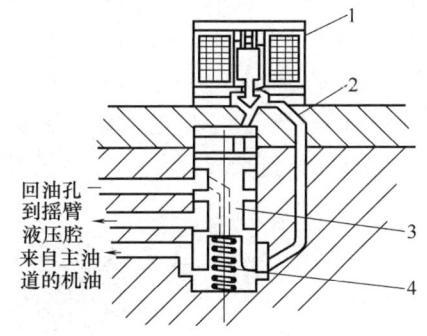

图 8-7　VTEC 电磁阀结构
1—VTEC 控制电磁阀　2—控制油路
3—压力控制活塞　4—回位弹簧

② 由车速传感器检测到的车速高于 10km/h 时。

③ 由水温传感器检测到的水温高于 10℃ 时。

④ 由 ECM 发出信号使 VTEC 电磁阀打开，液压执行阀动作，使气门机构也随之动作。

1) 低速状态。发动机在低转速时，控制电磁阀没有打开，在弹簧力作用下液压执行活塞处于最高位置，机油经活塞中部的孔流回油底壳，装在主摇臂上的正时板也在弹簧作用下挡住正时液压活塞向右

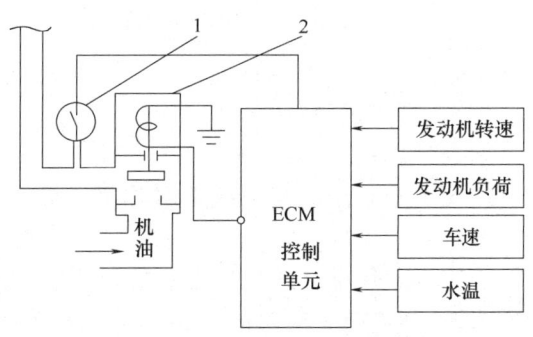

图 8-8　VTEC 控制过程
1—压力开关　2—VTEC 电磁阀

运动，如图 8-9 所示。此时主摇臂、中间摇臂和辅助摇臂是彼此分离独立动作的，凸轮 A 与凸轮 B 分别驱动主摇臂和辅助摇臂，以便控制气门的开闭，如图 8-10（a）所示。由于凸轮 B 的升程很小，因而进气门只稍微打开。虽然此时中间摇臂已被凸轮 B 驱动，但由于中间摇臂与主摇臂、辅助摇臂是彼此分离的，所以不影响气门的正常开闭。

也就是说，在低速状态 VTEC 机构是不工作的，气门的开闭情况与普通顶置凸轮轴式配气机构是相同的。

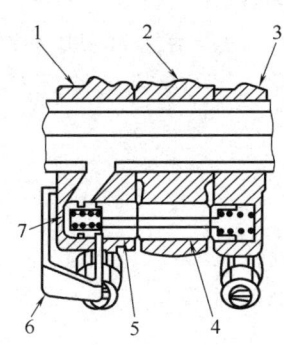

图 8-9 活塞的工作
情况（低速状态）
1—主摇臂　2—中间摇臂　3—辅助
摇臂　4—同步活塞 B　5—同步活
塞 A　6—正时板　7—正时活塞

2) 高速状态。当发动机在高速运转时，由于离心力和惯性力的作用，正时板克服弹簧力而取消对正时活塞的锁止。当发动机转速达到某一特定转速时，控制磁阀接收到 ECM 的信号而接通油路，一部分机油流到液压控制活塞顶部，活塞向下运动而关闭回油道，使机油经活塞中部的孔沿摇臂轴流到各气门摇臂的液压腔，流入正

135

时活塞的左侧，使同步活塞移动，将主摇臂、辅助摇臂和中间摇臂锁成一体，一起动作，如图 8-10（b）所示。此时，由于凸轮 C 比凸轮 B 高，所以由它来驱动整个摇臂，并且使气门开启时间延长，开启的升程就增大，从而达到改变气门正时和气门升程的目的。当发动机转速降低至设定值的时候，摇臂中同步活塞端的油压也将由 ECM 控制而降低，同步活塞将回位弹簧推回原位，三根摇臂又彼此分离独立地工作。

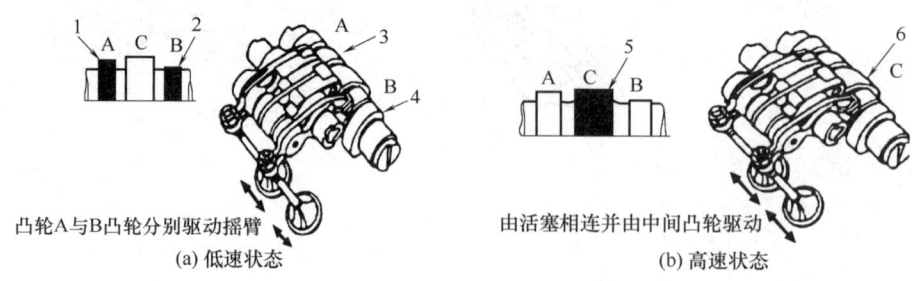

图 8-10 凸轮与摇臂工作情况
1、3—主凸轮 2、4—辅助凸轮 5、6—中间凸轮

(3) 正时机构的工作过程

1) 油压已建立时。

① 气门无上升动作：当正时片进入正时活塞时，切换动作无法进行，气门无上升动作。

② 气门上升开始：当正时片退出嵌合位置后，正时活塞开始移动，但由于摇臂之间错位，同步活塞仍无法移动。

③ 气门无上升动作：正时片拉出后，气门就开始由单气门切换为双气门工作状态，由于此时摇臂对正，所以同步活塞便在油压作用下开始移动。

④ 气阀无上升动作：切换动作完成。

2) 系统泄压时。

① 气门无上升动作：当正时片插入正时活塞时，切换动作无法进行。

② 气门上升开始：正时片开始上升，因为摇臂之间有负荷，同步活塞无法开始移动。

③ 气门无上升动作：当正时片再次进入嵌合位置时，摇臂之间的负荷解除，同步活塞被弹簧推回，气门开始由双气门切换为单气门工作状态。

④ 气门无上升动作：切换动作完成。

8.2.2 丰田可变气门正时系统

丰田可变进气门正时系统（VVT-i）利用油压来调整进气凸轮轴转角，对气门正时进行优化，从而提高功率输出、改善燃料消耗率和减少废气排放。

(1) 系统组成

ECU 根据转速和负荷要求来控制进气凸轮轴正时控制阀，控制器根据指令使进气凸轮轴相对于齿形带旋转过一个角度，达到进气门延迟开闭的目的，用以增大高速时进气的滞后角，从而提高充气效率。VVT-i 系统组成如图 8-11 所示。VVT-i 系统的主要部件为

VVT-i 控制器及凸轮轴正时机油控制阀。

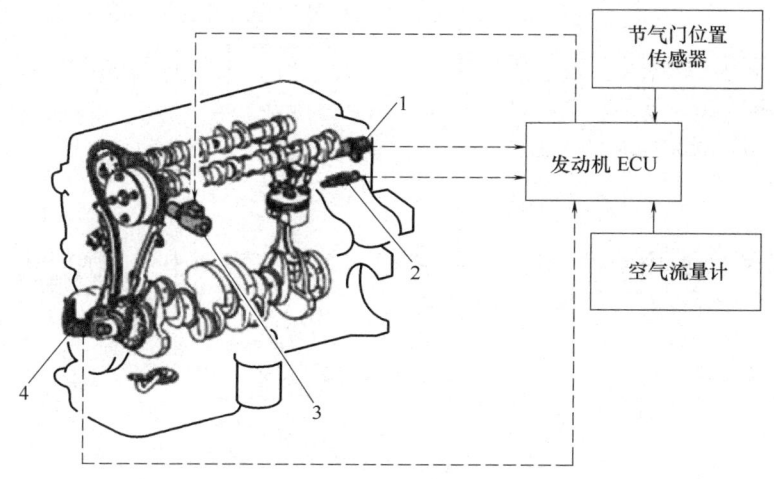

图 8-11　VVT-i 系统的组成
1—凸轮轴位置传感器　2—水温传感器　3—凸轮轴正时机油控制阀　4—曲轴位置传感器

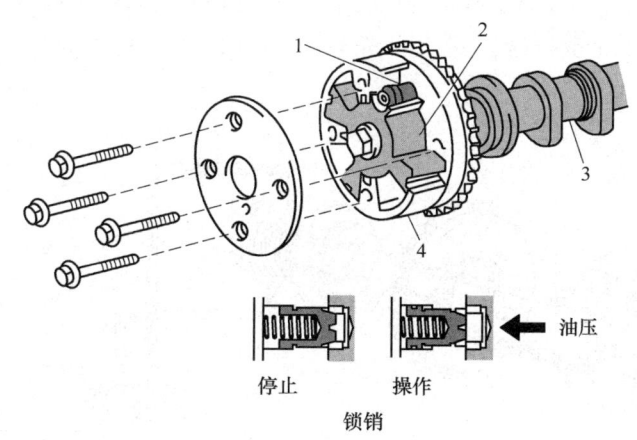

图 8-12　VVT-i 控制器
1—锁销　2—叶片（安装在进气凸轮轴上）　3—进气凸轮轴　4—外壳

VVT-i 控制器由一个由正时链条驱动的齿轮及固定在进气凸轮轴上的叶片组成，如图 8-12 所示。凸轮轴正时机油控制阀结构组成如图 8-13 所示。

（2）工作原理

凸轮轴正时机油控制阀根据发动机 ECU 输出的电流量，来选择流向 VVT-i 控制器的通道。VVT-i 控制器应用油压使进气凸轮轴旋转到提前、延迟或保持气门正时所在的位置。系统的工作原理如图 8-14 所示。

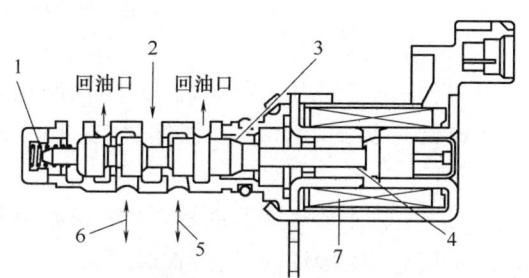

图 8-13　凸轮轴正时机油控制阀
1—弹簧　2—油压　3—滑阀　4—柱塞
5—线圈　6—延迟侧　7—提前侧

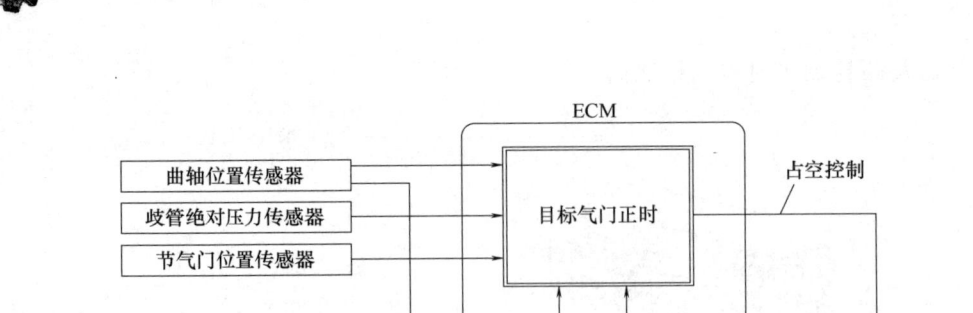

图 8-14　VVT-i 系统工作原理

(3) 工作过程

1) 进气正时提前。发动机 ECU 控制凸轮轴正时机油控制阀的位置，使油压作用于气门正时提前侧的叶片室，这样进气凸轮轴就向气门正时的提前方向旋转，如图 8-15 所示。

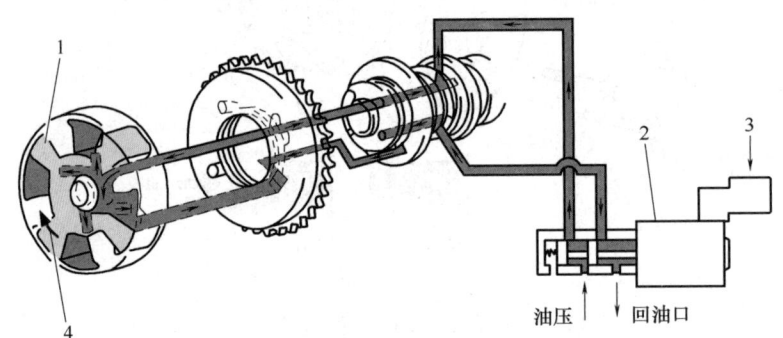

图 8-15　进气凸轮轴向气门正时的提前方向旋转
1—叶片　2—凸轮轴正时机油控制阀　3—发动机 ECU　4—旋转方向

2) 进气正时延迟。发动机 ECU 控制凸轮轴正时机油控制阀的位置，使油压作用于气门正时延迟侧的叶片室，这样进气凸轮轴就向气门正时的延迟方向旋转，如图 8-16 所示。

3) 进气正时保持。发动机 ECU 根据具体的运行参数进行处理，并计算出目标气门正时的角度，当达到目标气门正时以后，凸轮轴正时机油控制阀就关闭油道以保持油压，保持现在的气门正时状态，如图 8-17 所示。

目前，可变气门正时系统应用的车型比较多，名称也不尽相同，如本田汽车的 VTEC、i-VTEC；丰田汽车的 VVT-i；日产汽车的 CVVT；三菱汽车的 MIVEC；现代汽车的 VVT 等。

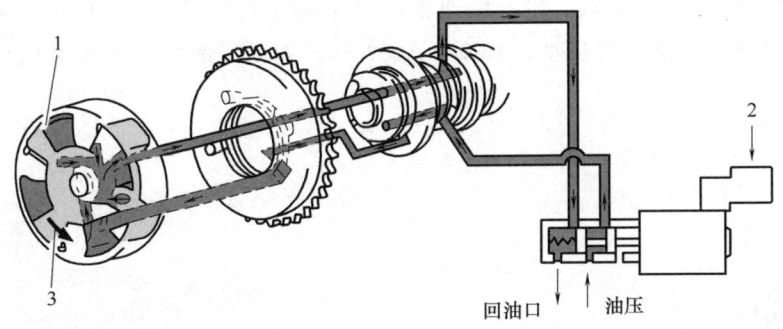

图 8-16 进气凸轮轴向气门正时的延迟方向旋转
1—叶片 2—发动机 ECU 3—旋转方向

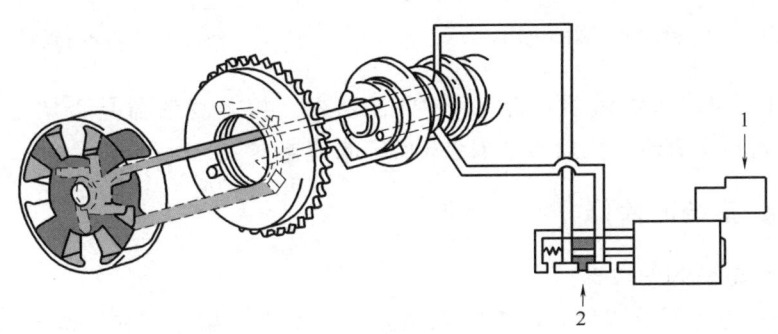

图 8-17 保持气门正时
1—发动机 ECU 2—油压

8.2.3 丰田 VVT-i 可变气门正时系统检修

检测 OCV 的电阻

凸轮轴正时机油控制阀（OCV）电路如图 8-18 所示。

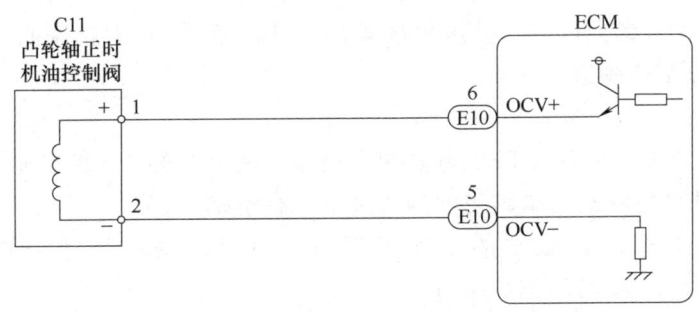

图 8-18 OCV 电路图

1）检测 OCV 的电阻。拆下凸轮轴正时机油控制阀，测量两端子间的电阻，如图 8-19 所示。测量端子 1 与 2 的电阻，在 20℃ 的时候，标准值应为 6.9～7.9Ω。

2) 检查 OCV 的工作状态。将蓄电池正极电压施加到端子 1，负极电压施加到端子 2 时，正常状态下 OCV 应迅速移动，如图 8-20 所示。如果检测结果异常，应更换凸轮轴正时控制阀总成。

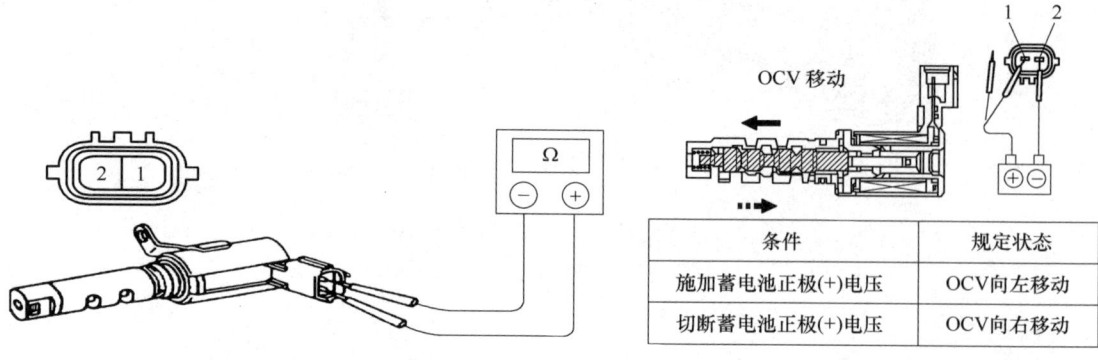

图 8-19　检测 OCV 的电阻　　　　　图 8-20　检查 OVC 工作状态

3) 检查机油控制阀滤清器。拆下 OCV 滤清器，检查滤清器是否堵塞，如果堵塞，应清洗机油控制阀滤清器，然后重新安装 OCV 滤清器。

8.2.4　VTEC 系统的检修

(1) VTEC 电磁阀的检查

拆下 VTEC 电磁阀总成后，检查电磁阀滤清器是否有堵塞现象，如有堵塞应更换滤清器和发动机润滑油。应注意电磁阀密封垫一经拆下，必须更换新件。拆开 VTEC 电磁阀，用手指检查阀是否能自如地运动，若有发卡现象，应更换电磁阀。

(2) VTEC 电磁阀电阻的检测

从 VTEC 电磁阀上拆下线束连接器，测量电磁阀电阻，标准为 14～30Ω。测量电磁阀连接导线与 ECMA4 的端子应导通。

(3) VTEC 电磁阀或电路故障的检修

如果 VTEC 在发动机低速状态下一直工作，发动机就会因进气量不足而无力；如果一直在高速状态下工作，发动机燃油消耗量就会增加。一旦 VTEC 系统出现故障时，发动机故障指示灯 MIL 就会点亮，显示出故障码，其中故障码 21 就说明 VTEC 电磁阀或电路有故障，按以下步骤进行检查：

1) 清除故障码，再重新调取故障码。

2) 关闭点火开关，拆开 VTEC 电磁阀连接器，测量电磁阀线圈电阻应为 14～30Ω。

3) 检查 VTEC 电磁阀与电脑之间的线束是否有断路。

4) 启动发动机，达到正常的工作温度后，检查发动机转速分别为 1000r/min、2000r/min 及 4000r/min 时的机油压力。

5) 用换件法检查 ECM 是否有故障。

(4) 摇臂的检查

拆下气门室盖，在压缩行程上止点时，用手推动 3 个摇臂，应能独立自由动作而不应连锁。用 400kPa 左右的压缩空气从检查油孔处注入，同时堵住泄油孔，这时同步活塞应能把3个摇臂连锁；当不注入压缩空气时，3个摇臂又分开独立动作。

任务8.3 废气涡轮增压系统检修

8.3.1 废气涡轮增压系统的组成和工作原理

一个整体的涡轮增压器是由涡轮室及增压器组成的，涡轮室进气口与排气歧管相连，排气口接在排气管上；增压器进气口与空气滤清器管道相连，排气口接在进气歧管上，涡轮和叶轮分别装在涡轮室和增压器内，二者同轴刚性连接，涡轮增压结构和实物如图8-21所示。

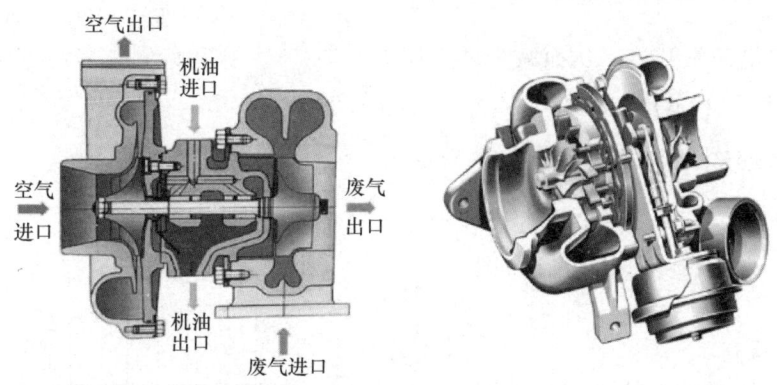

图8-21 涡轮增压器结构和外形图

涡轮增压器利用发动机排出的废气惯性冲力来推动涡轮室内的涡轮，涡轮又带动同轴的叶轮，叶轮压送由空气滤清器管道送来的空气，使之增压进入汽缸。

当发动机转速加快，废气排出速度与涡轮转速也同步增快，叶轮就压缩更多的空气进入到汽缸，空气压力和密度增大便可以燃烧更多的燃料，相应地增加燃料量和调整一下发动机的转速，就可以增加发动机的输出功率了。

如图8-22所示，在现有的技术条件下，涡轮增压器是唯一能使发动机在"工作效率不变"情况下增加"输出功率"的机械装置。一般能使发动机输出功率增加10%～40%。

汽油机采用增压技术后，爆燃的倾向会增大。为了获得较好的增压效果，很多系统将点火正时调节与增压压力的调节相结合来进行控制。因为如果只是单一地降低增压压力，则会引起发动机运行性能的降低；同时由于涡轮增压发动机的排气温度较高，也不宜单独采用调节点火正时方法来控制爆燃，否则高温废气对涡轮将有不利影

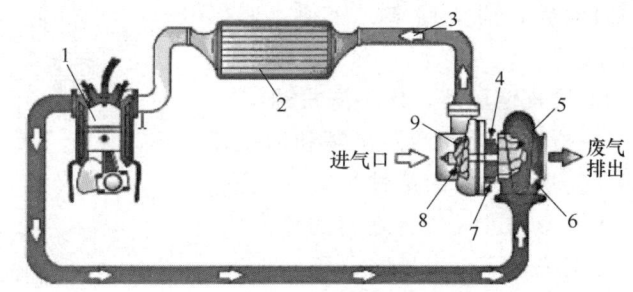

图8-22 涡轮增压系统工作原理示意图
1—汽缸 2—进气冷却器 3—压缩空气流 4—涡轮增压器进油口
5—涡轮 6—废气排放阀 7—出油口 8—压缩机轮 9—压缩机

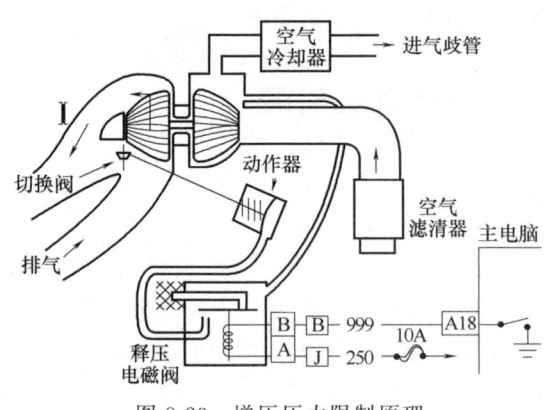

图 8-23 增压压力限制原理

响。通常对于爆燃的第一反应是减小点火提前角，一旦达到点火延迟极限（该极限根据废气的温度而改变），为进一步减少爆燃倾向，将采取降低增压压力的方式。而当爆燃消失时，又将点火提前角调节至最佳值，以使发动机输出尽可能大的转矩。当点火提前角达到最佳时，再慢慢地增加增压的压力。

增压压力限制原理如图 8-23 所示。当 ECU 接收到从进气压力传感器或增压传感器指示的增压压力达到一定值的时，ECU 命令真空电磁阀开启，从而减少增压压力。ECU 用脉宽调制信号打开电磁阀，允许真空进入废气阀来调节增压压力。

8.3.2 废气涡轮增压系统检修

下面以一汽奥迪 A6 1.8T 废气涡轮增压器检修为例，一汽奥迪 A6 1.8T 带废气涡轮增压器的增压进气系统总体构成如图 8-24 所示。

（1）基本检查

1）检查增压器的涡轮壳，应无因为过热、咬合、变形或其他损伤而产生的裂纹，否则应更换废气涡轮增压器。

2）检查涡轮油孔，应无淤积或堵塞。

3）检查废气涡轮增压装置的进油管和回油管，应无堵塞、压瘪、变形等损坏。

4）检查增压器，应不漏机油。

5）检查安装在活性炭罐和增压器前部进气软管之间的活性炭罐单向阀、制动助力器和进气歧管之间的单向阀，应安装正确，箭头应指向导通方向。

6）检查所有管路，应连接牢固、无泄漏、老化等。

（2）机械式空气再循环阀的检修

机械式空气再循环阀装在增压器前面，在通过增压器空气再循环阀的真空控制下，在发动机超速切断、怠

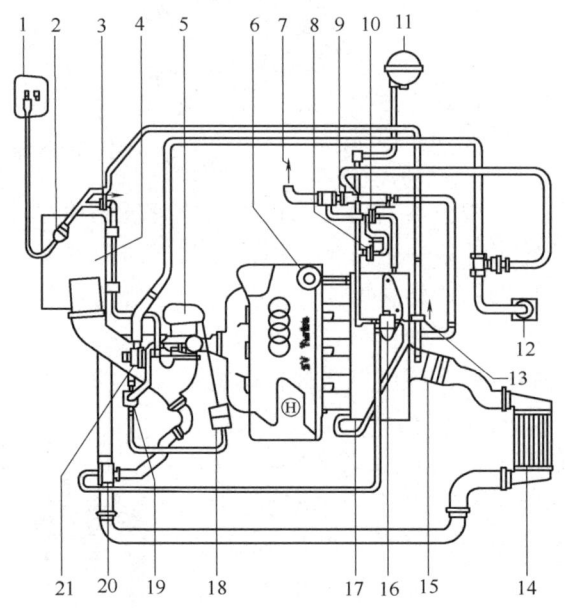

图 8-24 奥迪 A6 1.8T 带废气涡轮增压器的增压进气系统总体构成图

1—活性炭罐（N80） 2—活性炭罐电磁阀 3—活性炭罐单向阀 4—空气滤清器 5—涡轮增压器 6—燃油压力调节器 7—接制动助力器管口 8、10、13—单向阀 9—抽油泵 11—真空罐 12—曲轴箱通风装置 14—增压空气冷却器 15—节气门控制单元（J338） 16—增压器空气再循环阀（N249） 17—进气歧管 18—增压压力调节单元 19—增压压力限制电磁阀（N75） 20—机械式空气再循环阀 21—曲轴箱通风压力调节阀

速及部分负荷时打开,使节气门前面存在的增压压力卸压,涡轮增压器保持在较高的转速。一般在发动机功率不足或有负荷变化冲击时应检查机械式空气再循环阀。

(3) 涡轮增压器空气再循环阀(N249)检修

检查增压器空气再循环阀的内阻,拔下增压器空气再循环阀的导线连接器,用万用表电阻挡在增压器空气再循环阀侧导线连接器处检查增压器空气再循环阀的电阻,其值应为 27~30Ω。增压器空气再循环阀由燃油泵继电器供电。

(4) 增压压力限制电磁阀(N75)检修

增压压力限制电磁阀检修过程和方法与增压器空气再循环阀的检修过程和方法完全一样,只是增压压力限制电磁阀内阻为 23~35Ω,如图 8-25 所示。

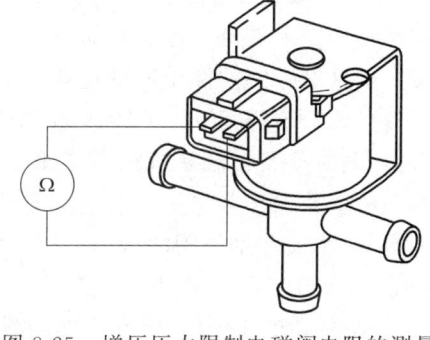

图 8-25 增压压力限制电磁阀电阻的测量

(5) 增压最高压力测试

将变速器挂入 3 挡,发动机转速为 2000r/min 时以节气门全开进行加速,观察仪表板上发动机转速表。在发动机转速约为 2500r/min 时,压力表上显示的值应为 1.600~1.700bar(160~170kPa);VAS5051 或 VAG1551 上显示组 115 的显示区 4 上显示的数据为 1.600~1.700bar。

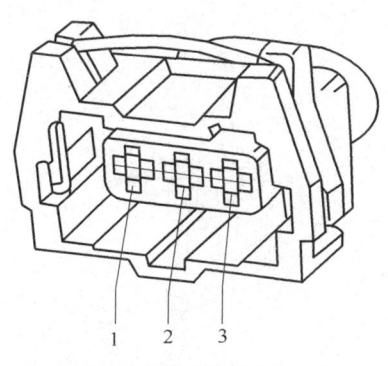

图 8-26 海拔高度传感器的检测
1—信号端子 2—5V 电源端子
3—接地端子

(6) 增压压力传感器

增压压力过高时,电控单元将切断发动机燃油供给,以保护发动机。检查增压压力传感器的信号电压,插上增压压力传感器导线连接器,用万用表测量增压压力传感器导线连接器信号端子和搭铁端子之间的电压。发动机怠速运转时,信号电压值应约为 1.90V,当发动机急加速时,信号电压值应为 2.00~3.00V。

(7) 海拔高度传感器检测

拔下海拔高度传感器连接器,打开点火开关,用万用表测量端子 1 与端子 3、端子 2 与端子 3 之间的电压值,如图 8-26 所示。端子 1 与端子 3 之间的电压应为 5V;端子 2 与端子 3 之间的电压应在 4~5V。

任务 8.4 排放控制系统检修

8.4.1 EVAP 控制系统检测

燃油蒸发排放控制系统又叫汽油蒸气排放控制系统,是汽车发动机辅助控制系统之一,也是汽车发动机排放控制系统之一,其主要是收集汽油箱的汽油蒸气,并将汽油蒸气导入汽缸参加燃烧,从而防止汽油蒸气直接排出大气而造成污染,同时,根据发动机工况,控制导入汽缸参加燃烧的汽油蒸气量。

1) 一般维护:检查管路有无破损及漏气,炭罐壳体有无裂纹,每行驶 20000km 左右应更换活性炭罐底部的进气滤芯。

2) 真空控制阀的检查：拆下真空控制阀，用手动真空泵由真空管接头给真空控制阀施加约5kPa左右的真空度时，从活性炭罐侧孔吹入空气，应畅通，不施加真空度时，吹入空气则不通。

3) 电磁阀的检查：拆开电磁阀进气管一侧的软管，用手动真空泵由软管接头给控制电磁阀施加一定的真空度，电磁阀不通电时应能保持真空度，若接蓄电池电压，真空度应释放。测量电磁阀两端子间的电阻应为36～44Ω。

(1) 长安SC6350B/SC1015XB型汽车燃油蒸气排放控制系统的检修

1) 燃油蒸发排放系统的软管和管道检查。检查燃油蒸发排放系统软管和管道连接、泄漏、堵塞及损坏等情况。若有必要应进行更换。

2) 活性炭罐排气阀的检查。

① 点火开关处于关闭的状态，从活性炭罐排气阀上断开插接件。

② 如图8-27所示，检查活性炭罐排气阀两插头间的电阻；活性炭罐排气阀的电阻值在20℃（68°F）下应为30～34Ω。如果电阻在规定范围内，则进入下一步骤的检查。否则进行更换。

③ 从进气歧管及其管道上取下软管。

④ 如图8-28（a）所示，在插接件断开情况下，向"A"管中吹气。空气不应从"B"管中出来。

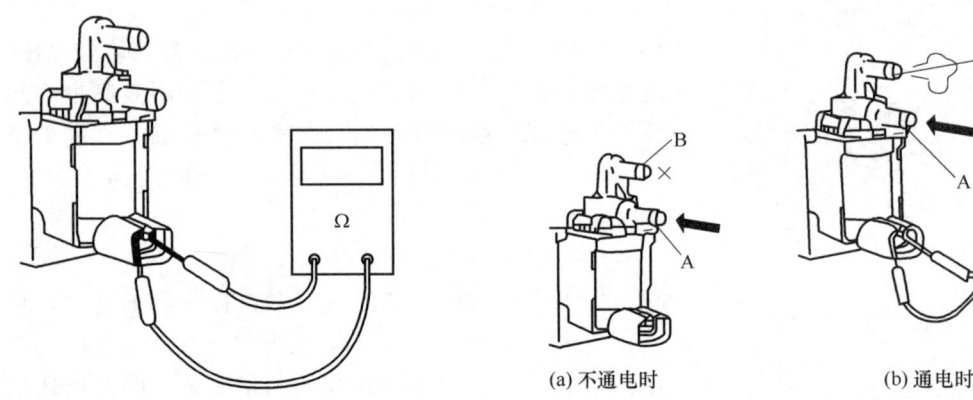

图8-27 检查活性炭罐排气阀电阻　　图8-28 检查活性炭罐排气阀导通情况

⑤ 如图8-28（b）所示，将12V的蓄电池接到活性炭罐排气阀插头上。在这种状态下，向"A"管吹气，空气应该从B管吹出。如果检查结果不是这样，则更换活性炭罐排气阀。

⑥ 将软管连接上。

⑦ 将活性炭罐排气阀的插接件紧紧地插入阀上。

3) 活性炭罐的检查。

① 从活性炭罐上取下软管，并拆下活性炭罐。

② 如图8-29所示，空气吹进油箱管时，排气管道及空气管道中不应有阻力存在。若存在阻力，则应更换活性炭罐。

③ 安装活性炭罐并将软管接到炭罐上。

注意不要在活性炭罐排气管处抽吸空气，因为活性炭罐内的燃油蒸发物对人体是有害的。

(2) 广州本田雅阁轿车燃油蒸发排放控制系统的检测方法

1) 活性炭罐的检测。

① 拆下燃油加注口盖。

② 启动发动机，并使其急速运转。

③ 断开 EVAP 净化控制膜片阀上的真空软管，同时将真空表连接到真空软管上。如果没有真空，则检查真空软管是否堵塞或有裂纹；或者拆下真空软管，同样检查真空进口是否堵塞。

④ 拆下真空表，重新连接好 EVAP 净化控制膜片阀真空软管。

⑤ 将真空表连接到 EVAP 控制活性炭罐净化空气软管上。

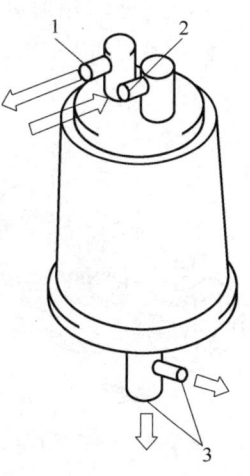

图 8-29 检查活性炭罐
1—排气管 2—油箱管
3—空气管

⑥ 将发动机加速至 3500r/min 左右，真空度应在 1min 内显示在真空表上。如真空度在 1min 内显示在真空表上，则拆下真空表，检测完毕；如真空表上不显示真空度，则拆下真空表，重新安装燃油加注口盖。

⑦ 拆下 EVAP 控制活性炭罐，检查是否损坏或有其他故障。如有故障，则更换 EVAP 控制活性炭罐。

⑧ 关闭发动机，从 EVAP 净化控制膜片阀上拆下上部的真空软管，将真空泵与下部的真空软管连接，并抽真空，真空度应能保持稳定。如果真空度降低，则应更换 EVAP 控制活性炭罐并重新检测。

⑨ 启动发动机，重新将上部的真空软管连接到 EVAP 净化控制膜片阀上。此时真空度应下降到零。如果真空度没有下降为零，则应更换 EVAP 控制活性炭罐并重新检测。

2) 燃油蒸发排放（EVAP）双通阀的检测。

① 拆下燃油加注口盖。

② 从燃油箱上拆下 EVAP 双通阀的燃油蒸气管路，将其连接在与真空表和真空泵直接相连的"T"形管接头上。

③ 持续缓慢地施加真空，同时观察真空表，真空度应该短暂地稳定在 0.7~2.0kPa。如果真空度低于 0.7kPa 或者高于 2.0kPa 时稳定（阀开启），则应安装一个新的 EVAP 双通阀并重新检测。

④ 将真空泵软管的真空接头转换到压力管接头，并且将真空表软管从真空端转换到压力端。

⑤ 缓慢地给燃油蒸发管路加压，同时观察压力表。压力应稳定在 1.3~4.7kPa。如果压力短暂地稳定（阀开启）在 1.3~4.7kPa，则表示 EVAP 双通阀工作正常；如果压力在低于 1.3kPa 或者高于 4.7kPa 时稳定，则应安装一个新的 EVAP 双通阀并重新检测。

8.4.2 汽车三元催化装置的检修

三元催化装置是安装在汽车排气系统中重要的机外净化装置，它可将汽车尾气排出的 CO、碳氢化合物和 NO_x 等有害气体通过氧化和还原作用转变为无害的二氧化碳、水和氮气。由于这种催化器可同时将废气中的三种主要有害物质转化为无害物质，故称三元催化器。本节主要研究三元催化转化器的结构、原理与检测问题。

本田轿车三元催化转化器（TWC）如图 8-30 所示。

① 结构：三元催化转换器为一整体式结构，其排气管中央的栅格网的表面涂有催化剂。

② 作用：三元催化转换器作用是将废气中的碳氢化合物、CO 和 NO_x 等有害气体转换成 CO_2、N_2 和水蒸气。有些车型在三元催化转换器前的排气管内还有一个预热三元催化转换器，其作用是降低发动机预热期间的碳氢化合物、CO 和 NO_x 排放量。

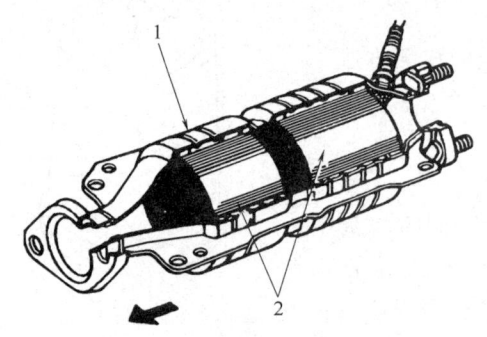

图 8-30　本田轿车三元催化转化器
1—保护套　2—催化剂

③ 工作条件：当理论空燃比为 14.7±1，废气温度在 400～800℃时，三元催化转换器能最有效地减少废气中 CO、碳氢化合物和 NO_x 的含量。

当发动机出现如缺火等故障时，可能导致废气温度超过 1400℃，从而使转换器基质熔化，烧坏三元催化转换器。同时也应避免使用含铅燃油，因为废气中的铅会覆盖在催化剂表面，阻止催化反应的进行，废气中的残留燃油也可能会毒害催化剂。

④ 元件位置：三元催化转换器位于汽车下部，用螺栓固定在排气歧管的后部管上。

(1) 三元催化转化器的检测

1) 三元催化转化器检测前的准备工作。三元催化转换器（TWC）的任务是降低排气中的 CO、碳氢化合物和 NO_x，但如果车辆的状况很差，排出的 CO 的值高于 1%，那么再有效的 TWC 也无能为力。所以在检查 TWC 性能之前，必须首先用汽车尾气分析仪测量汽车尾气中的 CO、碳氢化合物和 O_2 的含量，以判断混合气的浓度是否合适，如果合适才能进行 TWC 性能的检测。在测量尾气的时候，先脱开 TWC 进气口，使发动机运转至正常的温度，将测量管插入排气管中至少 400mm，按照怠速法进行测量（注意：该项测试应该在 3min 内完成）。若测量值不正常应该先检修发动机的工作性能，直至数值在规定范围之内。待数值正常后，装复 TWC 进气口，在发动机温度正常时检测 TWC 的工作性能。

2) 三元催化转化器性能的检测方法。

① 简单人工检查。通过人工检查可以从一开始判断 TWC 是否有损坏。用橡皮槌轻轻敲打 TWC，听有无"咔啦"声响，并伴随有散碎物体落下。如果有此异响，则说明 TWC 内部催化物质剥落或蜂窝陶瓷载体可能破碎，那么就必须更换整个转换器了。如果没有上述异响，应该检查 TWC 是否有堵塞。TWC 芯子堵塞是比较常见的故障，可以用下面两种方法进行：

一种方法是检测进气歧管的真空度法。将废气再循环（EGR）阀上的真空管取下，将管口塞住，避免产生虚假的真空泄漏现象。将真空管接到进气歧管上，让发动机缓慢加速到 2500r/min。若真空表读数瞬间又回到原有水平（47.5～74.5kPa）并能维持 15s，说明 TWC 没有堵塞。否则应该怀疑是 TWC 或排气管有堵塞。

另一种方法是检测排气背压法。从二次空气喷射管路上脱开空气泵单向阀的接头,再在二次空气喷射管路中接上一个压力表。在发动机转速为2500r/min时观察压力表读数,此时读数应该小于17.24kPa,如果排气背压大于或等于20.70kPa,则表明排气系统有堵塞。若观察TWC、消声器及排气管没有外伤,可将TWC出口和消声器脱开后观察压力表读数是否有变化。若压力表显示排气背压仍较高,则为TWC损坏;若压力表显示排气背压陡然下降,则说明有堵塞发生在TWC出气口后面的部件上。

② 怠速试验法检查。让发动机怠速运转,使用尾气分析仪测量此时排气的CO值。当发动机正常工作时(空燃比为14.7∶1),这时的CO典型值为0.5%~1%,当使用二次空气喷射和TWC技术可以使怠速时的CO值接近于0,最大不应超过0.3%,否则说明TWC已经损坏。另外,据经验分析,怠速时的NO_x的排放量也能给我们一些帮助。通常在怠速的时候NO_x数值应不高于$100×10^{-6}$,而在稳定的工况下,NO_x数值应该不高于$1000×10^{-6}$,在发动机正常的情况下,而NO_x过高就可以怀疑是TWC故障了。

③ 快怠速试验法测量。使发动机处于快怠速运转状态,并用转速表测量快怠速是否符合规定值。用尾气分析仪测量发动机处于快怠速状态下尾气中的CO和碳氢化合物的含量。如果发动机性能良好,则CO的值应该在1.0%以下,碳氢化合物应该在$10×10^{-6}$以下。若两个数值都超标,可临时拔下空气泵的出气软管,此时若CO和碳氢化合物的值不变,则可以判定TWC已损坏,若读数上升,而重新接上软管后又下降,则说明是燃油喷射系统故障或是点火系统故障。

④ 稳定工况试验法。在完成基本的怠速试验后进行该项试验。按照厂家的规定接好汽车专用数字式转速表,使发动机缓慢地加速,同时观察尾气分析仪上的CO和碳氢化合物的值,当转速加到2500r/min并稳定后,CO和碳氢化合物数值应有缓慢地下降,并且稳定在低于或接近于怠速时的排放水平,否则怀疑是TWC已经损坏。这种方法不但能对TWC是否有故障做出判断,还能有效地综合分析TWC在汽车行驶中的实际效能。这时因为TWC性能评价指标中有一项"空速特性检验",它表示了受反应气体在催化剂中的停留时间。如性能差,TWC尽管在低空速(如怠速)时表现出较高的转化效率,但是在高空速(如实际行驶)时的转化效率却是很低的,因而不能仅凭借怠速工况评价催化剂的活性是否正常。此外,在具体检测中,还需要注意TWC的空燃比特性。TWC在过量空气系数为1的附近时,转换效率最高,实际使用中就需要闭环电子控制燃油供给系统和氧传感器的配合。开环时候由于无法给予精确的空燃比,转换效率仅有60%左右,而闭环时平均转换效率可达95%,因此,在对TWC产生怀疑的时候,也应该对电控系统和氧传感器进行相应的检测。

⑤ 红外温度计测量法。这是一种比较简单的测量方法。TWC在实际使用过程中,其出口管道的温度比进口管道的温度至少高出38℃,在怠速时,其温度也相差10%。但是若出口与入口处的温度没有差别或出口温度低于入口温度,则说明TWC没有参加氧化反应,此时应该检查二次空气喷射泵是否有故障,若无故障,就说明TWC已损坏。

⑥ 利用双氧传感器信号电压波形分析。目前,许多发动机燃油反馈控制系统中都安装了两个氧传感器,分别装在TWC装置的前、后两端。这种结构在装有OBD-Ⅱ系统的汽车上,可以有效地检测TWC的转换性能。OBD-Ⅱ诊断系统改进了TWC的随车监视系统,安装在TWC后端的氧传感器电压波动要比安装在TWC前端的氧传感器电压波动少

得多。这是因为正常运行的 TWC 转化 CO 和碳氢化合物时消耗了氧气。当 TWC 损坏后，其转换效率基本丧失，使前、后端的氧气值接近，此时氧传感器信号的电压波形和波动范围均趋于一致，这时需要更换 TWC。

（2）TWC 常见故障及原因

三元催化转化器常见的故障有：三元催化转化器性能恶化；三元催化转化器芯子堵塞后排气不畅，产生过高的排气背压，使废气倒流到发动机内。包括如下现象：

1）炭灰积聚、污染。含铅汽油燃烧后会使三元催化转化器很快受到损害；机油窜入到汽缸燃烧后，机油中的磷和锌等物质也会污染三元催化转化器。

2）陶瓷芯子破损。热循环长期的作用、外部碰撞和挤压，都有可能使陶瓷芯子破损。

3）陶瓷芯子熔化。三元催化转化器正常工作时，三元催化转化器内的温度一般可达 500～800℃，出口处温度比进口处的温度高 30～100℃。但是，混合气浓或燃烧不完全时会使排气中的 CO、碳氢化合物浓度过高，这将加重三元催化转化器负担，使温度升高过多，时间长后，会使三元催化转化器的性能恶化，甚至熔化载体。

4）三元催化转化器上一般还装有排气温度传感器，当温度不定期高时，电控单元会切断二次空气供给，中断催化转化反应。

（3）典型轿车三元催化转化器性能的检测

本田轿车三元催化转化器检测过程如下：

1）目测检查。检查转换器外观。如发现外壳被压扁、锈蚀或出现凹痕，应更换转换器。

从汽车上拆除转换器时，用电筒照转换器的排气口处，看是否有积炭或铅污染物堵塞。

轻轻摇动催化转换器，听听内部元件有无松动迹象。如果发生元件堵塞、熔化或者其他形式的损坏，应更换转换器。

2）功能测试。以 2500r/min 的转速运转发动机约 2min，将催化转换器加热至工作温度。

在催化转换器的废气入口处和出口处分别接上一支表面温度探头，测量温度。

出口处温度至少应比进口处温度高 38℃ 左右。

如果温差低于规定值，则应更换催化转换器。

3）排气受阻检测。在氧传感器或 CO 测试管处检测排气压力的方法：

在氧传感器（或 CO 测试管）处安装排气压力表，如图 8-31 所示。在正常的工作温度下，发动机急速时，压力表读数不应超过 8.6kPa。把发动机转速提高至 2000r/min，此压力表的读数不应超出 20.7kPa。如果在两种转速中的任何一种情况下背压超出规定值，表明排气系统受阻。检查排气系统有无压扁的管路；系统是否发生热变形或者内部消声器是否出现故障。如果没有找到排气系统背压过高

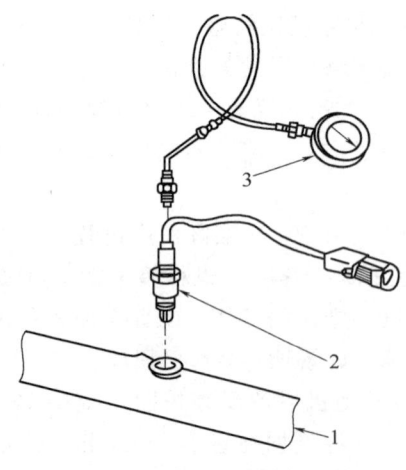

图 8-31 检测受阻排气系统

1—排气歧管 2—氧传感器 3—背压表

的明显原因，那么有可能是催化转换器受阻。完成检测后，在重新安装前用防粘剂涂敷氧传感器螺纹。

(4) 氧传感器检测

1) 氧传感器加热器电阻的检测。点火开关置于"OFF"，拔下氧传感器的导线连接器，用万用表电阻挡测量氧传感器的接线端中加热器两端子间的电阻，其电阻值应符合标准值（一般为4～40Ω；具体数值参见具体车型说明书）。如不符合标准，则应更换氧传感器。测量后，接好氧传感器线束连接器，以便作进一步的检测。

2) 氧传感器反馈电压的检测。测量氧传感器的反馈电压时，应先拔下氧传感器的线束连接器插头，对照被测车型电路图，从氧传感器反馈电压输出端引出一条细导线，然后插好连接器，在发动机运转时从引出线上测量反馈电压。也可用示波器观察输出波形，其应与氧传感器的输出特性一致。

项目 9

发动机电控系统常见故障诊断分析

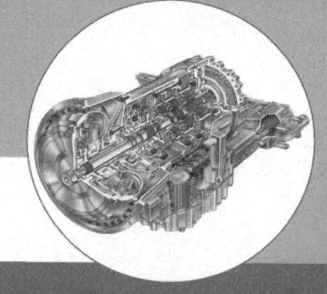

任务 9.1　发动机启动困难故障诊断

发动机启动困难是指启动机能带动发动机按正常转速转动，有明显的着车征兆，但不能启动，或需要连续多次启动或长时间转动启动机才能启动。对于启动困难的故障，应分清是在冷车时出现还是热车时出现，或者不论冷车热车均出现。

（1）故障现象

启动时曲轴转动速度正常，但需要较长时间才能启动，或有明显着车征兆而不能启动。

（2）故障原因

进气系统中有漏气；燃油压力太低；空气滤清器滤芯堵塞；水温传感器故障；空气流量计故障；怠速控制阀或附加空气阀故障；冷启动喷油器不工作或冷启动喷油器一直工作；温度时间开关故障；喷油器故障；点火正时不正确；启动开关至电脑的接线断路；汽缸压缩压力太低；电脑故障。

（3）故障诊断的一般程序

对于启动困难，应分清是冷车时出现还是热车时出现，或者不管冷车还是热车均出现。这一故障一般是在燃油系统，可按下述步骤进行检查：

1）自诊断。如有故障码，则按故障码查找相应的故障原因。

2）检查急速时进气管的真空度，若真空度小于标准值，或急速运转时进气管附近有漏气的"嘶嘶"声，说明进气系统中有泄漏，应检查进气管各个管接头、衬垫、真空软管等处，以及废气再循环系统、燃油蒸发回收系统。

3）检查空气滤清器是否有堵塞。如有滤芯堵塞，应清洗或更换。

4）如节气门在 1/4 开度左右发动机能正常启动，而节气门全关时启动困难，应检查怠速控制阀及附加空气阀是否工作正常。在冷车怠速运转中，拔下怠速控制阀线束插头，或者在冷车怠速运转时将附加空气阀过气软管用钳子夹住，如果发动机转速没有下降，说明怠速控制阀工作不正常，应检查怠速控制阀及其控制电路。

5）检查燃油压力。如果压力太低，应检查油压调节器有无漏油，汽油滤清器有无堵塞，汽油泵最大泵油压力是否正常。

6）检查水温传感器或空气流量计。拔下水温传感器或空气流量计线束插头，用万用表测量水温传感器和空气流量计各接线端之间的电阻。如果阻值不符合标准，应更换。

7）如果是在冷车时不易启动，而热车时启动正常，应检查冷启动喷油器工作是否正常。先检查在启动时冷启动喷油器线束插头处有无12V左右的电压。如果没有电压，则说明控制电路有故障，应检查冷启动温度时间开关及其控制电路。如果启动时线束插头处有电压，应检查冷启动喷油器电磁线圈电阻是否正常，喷孔有无堵塞。

8) 如果是在热车状态下不易启动，应检查在点火开关关闭后，燃油系统的保持压力是否正常。如果保持压力太低，应检查油压调节器、电动汽油泵、喷油器等处是否漏油。

9) 在急速时检查点火正时，若不符合标准值，应调整。

10) 检查启动开关至电脑的启动信号是否正常。若电脑接收不到启动开关的启动信号，就不能进行启动加浓控制，也会导致启动困难。

11) 拆检喷油器。

12) 检查进气管和进、排气门积炭。严重时应清除。

13) 检查缸压，若过低应拆检发动机相关部件。

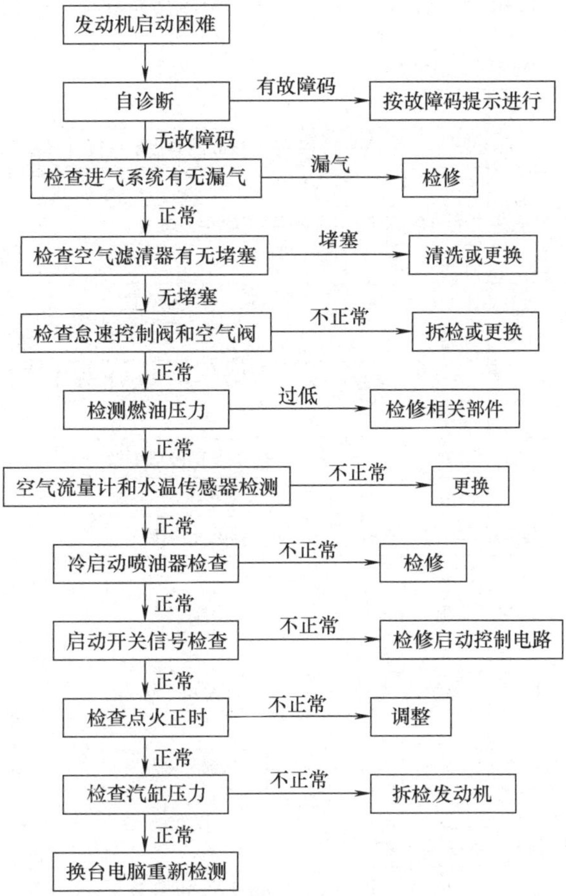

14) 若以上检查均正常，则可更换一个新的电脑试验，如启动正常，则说明原电脑有故障，应更换。启动困难的检查与诊断不能启动的检查方法有相似之处，有时启动困难最终可能发展为不能启动。

发动机启动困难的故障诊断与排除程序如图9-1所示。

图 9-1 启动困难的故障诊断与排除程序

任务 9.2　发动机怠速不良故障诊断

怠速不良是电控发动机常见故障之一，有多种表现形式，包括怠速不稳、怠速熄火、冷车怠速不良、热车怠速不良等。

9.2.1　怠速不稳、易熄火

（1）故障现象

发动机启动正常，但不论冷车或热车，怠速均不稳定，怠速转速过低，易熄火。

（2）故障原因

进气系统或真空系统漏气；空气滤清器堵塞；怠速控制阀工作不良；EGR阀卡住常开，不能关闭；怠速初始转速调整不当；燃油系统油压过低；喷油器雾化不良、漏油或堵塞；火花塞工作不良；高压线漏电或断路；点火正时失准；缸压过低。

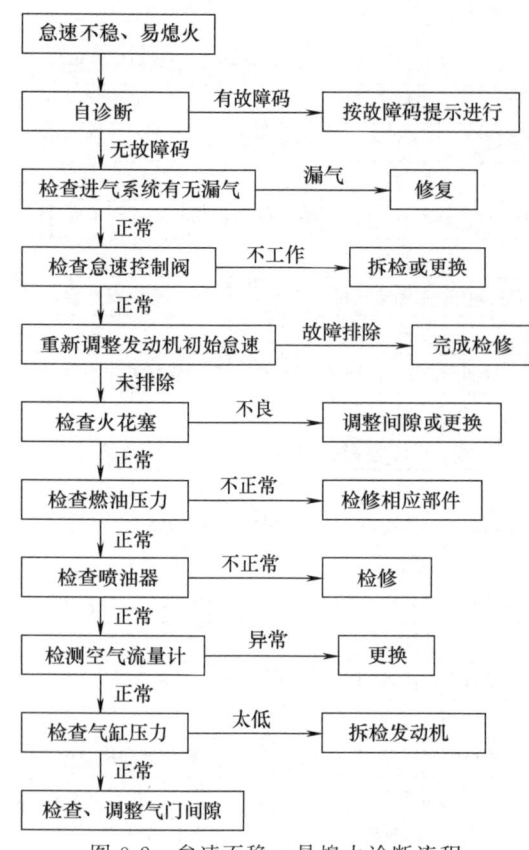

图 9-2　急速不稳、易熄火诊断流程

（3）故障诊断与排除

1）自诊断。如有故障码按提示操作。

2）检查进气系统有无漏气。

3）检查急速控制阀工作是否正常。

4）按固定程序调整发动机初始急速转速。

5）在急速时作断火检查，若断火后转速无变化，应检查该缸火花塞或喷油器有无故障，喷油器电路有无短路。

6）测量各汽缸高压线电阻并拆检各缸火花塞。

7）检查燃油压力。

8）检查喷油器在急速时的工作情况。

9）检查汽缸压缩压力。

10）检查调整气门间隙。

急速不稳、易熄火诊断流程如图 9-2 所示。

9.2.2　冷车急速不稳、易熄火

（1）故障现象

发动机冷车运转时急速不稳或过低，易熄火，热车后急速恢复正常。

（2）故障原因

急速控制阀故障；电子节气门故障；喷油器雾化不良或有堵塞。

（3）故障诊断与排除

1）自诊断。

2）检查急速控制阀。

3）测量电子节气门，如有短路、断路或阻值不符合标准的情况，则应更换。

4）拆检、清洗各缸喷油器，检查清洗后的喷油器工作情况，如有雾化不良、漏油或喷油量不符合标准，应更换。

诊断流程如图 9-3 所示。

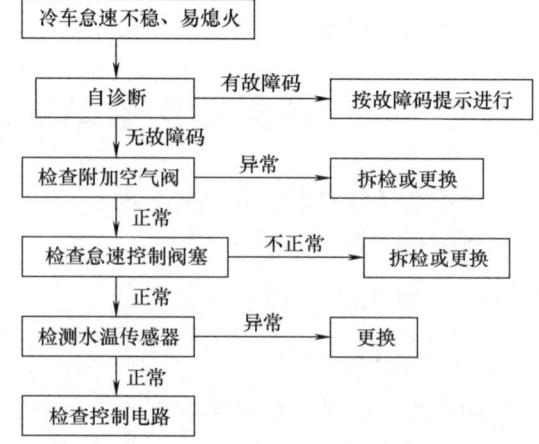

图 9-3　冷车急速不稳、易熄火诊断流程

9.2.3　热车急速不稳或熄火

（1）故障现象

发动机冷车运转时急速正常，热车后急速不稳，急速转速过低或熄火。

(2) 故障原因

怠速初始转速设置过低；电子节气门有故障；怠速控制阀有故障；火花塞或高压线不良；电脑搭铁不良；氧传感器有故障或失效。

(3) 故障诊断与排除

1) 自诊断。

2) 按正确程序，检查发动机的初始怠速转速，若过低应按规定程序予以调整。

3) 检查电子节气门。

4) 检查怠速控制阀有无工作。

5) 拆下各汽缸火花塞，检查火花塞电极是否良好，有无烧蚀过度或积炭，视情况更换火花塞或调整火花塞间隙。

6) 测量各汽缸高压线，检查是否有漏电、击穿等损坏现象。

7) 检查电脑搭铁线及发动机机体搭铁是否良好。

诊断流程如图 9-4 所示。

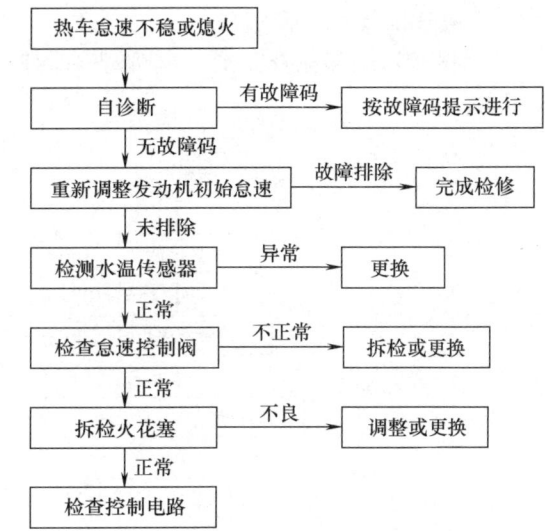

图 9-4　热车怠速不稳或熄火诊断流程

任务 9.3　发动机加速不良故障诊断

电控发动机的特点之一是具有极好的加速性能，其加速十分灵敏、迅速。如果出现加速反应迟滞等现象，即说明电控发动机电子控制系统有故障，应及时进行检修。

(1) 故障现象

踩下加速踏板后发动机转速不能马上升高，有迟滞现象，加速反应迟缓，甚至踩下加速踏板后转速不升反而降。加速踏板到底时仍感到动力不足，转速提不高，达不到最高车速。

(2) 故障原因

燃油系统油压过高或过低；进气系统中有漏气；喷油器喷油不良；节气门位置传感器或空气流量计故障；点火能量低；点火正时不正确；汽缸压缩压力低；废气再循环系统工作不正常；排气管堵塞等。

(3) 故障诊断流程

1) 自诊断。若有故障码，应按故障码内容进行检查。

2) 将加速踏板踩到底，检查节气门能否全开。否则应调整节气门拉索或踏板。

3) 检查空气滤清器是否堵塞，进气系统有无漏气。

4) 检查汽缸压缩压力。

5) 测量各缸高压线电阻并拆检各缸火花塞。

6) 检查燃油压力。怠速和加速时均应符合要求。

7) 检查喷油器的喷油量和喷油雾化情况。如有异常应更换喷油器。

8) 检查空气流量计（进气压力传感器）、节气门位置传感器等信号是否正常。如有异常，应更换。

9）检查点火正时。

10）检查 EGR 系统的工作情况。

11）检查排气管是否堵塞。

以上程序须全部检查完成，确保排除同时存在几个故障原因的故障。诊断流程如图 9-5 所示。

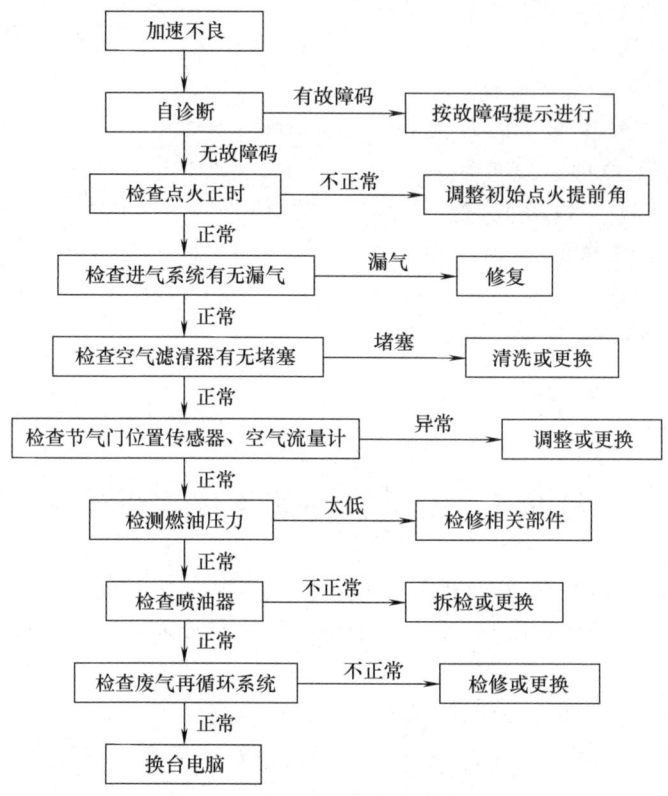

图 9-5　发动机加速不良故障诊断流程

参 考 文 献

［1］ 李春明. 汽车发动机燃油喷射技术［M］. 北京：北京理工大学出版社，2005.
［2］ 刘越琪. 发动机电控技术［M］. 北京：机械工业出版社，2004.
［3］ 吴荣辉. 汽车发动机控制系统检测与维修［M］. 北京：人民交通出版社，2003.
［4］ 林平. 汽车发动机电控系统构造与检修［M］. 北京：人民邮电出版社，2011.
［5］ 娄云，刘新平. 汽车电子控制技术［M］. 北京：科学出版社，2008.
［6］ 祁先来，刘新平. 发动机电控系统检修实训［M］. 北京：人民邮电出版社，2008.
［7］ 刘新平，曾鑫. 发动机拆装技能实训［M］. 北京：人民邮电出版社，2009.
［8］ 付百学，胡胜海. 汽车电子控制技术（上册）［M］. 北京：机械工业出版社，2010.
［9］ 王加升. 汽车发动机电控技术［M］. 北京：北京理工大学出版社，2010.
［10］ 李雷. 汽车发动机电控系统维修［M］. 北京：人民邮电出版社，2011.
［11］ 刘福华，刘良. 发动机电控系统检修［M］. 北京：机械工业出版社，2016.
［12］ 曹向红，于晓喜. 汽车发动机电控系统检修［M］. 北京：人民邮电出版社，2017.